LA LONGUEUR DE LA CHAÎNE

© Max Milo Éditions, Paris, 2011
www.maxmilo.com
ISBN : 978-2-31500-149-1

Denis Collin

La longueur de la chaîne

Essai sur la liberté

*À mon frère Jean-François
qui a relu ce travail et m'a prodigué conseils et encouragements.*

INTRODUCTION

Le Loup et le Chien
par Jean de LA FONTAINE

Un Loup n'avait que les os et la peau,
Tant les Chiens faisaient bonne garde.
Ce Loup rencontre un Dogue aussi puissant que beau,
Gras, poli, qui s'était fourvoyé par mégarde.
L'attaquer, le mettre en quartiers,
Sire Loup l'eût fait volontiers ;
Mais il fallait livrer bataille,
Et le Mâtin était de taille
À se défendre hardiment.
Le Loup donc l'aborde humblement,
Entre en propos, et lui fait compliment
Sur son embonpoint, qu'il admire.
« Il ne tiendra qu'à vous, beau Sire,
D'être aussi gras que moi, lui répartit le chien.
Quittez les bois, vous ferez bien :
Vos pareils y sont misérables,
Cancres, hères, et pauvres diables,
Dont la condition est de mourir de faim.
Car quoi ? Rien d'assuré ; point de franche lippée ;
Tout à la pointe de l'épée.
Suivez-moi, vous aurez un bien meilleur destin. »
Le Loup reprit : « Que me faudra-t-il faire ?

– Presque rien, dit le Chien : donner la chasse aux gens
Portants bâtons et mendiants ;
Flatter ceux du logis, à son Maître complaire :
Moyennant quoi votre salaire
Sera force reliefs de toutes les façons :
Os de poulets, os de pigeons,
Sans parler de mainte caresse. »
Le Loup déjà se forge une félicité
Qui le fait pleurer de tendresse.
Chemin faisant, il vit le col du Chien pelé.
« Qu'est-ce là ? lui dit-il. – Rien. – Quoi ? rien ? – Peu de chose.
– Mais encor ? – Le collier dont je suis attaché
De ce que vous voyez est peut-être la cause.
– Attaché ? dit le Loup : vous ne courez donc pas
Où vous voulez ? – Pas toujours ; mais qu'importe ?
– Il importe si bien, que de tous vos repas
Je ne veux en aucune sorte,
Et ne voudrais pas même à ce prix un trésor. »
Cela dit, maître Loup s'enfuit, et court encor.

Sommes-nous encore capables d'entendre Jean de La Fontaine ? L'étonnement et le véritable haut-le-cœur du loup, « vous ne courez donc pas / Où vous voulez ? », étonnera peut-être l'immense majorité de nos contemporains. Ou s'il ne les étonne pas, c'est qu'ils ne savent plus guère lire ce génial auteur victime de son succès. On n'a peut-être jamais autant employé le mot « liberté » et ses dérivés du genre « libéral » et, pourtant, nous avons pris l'habitude de porter un collier, « Rien [...] – Peu de chose. [...] Le collier dont je suis attaché ». Y a-t-il encore et pour combien de temps des loups pour remarquer notre col pelé ? Il semble que même les révoltés aient pris l'habitude de se contenter de négocier la longueur de leur chaîne.

On fait mine de s'interroger sur l'inflation législative, en France comme au niveau européen. On ne le devrait point. Nous voulons des interdits et des obligations dans tous les domaines. On a déjà fustigé cet « angélisme exterminateur » (Alain-Gérard Slama), cet État qui veut notre bien malgré nous, qui nous veut priver du plaisir de cracher nos bronches tabagiques au lever, ou qui prétend réglementer le vocabulaire et l'usage des injures et autres pittoresques noms d'oiseaux. Mais ce n'est que la surface des choses. Et les pourfendeurs du « politiquement correct » s'empressent souvent de demander à leur tour l'intervention de la police et le retour à « la loi et l'ordre ». Au « politiquement correct » des modernes, ils opposent le politiquement correct des anciens. C'est tout.

Toutes les métropoles sont sous surveillance. L'obsession de la sécurité a envahi tous les pores de la société, aboli la notion même de vie privée, rendu possible ce que les libéraux des siècles passés n'auraient imaginé qu'avec horreur. Les législations dites antiterroristes se succèdent et mettent en pièces l'*habeas corpus*.

Comme le disait Proudhon,

> « Être gouverné, c'est être gardé à vue, inspecté, espionné, dirigé, légiféré, réglementé, parqué, endoctriné, prêché, contrôlé, estimé, apprécié, censuré, commandé, par des êtres qui n'ont ni titre, ni la science, ni la vertu…
>
> « Être gouverné, c'est être à chaque transaction, à chaque mouvement, noté, enregistré, recensé, tarifé, timbré, toisé, coté, cotisé, patenté, licencié, autorisé, admonesté, empêché, réformé, redressé, corrigé.
>
> « C'est sous prétexte d'utilité publique et au nom de l'intérêt général être mis à contribution, exercé, rançonné, exploité, monopolisé, concessionné, pressuré, mystifié, volé ; puis, à la moindre réclamation, au premier mot de plainte, réprimé, amendé, vilipendé, vexé, traqué, houspillé, assommé, désarmé, garrotté, emprisonné, fusillé, mitraillé, jugé, condamné, déporté, sacrifié, vendu, trahi, et pour comble, joué, berné, outragé, déshonoré.
>
> « Voilà le gouvernement, voilà sa justice, voilà sa morale ! Et qu'il y a parmi nous des démocrates qui prétendent que le gouvernement a du bon ; des socialistes qui soutiennent, au nom de la liberté,

de l'égalité et de la fraternité, cette ignominie ; des prolétaires qui posent leur candidature à la présidence de la République[1] ! »

Il n'en va pas mieux avec la liberté politique classique : la démocratie se réduit à une mise en scène de la comédie du pouvoir : privée d'enjeux réels, faute de divergences politiques sérieuses, la joute électorale se résume au choix entre deux versions de la pensée unique, une sorte de concours de beauté sans la moindre beauté, ou plutôt un spectacle sportif truqué dans lequel les athlètes portent tous des maillots aux couleurs des grandes marques. Confirmation des imprécations de Max Stirner[2] : tout État, qu'il soit monarchique ou républicain n'a pas d'autre but que « lier, borner, subordonner l'individu, l'assujettir à la chose générale » et si certains États sont assez forts pour tolérer quelques activités libres des individus, ce n'est que « la tolérance de l'insignifiant et de l'inoffensif[3]. »

Rien de nouveau sous le soleil, dira-t-on. Les sociétés traditionnelles faisaient peu de cas de la liberté de pensée, de la liberté d'expression et des libertés publiques ; on rappellera aussi que les gouvernements constitutionnels en Europe et en Amérique n'ont toujours appliqué leurs propres principes qu'avec la plus grande parcimonie, ne reculant jamais devant les lois d'exception, la surveillance policière et la provocation qui l'accompagne. Certes. Mais la domination bénéficie maintenant de l'irruption violente des techniques de l'information et de la communication et des biotechnologies. La biométrie est en marche. Hier nous étions des sujets soumis à un pouvoir politique souverain. Nous sommes marqués comme du bétail, avec des puces électroniques et non des bagues dans les oreilles comme les vaches, mais la différence ici est sans importance : c'est pour notre bien ! Le pouvoir politique est un bon pasteur qui prend soin de son troupeau et veut le protéger des

---

1. PROUDHON (P.-J.), *Idée générale de la révolution au XIXe siècle*, Garnier Frères, 1851, p. 341.
2. STIRNER (M.), *L'Unique et sa propriété*, p. 254.
3. STIRNER (M.), *op. cit.*, p. 253.

loups et des brebis galeuses. Inusable métaphore du pasteur. Mais à la fin, le troupeau est toujours conduit à l'abattoir.

Presque rien de nouveau sinon, et c'est essentiel, l'involution en cours d'un mouvement qui vient de loin (sans doute des premières communes au Moyen Âge) et qui retourne la liberté contre la liberté.

La liberté est une idée, détestable dit Valéry :

> « Liberté : c'est un de ces détestables mots qui ont plus de valeur que de sens ; qui chantent plus qu'ils ne parlent ; qui demandent plus qu'ils ne répondent ; de ces mots qui ont fait tous les métiers, et desquels la mémoire est barbouillée de Théologie, de Métaphysique, de Morale et de Politique ; mots très bons pour la controverse, la dialectique, l'éloquence ; aussi propres aux analyses illusoires et aux subtilités infinies qu'aux fins de phrases qui déchaînent le tonnerre [4]. »

Les querelles philosophiques sur la liberté semblent vaines, ce sont des querelles de mots qui surgissent nécessairement quand on sort un mot de son « élément naturel ». Mais s'il n'y a pas un sens précis de la liberté en général, s'il n'y a pas un concept de la liberté, il est des usages parfaitement définis de ce terme, des concepts spécifiés et pas seulement comme Valéry a l'air de le dire « dans la dynamique et la théorie des mécanismes ». Or dans tous ces usages, l'idée de liberté semble progressivement vidée de son sens. Qu'il s'agisse de la liberté politique, des droits et immunités des individus ou de la liberté en son sens le plus métaphysique (la liberté comme libre arbitre ou comme puissance d'agir) notre siècle ne lui laisse plus beaucoup de place, bien que nous fassions un usage immodéré du mot... pour mieux enterrer la chose.

Il faut pourtant se garder de considérer ce processus de manière trop unilatérale. Les contre-utopies du XXe siècle ont dit tout ce qu'il fallait dire des menaces que recèlent les progrès scientifiques comme

---

4. VALÉRY (Paul), « Fluctuations sur la liberté », in *Œuvres II*, La Pléiade, Gallimard, p. 951.

les délires des « ingénieurs sociaux » qui se proposent de modeler un « homme nouveau ». Mais ce qui est parfaitement licite en littérature ne peut convenir pour une réflexion philosophique. On doit considérer cet effacement des libertés d'un point de vue « dialectique » : il n'est pas seulement le résultat de l'action concertée et liberticide d'une poignée de dominants ; il est aussi un produit des revendications libérales et progressistes des siècles précédents et il produit lui-même ses propres contradictions. Il n'y a, certes, pas de « loi de l'histoire » qui ferait du « totalitarisme *soft* » de notre époque le passage obligé vers une nouvelle ère (ou aire !) d'épanouissement de la liberté. Il s'agit seulement de percevoir que, si désespérante que soit parfois notre situation, elle recèle des possibles qui ne pourront être actualisés que si l'on sait les voir et les comprendre. Un seul exemple : les nouvelles formes du management – avec l'introduction dans les années quatre-vingt des méthodes du toyotisme qui ont incontestablement marqué une nouvelle étape dans ce que Marx nomme « domination réelle du capital » – notamment par la pulvérisation du collectif de travail et l'expropriation des savoirs ouvriers. Mais on doit comprendre, en même temps, que ces méthodes nouvelles n'ont pu s'imposer que parce que les salariés rejetaient massivement l'organisation fordiste du travail et désiraient accroître leur pouvoir sur le procès de production. Le toyotisme ne se réduit pas au « juste à temps », mais inclut des procédés d'intégration des ouvriers au processus même auquel ils se soumettent, à travers les « cercles de qualité », par exemple. Les nouvelles formes de l'exploitation procèdent des anciennes, non pas linéairement, mais dialectiquement. Même sous des formes méconnaissables, l'emprise que le travail a exercée sur les travailleurs manifeste encore que l'homme cherche à réaliser son « être générique », selon une expression des *Manuscrits de 1844* de Marx.

Ce que je propose ici : une analyse des divers usages du mot « liberté », des différents concepts qu'on s'en peut faire, et un état des lieux en ce début de XXIe siècle, avant que nous passions au « post-humain » et qu'il soit trop tard pour s'en rendre compte.

On commencera par la liberté dans le sens de la liberté politique en se demandant ce qu'il en est réellement de la démocratie triomphante à notre époque.

Alors que les libéraux pensent protéger la liberté individuelle contre le « despotisme de la liberté » en réduisant la liberté à ce qu'Isaiah Berlin appelle « liberté négative », on constatera que ces libertés individuelles, ces libertés de ne pas être empêché d'agir sont progressivement mises en pièces.

On verra ensuite que le système du travail dans notre époque, loin d'accroître la liberté humaine, s'inscrit pleinement dans les mécanismes de perfectionnement de la domination.

Les philosophes modernes ont longtemps cru que l'homme pourrait se libérer de la tyrannie des besoins en développant la production et en faisant de « l'homme riche en besoins » le modèle de l'homme civilisé. La « société de consommation » renverse cette espérance en poussant à ses plus extrêmes conséquences le « fétichisme de la marchandise ».

Plus généralement, il faudra questionner la liberté comme sujet « métaphysique » : en quel sens peut-on encore considérer la liberté comme l'essence spirituelle de l'homme à l'heure des biotechnologies qui ouvrent la possibilité d'une transformation radicale de la nature humaine ?

Pour terminer, on se demandera quel usage on peut encore faire des vieilles libertés libérales et républicaines et en quoi elles peuvent s'articuler sur les résistances multiformes qui se manifestent contre la transformation des humains en êtres prévisibles et rationalisables selon les règles de la rationalité du marché. Quelles sont les conditions d'une véritable libération humaine ? Qu'est-ce qu'une vie d'homme libre ? Ces questions politiques, mais aussi et surtout éthiques, doivent être posées si l'on veut garder un sens au mot « liberté ».

Chapitre I

Démocratie, oligarchie, élites et contrôle des masses

La liberté est d'abord politique. Être libre, c'est être tour à tour gouvernant et gouverné, disait déjà Aristote. La plus ancienne revendication de la plèbe consiste à réclamer le droit de dire son mot au sujet des actes des gouvernants. D'Athènes à la Rome républicaine, des cités-États italiennes à la révolution anglaise, à l'indépendance américaine et à la proclamation de la République en France, il semble qu'il y ait un fil que les peuples et les générations tiennent solidement. Les différences, certes, sont parfois abyssales entre la république esclavagiste à Athènes ou à Rome, les républiques d'artisans, de bourgeois et d'aristocrates de l'Italie du Nord et les républiques modernes de la fin du XVIIIe siècle. La liberté ne fut pratiquement jamais la liberté pour tous. Même la très radicale Constitution républicaine de l'an I conservait la distinction entre citoyens actifs et citoyens passifs, entre citoyens aptes véritablement aux droits du citoyen et les citoyens de seconde zone – ce qui englobait d'ailleurs toutes les citoyennes sans exception... Il a fallu de longues luttes pour arracher le suffrage universel, par petites tranches. Toutes ces libertés, en outre, sont assez formelles : le droit politique d'un ouvrier et celui de son patron possesseur de journaux et prêt à dépenser des sommes astronomiques pour mener campagne n'ont aucune commune mesure. Tout cela et bien d'autres choses encore peuvent être dites, mais si la réalité est loin parfois des beaux discours, cela ne retire aucune valeur aux discours : nous croyons que le mouvement de l'histoire est celui de l'élargissement et de l'approfondissement de la démocratie, et d'abord de la démocratie politique, et ces dernières décennies sembleraient le confirmer. Contestée vigoureusement dans les années trente du siècle dernier, la démocratie n'a plus guère d'adversaires. Les dictatures dites « totalitaires » se sont toutes effondrées. Les régimes militaires encore importants en Europe « atlantiste » au début des années soixante-dix (Espagne, Grèce, Portugal) ont laissé la place à des démocraties presque irréprochables. L'Amérique latine semble faire l'apprentissage des régimes démocratiques et des gouvernements de gauche peuvent durer plus que quelques mois sans être renversés par de sanglants coups d'État militaires, plus ou moins pilotés par les services secrets états-uniens.

On peut chipoter, mais la ligne générale est claire : la démocratie, appuyée sur l'économie de marché, a triomphé. « Fin de l'histoire », disait Fukuyama. Il y a bien des récalcitrants, des Chinois capitalistes qui maintiennent les structures politiques de l'État « totalitaire » et « communiste », mais que de changements depuis la mort de Mao ! Le « monde musulman » bouillonne et la démocratie n'y est pas une valeur très prisée. Mais les progrès viendront... voilà pour le discours optimiste. À quoi les grincheux objectent que la roche Tarpéienne est proche du Capitole et que cet apparent apogée de la démocratie n'est rien d'autre que le signe de son déclin déjà bien engagé.

Les trois sens de la démocratie

Avant tout, d'abord savoir ce que l'on entend par démocratie. Pour les Anciens, et c'est encore le sens de ce mot au XVIIIe siècle, la démocratie est le pouvoir du peuple et ce pouvoir n'existe que s'il est exercé directement par le peuple. La démocratie athénienne réside dans le fait que le *demos* assemblé prend directement les décisions, nomme et révoque ses chefs. Le pouvoir populaire est direct et sans séparation entre législatif et exécutif. Les Grecs distinguent le *laos* du *demos*. Le *laos*, c'est la population, le peuple comme l'ensemble des habitants – c'est ce qui sera visé par la mise en place des institutions et des pratiques que Michel Foucault classe sous le terme de « biopolitique ». Le *demos* est le peuple transformé en corps politique. Le *laos* est informe, c'est la plèbe des Romains. Il doit être structuré, organisé par un « montage » qui est l'œuvre des « clercs » (*klericos*) – d'où une « liturgie », une mise en scène destinée au *laos*. Cette opposition se redouble : un Grec est soit un simple particulier, *idiotes*, membre du *laos*, soit un citoyen, *politis*, en tant que partie prenante du *demos*. La démocratie serait le gouvernement du peuple, par le peuple, pour le peuple ? Le peuple comme objet ou destinataire du gouvernement, c'est le *laos*, alors que le peuple comme agent (« par le peuple »), c'est le *demos*. Cette distinction est à très longue portée dans les questions qui nous préoccupent particulièrement ici.

Reste à savoir qui fait partie du peuple et qui n'en fait pas partie. Les Athéniens en avaient une définition assez restrictive : ni les esclaves, ni les métèques, ni les femmes n'en faisaient partie. Pourtant, la démocratie athénienne restait une démocratie et non une aristocratie ou une oligarchie, car le « petit peuple », ce qui s'appellera « plèbe » chez les Romains, y joue un rôle décisif. Tout le monde n'est pas citoyen, certes, mais la qualité de citoyen n'est pas liée à la richesse, ni à un statut social particulier. Il existe des « nobles » à Athènes comme à Rome, des familles qui s'enorgueillissent de leur « race », mais un pauvre artisan peut aussi être citoyen, même si ses chances d'accéder aux magistratures suprêmes sont assez réduites – par exemple, à Rome, les tribuns de la plèbe ne sont pas des plébéiens.

Il y a un deuxième sens au mot « démocratie » : il ne s'agit plus de savoir si le peuple tout entier exerce le pouvoir à travers ses assemblées ou ses moyens de contrôle, mais quels sont les intérêts réellement pris en compte dans la conduite des affaires publiques. Si le *demos* est le peuple, la majorité du peuple est naturellement composée du « petit peuple » ; à Florence, on parlait du *popolo minuto*. À l'assemblée, tous sont là, riches ou pauvres, nobles ou artisans, mais en réalité, il y a une division qui persiste, une division qui, sans être aussi vieille que l'humanité, remonte sans doute aux temps préhistoriques, au mésolithique et aux débuts du néolithique, entre les « grands » et le peuple [5]. Machiavel en fait la division fondamentale dans tous les régimes politiques et Vico explique l'histoire des républiques, la transformation des gouvernements tribaux en républiques aristocratiques et des républiques aristocratiques en républiques populaires par le conflit entre les forts (les « géants », les « héros », les *gentes maiores*) et les *famoli*, la plèbe [6]. « L'histoire jusqu'à nos jours est l'histoire de la lutte de classes » : cette thèse centrale du *Manifeste communiste* de Marx et Engels est si commune, reprise si souvent par les plus grands, qu'elle s'impose, en dépit des tentatives répétées d'étouffer cette désagréable vérité. De cela découle le deuxième sens du mot « démocratie » : il y a démocratie quand prévalent les intérêts de la partie la plus large du peuple, c'est-à-dire les intérêts des plus pauvres.

Dans un sens plus moderne, la démocratie s'identifie avec le respect des libertés démocratiques, c'est-à-dire aussi bien des libertés individuelles que des libertés politiques – en gros, il s'agit des « libertés 1789 ». Aujourd'hui, cette acception prévaut et c'est le souci des libertés individuelles qui s'affirme au premier chef. L'interprétation libérale classique a fini par s'imposer. Les libertés personnelles et au premier chef les droits de la propriété sont les libertés de premier rang, qui doivent l'emporter sur les libertés politiques dans le cas où elles entrent en conflit. On verra que même sur ce point, il y aurait beaucoup à dire et les libertés individuelles de base, les « libertés 1789 », ne se portent pas très bien.

Dans une république idéale, ces trois sens du mot « démocratie » ne devraient pas se contredire : la liberté garantie à tous suppose une certaine égalité, non seulement des droits, mais aussi des fortunes et donc elle demande une politique qui évite de trop grandes inégalités et qui empêche que les plus pauvres ne soient condamnés à une misère

---

5. Voir le petit livre de Brian HAYDEN, *L'Homme et l'Inégalité – L'invention de la hiérarchie à la préhistoire*, éditions du CNRS, 2008.
6. Voir VICO (G.), *La Science nouvelle*, Fayard, 2001, traduit par Alain Pons.

destructrice de l'ordre social... L'idéal de l'État keynésien à tendance sociale-démocrate, qui a inspiré les gouvernements européens de l'Ouest et (partiellement) américain pendant la période dite des « Trente Glorieuses », met en œuvre ou du moins s'efforce de mettre en œuvre ces trois dimensions de la démocratie :

1. Il élargit l'accès de tous à la vie publique : les femmes sont admises à voter, l'âge de la majorité électorale est abaissé et la participation à la vie publique est encouragée notamment par le biais de partis politiques de masse – l'Italie et l'Allemagne en donnent des exemples tout à fait remarquables, même s'ils sont aujourd'hui très délabrés ;

2. Les intérêts des plus pauvres sont pris en considération dans des proportions qui n'avaient jamais été vues dans les périodes historiques antérieures, avec la protection sociale, la protection contre le chômage, la retraite, les droits aux congés annuels, le développement massif de l'instruction secondaire et supérieure, etc. Les principales revendications du programme minimum placé à la fin du *Manifeste communiste* de Marx et Engels semblent satisfaites ou en voie de l'être !

3. Les libertés individuelles sont garanties. L'État keynésien défend la propriété privée. Mais les diverses formes de la liberté de conscience et de la liberté personnelle prennent un grand essor : liberté des mœurs, abolition de presque toutes les formes de censure, reconnaissance du droit de chaque individu de vivre la vie qui lui semble bonne sans avoir à se plier aux traditions et aux « bonnes mœurs » dictées par des convictions religieuses.

Dans les années soixante-dix, même quand les politiciens de gauche s'affublaient de toutes sortes de parures « socialistes », « communistes », voire « révolutionnaires [7] », ils n'avaient d'autre ambition que de défendre et développer ce modèle que n'aurait renié ni

---

7. Songeons que, jusqu'au début des années quatre-vingt-dix, le parti socialiste français se définissait lui-même comme un « parti révolutionnaire »...

John Stuart Mill ni Lord Keynes et dont la théorie a été faite par John Rawls. On objectera que cette démocratie idéale devenue réalité résulte elle-même de conflits politiques et sociaux souvent très violents et qu'elle est restée confinée à la partie la plus riche du monde capitaliste, ce qui est exact. Le programme du Conseil national de la Résistance, la Constitution italienne et l'œuvre de la Ire République, les grandes réformes de Clement Attlee en Grande-Bretagne, pour ne prendre que ces exemples saillants, constituaient des variantes, plus ou moins radicales, de cette même orientation politique. Et encore aujourd'hui, cette orientation reste la référence ultime de nombreux courants de la « gauche radicale » ou « antilibérale ».

Par opposition à cette période et à ce « modèle », le grand tournant des années quatre-vingt du XXe siècle apparaît comme une régression sur toute la ligne. L'égalité est mise en cause, à la fois par la valorisation de la performance, de la compétition, des « gagneurs » : la règle est *vae victis*. Les pauvres sont des perdants (pardon, des *loosers*) et donc leur donner voix au chapitre, ce serait laisser la société dirigée par ceux qui en sont incapables puisque incapables de réussite personnelle. La protection sociale est considérée comme une charge, une dépense improductive pour une humanité qu'on va bientôt considérer comme une humanité surnuméraire.

C'est pourquoi une démocratie désertée par les classes populaires devient la seule possible : une « démocratie pacifiée », débarrassée de cette « passion égalitaire » dont les libéraux se méfient depuis toujours, débarrassée de la plèbe, bref, une démocratie débarrassée du *demos*. Quand un président de la République, un peu imprudemment, se vante que, « dans ce pays, quand il y a une grève, plus personne ne s'en rend compte », il livre le secret de la politique contemporaine : il faut laisser les « grands » décider entre eux et mettre hors-la-loi, une fois pour toutes, la « république tumultuaire » chère à Machiavel.

Ainsi s'explique le sens de la grande transformation de notre époque : au gouvernement, on substitue la gouvernance, affaire d'administration réservée aux experts, qui camoufle la violence inhérente au gouvernement des hommes sous l'hypocrite masque de la gestion technique. Saint-Simon (repris par Marx) rêvait d'une société où l'on passe du gouvernement des hommes à l'administration des choses. D'une certaine manière, nous y sommes, mais le rêve s'est mué en cauchemar.

Voir le processus dialectiquement

On objectera à ce tableau en noir et blanc que le passé est toujours plus beau que le présent – Machiavel en indiquait la raison : le passé est le temps de la jeunesse et quand on vieillit, quand les maux de l'âge se font sentir, on regrette la vigueur de la jeunesse. C'est exactement ce qui semble arriver aujourd'hui en politique dans la plupart des couches et groupes opposés au « néolibéralisme ».

La vision idyllique de l'époque glorieuse de l'État-providence, si elle n'est pas sans fondements réels, a cependant le grave défaut de ne pas saisir la réalité dialectiquement. Le comptable fait deux colonnes, le crédit et le débit, et va juger de la bonne santé et de la robustesse d'un régime social et politique en essayant de déterminer si la colonne des crédits est vraiment plus longue que celle des débits. Le dialecticien, au contraire, va chercher à comprendre le lien qui existe entre les « aspects positifs » et les « aspects négatifs », à comprendre leur unité dialectique afin de saisir le développement historique dans sa réalité.

Rappelons ce qu'on oublie trop : les Trente Glorieuses n'étaient pas si glorieuses que cela et la machine à redistribuer de l'État-providence a autant fonctionné dans un sens que dans l'autre : l'habitude d'arroser là où la terre est déjà mouillée est bien ancrée. Le régime gaulliste n'était pas un paradis de la classe ouvrière – même si la situation y était bien meilleure qu'aujourd'hui pour le parti communiste. La démocratie politique s'y exerçait librement seulement dans la mesure où l'on était certain que les résultats des élections conviendraient aux « maîtres du monde » et, dans le cas contraire, les manœuvres de stabilisation et les coups d'État étaient derechef entrepris. L'Amérique latine des années soixante et soixante-dix ne faisait pas partie du paradisiaque « monde d'hier ». Pas plus que la

Grèce des colonels... ni même que l'Italie agitée par l'action des services secrets, notamment ceux des États-Unis, mais pas seulement. Point de nostalgie d'une époque de progrès ou d'une époque d'espérance révolutionnaire. Il est plus pertinent d'essayer de comprendre comment aujourd'hui est sorti d'hier.

Comprendre ce qui s'est réellement passé, retisser le lien entre les événements, faire l'histoire du demi-siècle qui a suivi la défaite du nazisme, voilà une tâche dont nous n'avons que des aperçus très partiels et qui mériterait qu'on s'y attelle sérieusement – même si de nombreux éléments manquent encore, précisément parce qu'ils sont trop proches de nous. Mais il y a une deuxième dimension proprement philosophique ou théorique qui consiste à s'intéresser aux principes politiques et leur dynamique propre. Je résumerai cela en trois thèses :

1. Il y a un lien étroit entre les revendications libérales individualistes et la destruction des systèmes de protection collective ;

2. Le trait commun de la période d'hier et de celle d'aujourd'hui est que la démocratie n'y a jamais existé que comme une forme d'oligarchie ;

3. L'individualisme libéral est son propre fossoyeur et conduit au renforcement de l'État qu'il prétend combattre.

L'individu libéral contre la république

On parle ici de « libéralisme », mais le mot est si ambigu, si polysémique qu'il vaut mieux commencer par en préciser les usages et dire ce que l'on entend par « individu libéral ». Le libéralisme classique, inventé aux XVIIe et XVIIIe siècles par les grands philosophes de l'Europe moderne, recoupe plusieurs problématiques distinctes bien qu'étroitement liées.

En premier lieu, le libéralisme apparaît avec la poussée des nouvelles classes commerçantes et industrielles contre le système féodal et les entraves multiples qu'il impose à ce que les marxistes appelleraient le « développement des forces productives ». C'est un libéralisme souvent réduit au simple libéralisme économique (liberté du marché ou le « laissez-faire »), mais qui englobe bien d'autres aspects.

Le respect du droit de propriété et la liberté de s'enrichir de son industrie, ce sont des thèmes que partagent Hobbes, Locke et leurs disciples, mais aussi Montesquieu et Turgot. On a toujours eu le droit de s'enrichir et la condamnation catholique de l'argent n'était qu'une tartuferie… qui permettait à l'Église d'en tirer de substantiels bénéfices ; mais dès que la Réforme eut légitimé la volonté de s'enrichir comme conforme aux desseins divins, les taxes perçues par un clergé improductif et la « protection » insistante offerte par les gens d'armes devinrent des fardeaux intolérables pour ceux qui se percevaient de plus en plus clairement comme les forces vives des nations européennes. Toute la philosophie de ces deux siècles est parcourue par la question de l'argent, de la légitimité de l'intérêt et de la défense du droit du propriétaire. En témoignent même les philosophes qu'on classe parmi les plus radicaux.

Spinoza construit sa politique en montrant comment on peut faire jouer l'ambition et l'amour de la richesse de manière à garantir la liberté, la concorde et la paix dans la république. Alexandre Matheron qualifie l'État idéal spinoziste d'État libéral et on doit entendre ce terme dans toutes ses acceptions. Du reste pour savoir ce qu'est un État libéral, Spinoza donne lui-même l'exemple de la principale puissance commerçante de son époque :

> « Ne cherchons pas bien loin nos exemples car nous en avons assez sous les yeux. La ville d'Amsterdam n'a-t-elle pas expérimenté les bienfaits ? Ce qui ne l'empêche point de se développer sans cesse, en tous domaines, sous les regards d'admiration des autres peuples. Dans cette florissante République et ville splendide, des hommes – de toute origine nationale et appartenant à toutes sortes de sectes religieuses – vivent dans la concorde la plus parfaite ! Au moment de faire un placement, les citoyens s'inquiètent seulement de savoir si l'homme à qui ils ont affaire est riche ou pauvre, si l'on peut se fier à lui ou si sa réputation est celle d'un trompeur. Une fois fixés là-dessus, ils ne

s'inquiètent pas du tout de savoir à quelle religion ou à quelle secte l'autre partie adhère, car, à supposer que l'on dût un jour aller devant le juge, cette considération ne servirait ni à faire gagner ni à faire perdre le procès[8]. »

C'est d'ailleurs ce que Vico reproche à Spinoza quand il affirme que « Benoît Spinoza parle de la république comme s'il s'agissait d'une société de marchands[9] ».

Moraliste sévère – et nullement libertin –, Diderot, à bien des égards spinoziste, est non seulement un des représentants les plus décidés du matérialisme et de l'athéisme des Lumières, mais aussi un défenseur du « bon luxe »… et de la liberté du commerce, pourvu que l'échange reste loyal. La *Lettre sur le commerce des livres* est un plaidoyer pour la liberté de l'édition et pour la défense des droits d'auteur…

Cette première forme de libéralisme, qui veut dégager la société civile des entraves du système féodal, doit être comprise dans ses aspects complexes. Les marxistes considèrent généralement le développement des idées libérales comme l'expression de l'aspiration au pouvoir d'une nouvelle classe dominante qui gagne la domination idéologique avant de s'emparer directement du pouvoir politique. Le libéralisme s'expliquerait par la volonté de cette nouvelle classe de diriger la société selon son arbitre et de s'enrichir sans limite – l'enrichissement devenant la récompense de l'activité et du talent. Cet aspect est incontestable et il y a une part de vrai dans l'interprétation traditionnelle du « matérialisme historique ». Mais dans le même temps et pour les mêmes raisons, le libéralisme doit se dresser contre toutes les formes d'activités parasitaires, contre les rentes de l'Église qui servent à nourrir des « moines paresseux », contre les taxes, droits d'octrois et mille et un moyens d'extorquer l'argent de ceux qui travaillent, qui commercent et qui finalement font vivre la

---

8. SPINOZA (B.), « Traité des autorités théologiques et politiques », chap. XX, in *Œuvres*, La Pléiade, Gallimard, 1954, p. 906.
9. VICO (G.), *op. cit.*, § 335.

nation. Ne pas vouloir être rançonné et ne payer des impôts qu'en contrôlant leur utilisation, c'est une revendication libérale, mais aussi une revendication de la liberté politique en général. Turgot, le grand libéral français, ne remet jamais en cause la monarchie absolue, mais il unit en un plan cohérent la libéralisation du marché des grains, la suppression des corporations, une réforme fiscale ambitieuse qui conduisait à liquider les privilèges fiscaux de la noblesse et du clergé, la corvée royale et une action en faveur de la tolérance religieuse. L'immense majorité de la nation eût gagné à l'application du projet de cet audacieux réformateur... mais les forces coalisées de la réaction nobiliaire eurent raison de lui.

Autrement dit, les revendications du libéralisme économique – liberté d'entreprendre, liberté du commerce et réduction de l'intervention dans les affaires « privées » d'organismes extérieurs – n'ont pas seulement pour objectif d'instaurer le règne du renard libre dans le poulailler. Elles sont aussi porteuses du refus d'un certain type de domination. Cette liberté libérale n'est d'ailleurs pas seulement la revendication antiféodale et anti-absolutiste de la bourgeoisie montante. Elle sera aussi celle des mouvements révolutionnaires ou radicaux, souvent libertaires (et non libéraux) de la fin du XIXe siècle et du début du XXe contre « les ploutocrates », l'armée et l'Église. Elle sera aussi la revendication qui balaiera les régimes bureaucratiques en URSS et dans les pays de l'Est.

J'ai eu l'occasion de faire l'hypothèse selon laquelle le « tournant libéral » des années quatre-vingt a été rendu possible parce que les couches de la classe dominante qui y avaient intérêt ont su mobiliser les dominés pour « la liberté » en faisant valoir que les contraintes bureaucratiques de l'État-providence pesaient autant sur les salariés que sur les patrons. La croissance keynésienne-fordiste des trois décennies postérieures à la seconde guerre mondiale, était essentiellement fondée sur un mode de gestion technoscientifique des entreprises et la généralisation de la chaîne de production de type fordiste. On oublie trop souvent que les premiers soubresauts de ce modèle sont venus des révoltes des jeunes OS – par exemple lors des grèves de Caen ou de

Rennes en 1967[10]. Face à cette révolte contre les conditions de la production fordiste, les classes dominantes ont proposé plus de « liberté » : changement de modèle hiérarchique (« raccourcissement de la chaîne de commandement »), pilotage par objectifs, développement de l'initiative individuelle et participation à des groupes d'amélioration des conditions de travail et d'amélioration de la productivité. Le slogan « tous entrepreneurs » est une escroquerie, mais qui se fonde sur des aspirations réelles dont nous reparlerons plus loin. Est-il possible de démêler l'écheveau, de séparer le libéralisme économique comme idéologie justifiant la toute-puissance du capital et les aspirations à l'initiative individuelle, à l'autonomie dans le travail, à l'élimination de la bureaucratie et des formes ouvertes ou sournoises de parasitisme ? Répondre à cette question est décisif si l'on veut dégager les grandes lignes d'une alternative à la toute-puissance du capitalisme.

En second lieu, le libéralisme est intimement lié à une certaine forme d'organisation politique et à une certaine conception du droit auxquelles s'attachent les noms de Locke, Montesquieu ou Tocqueville. Mais là encore, c'est la complexité de la définition qui doit être remarquée. Bien qu'il ait été historiquement étroitement lié au libéralisme économique dont nous venons de parler, le libéralisme politique classique a ses propres spécificités : Turgot ne pose pas la question proprement politique, bien qu'il ait le soutien des « philosophes » le plus souvent partisans du libéralisme politique. Pour définir ce libéralisme politique, il faut procéder par oppositions et différences.

Tout d'abord, le libéralisme politique s'oppose à l'absolutisme monarchique. C'est le libéralisme politique de la *glorious revolution* ainsi nommée parce qu'elle fut surtout un arrangement bien peu révolutionnaire entre les classes dominantes pour se débarrasser définitivement du spectre fâcheux d'une véritable révolution, celle de 1642 où pour la première fois des représentants du peuple condamnèrent un roi à avoir la tête séparée du reste du corps. Ce

---

10. Voir COLLIN (D.), *Le Cauchemar de Marx*, p. 76-77.

libéralisme exprime la volonté des classes dominantes de n'être pas entièrement soumises au pouvoir politique monarchique. Mais que ce libéralisme politique soit l'équivalent de la liberté politique, c'est loin d'être évident. Il réclame une liberté relativement au pouvoir d'État monarchique, mais non pas la liberté pour tous, non pas la liberté en général. En partant des conflits entre la puissance impériale britannique et les *insurgeants* américains, puis entre nordistes et sudistes, et en s'appuyant sur une vaste documentation, Domenico Losurdo montre que le libéralisme et l'esclavagisme peuvent cohabiter sans difficultés majeures.

> « Les soi-disant champions de la liberté étiquettent comme synonyme d'esclave et de despotisme une imposition fiscale mise en œuvre sans leur consentement explicite, mais ils n'ont aucun scrupule à exercer le pouvoir le plus absolu et le plus tyrannique aux dépens de leurs esclaves [11]. »

Losurdo cite John Millar, un disciple d'Adam Smith et représentant éminent des « lumières écossaises » :

> « Il est singulier que les mêmes individus qui parlent avec un style raffiné de liberté politique et qui considèrent comme un des droits inaliénables de l'humanité le droit d'imposer les taxes ne se font aucun scrupule à tenir une grande proportion des créatures semblables à eux dans des conditions telles qu'elles sont privées non seulement de la propriété, mais aussi de quasi tous les droits. La fortune n'a peut-être pas produit de situation plus que celle-ci en mesure de ridiculiser l'hypothèse libérale ou de montrer combien peu la conduite des hommes est, au fond, orientée par des principes philosophiques [12]. »

---

11. LOSURDO (D.), *Controstoria del liberalismo*, Editori Laterza, 2005, p. 12.
12. MILLAR (J.), *The Origin of the Distinction of Ranks* (1771), cité par LOSURDO (D.), p. 13.

Sans réduire le libéralisme à cette seule dimension, Losurdo reprend la catégorie de « démocratie de la race des seigneurs », qui rend bien compte de cette démocratie réservée à une petite minorité combinée à l'oppression d'une masse d'esclaves ou d'une plèbe considérée comme composée d'hommes inférieurs (ainsi que les Irlandais étaient souvent considérés par les Anglais) ou d'hommes à peine humains comme furent considérés les Amérindiens. D'où ces paradoxes apparents : une partie des *insurgeants* s'oppose à la « mère patrie » parce que celle-ci commence à mettre en cause le commerce des esclaves ; avec un sens de l'humour involontaire, Washington s'adresse à ses concitoyens et les appelle à la lutte contre l'Empire britannique « pour ne pas être misérablement opprimés comme nos Noirs »… ou encore ces sudistes, entièrement pénétrés de l'argumentation des grands théoriciens libéraux et qui défendent le droit des propriétaires d'esclaves contre la loi tyrannique de ces nordistes qui veulent émanciper les esclaves. Le cas le plus connu est celui John C. Calhoun, vice-président des États-Unis de 1825 à 1832, qui développe une philosophie politique cohérente, se réclamant notamment de John Locke, où les sudistes trouveront toutes les justifications nécessaires lors de la guerre de Sécession. Menant bataille à la fois pour défendre l'autonomie des États du Sud – contre la centralisation « tyrannique » voulue par les gens du Nord – et contre les abolitionnistes, des « aveugles fanatiques », Calhoun est l'ardent défenseur de la loi qui oblige les États abolitionnistes à livrer les esclaves en fuite. Calhoun soutient ce paradoxe qui veut que la liberté n'est jamais aussi bien garantie que dans les États fondés sur l'esclavage. Il n'est nul besoin de tordre les textes de Calhoun pour y trouver une étonnante anticipation du fameux « la liberté, c'est l'esclavage », maxime typique du système totalitaire de *1984* imaginé par Orwell.

Dès 1790, c'est le libéral Burke qui lance l'offensive idéologique contre la Révolution française – à un moment où, rappelons-le, elle s'était contentée d'établir une monarchie constitutionnelle, fortement inspirée par le modèle anglais ! Mais ce que Burke ne peut pas supporter, c'est l'article premier qui déclare tous les hommes libres et égaux en droits. Burke n'y voit qu'une liberté abstraite qui fera le lit des despotismes, à quoi il oppose les libertés des Anglais. Il est à remarquer que toute la critique contre-révolutionnaire, de Rivarol à Maurras en passant par Joseph de Maistre, reprendra le noyau central de la polémique de Burke, tout en étant moins diserte sur les libertés des Anglais…

Ce libéralisme défend une certaine conception de la liberté, une liberté sans limite pour ceux qui par nature ont le droit de jouir de cette liberté sans limite. Et c'est pourquoi il est antimonarchiste puisque la monarchie limite la liberté de la « race des seigneurs ». C'est donc un libéralisme aristocratique.

Mais le libéralisme peut aussi se définir par opposition à la démocratie. La démocratie étant le pouvoir du peuple, le peuple a tendance à faire valoir ses intérêts et à les imposer par la loi et par la force du gouvernement. Et ainsi le peuple peut devenir tyrannique, mettant en cause les libertés individuelles. Benjamin Constant thématise l'opposition entre la liberté des Anciens conçue comme la participation du peuple à l'exercice du pouvoir politique et la liberté des Modernes axée sur la défense des libertés individuelles. C'est sur la base de cette opposition qu'il soutient la nécessité d'un suffrage censitaire : si ceux qui n'ont pas de propriété ni aucune aptitude à acquérir et à conserver un patrimoine sont au pouvoir, ils prendront nécessairement des mesures pour partager les fortunes et pour faire vivre la plèbe aux dépens des « classes productives », c'est-à-dire des plus riches. À la différence des esclavagistes à la Calhoun, des libéraux comme Benjamin Constant sont partisans de l'égalité de droit en général : personne ne peut être privé arbitrairement de sa liberté ou de ses biens, tous doivent être égaux devant la justice, etc. Mais l'égalité doit s'arrêter là où commence l'exercice du pouvoir politique. Bref, il s'agit de protéger la liberté contre la démocratie. Comme le dit Henry Sidgwick dans ses Elements of Politics (1897) : « il n'y a aucune certitude qu'un système législatif représentatif, choisi par le suffrage universel, n'interférerait pas plus avec l'action libre des individus que ne le ferait une monarchie absolue. »

Il est assez courant de dénoncer aujourd'hui des formes insidieuses de retour au suffrage censitaire, lequel est assimilé à la période de la Restauration en France. Pourtant, le suffrage censitaire, sous une forme ou sous une autre, est la règle de toutes les révolutions démocratiques du XVIIIe siècle. La Révolution française n'a pas établi le suffrage universel : en 1791, on a un système complexe de suffrage censitaire. 1848 établit un suffrage universel... masculin vite limité. Et surtout, jusqu'au XXe siècle, les citoyennes ne sont que des citoyennes passives, interdites des droits politiques et même souvent mineures civilement. Pour ne rien dire des limites d'âge – jusqu'à une époque très récente, on était tôt assez âgé pour faire un ouvrier exploité ou un soldat destiné à finir comme chair à canon, mais pour être citoyen, il fallait attendre 21 ans.

En vérité, la distinction élaborée par Sieyès entre citoyen actif et citoyen passif reste de fait la distinction fondamentale autour de laquelle s'ordonne la vie politique des démocraties libérales dont l'organisation est conçue de part en part pour protéger les dominants des tumultes populaires. C'est pourquoi le libéralisme s'accommode des États autoritaires pourvu que les affaires puissent s'y mener selon des règles stables et connues de tous et que les droits de la propriété y soient respectés. Néanmoins, et l'expérience des dernières décennies semble aller dans ce sens, on peut penser que les classes capitalistes, surtout celle que Leslie Sklair [13] appelle « TCC » (*Transnational Capitalist Class*), préfèrent nettement un État démocratique, généralement moins coûteux et dont la vie publique, réglée aussi par une forme particulière de l'offre et de la demande est finalement plus conforme aux objectifs généraux du capitalisme. Et dès lors que le spectre de la révolution sociale ne hante plus les grandes métropoles, il n'y a aucune raison de recourir à un État fasciste ou dictatorial.

---

13. Voir SKLAIR (L.), *The Transnational Capitalist Class*, Blackwell Publishing Ltd, 2001.

Enfin, en troisième lieu, on pourrait définir le libéralisme politique par opposition à la république. Isaiah Berlin a opposé la « liberté négative » (celle des Modernes) comme liberté de ne pas être entravé ou liberté de non-interférence, à la liberté positive, la liberté comme réalisation de soi qui est une partie de l'humanisme civique ancien, aristotélicien et cicéronien. La définition la plus radicale et la plus restrictive de la liberté négative se trouve sans doute chez Hobbes :

> « Et selon le sens propre, et généralement reçu, du mot, *un* HOMME LIBRE *est celui qui, pour ces choses qu'il est capable de faire par sa force et par son intelligence, n'est pas empêché de faire ce qu'il a la volonté de faire.* Mais quand les mots *libre* et *liberté* sont appliqués à autre chose que des *corps*, ils sont employés abusivement. En effet, ce qui n'est pas sujet au mouvement n'est pas sujet à des empêchements, et donc, quand on dit, par exemple, que le chemin est libre, l'expression ne signifie pas la liberté du chemin, mais la liberté de ceux qui marchent sur ce chemin sans être arrêtés. [...]
>
> « Les Athéniens et les Romains étaient libres, c'est-à-dire que leurs Républiques étaient libres ; non que des particuliers avaient la liberté de résister à leur propre représentant, mais que leur représentant avait la liberté de résister à d'autres peuples, ou de les envahir. De nos jours, le mot LIBERTAS est écrit en gros caractères sur les tourelles de la cité de Lucques, et cependant personne ne peut en inférer qu'un particulier y est plus libre ou y est plus dispensé de servir la République qu'à Constantinople. Qu'une République soit monarchique ou qu'elle soit populaire, la liberté reste la même [14]. »

Inversement, pour les philosophes antiques qu'on classe parfois sous l'appellation « humanisme civique », la liberté n'existe que dans et par la participation à la vie civique. Cicéron développe cet idéal dans *Des Devoirs* et dans *La République*.

---

14. HOBBES (Th.), *Léviathan*, chap. XXI : « De la liberté des sujets », édition Sirey, 1971, trad. F. Tricaud.

« La nature a imposé si impérieusement aux hommes l'obligation de la vertu et leur a inspiré une telle passion pour défendre l'existence de la collectivité, que cette force-là a triomphé de tous les attraits de la volupté et du loisir. Il ne suffit pas de posséder la vertu, comme on peut connaître une technique sans l'utiliser ; une technique, même si on ne la pratique pas, on en garde la connaissance théorique ; la vertu au contraire consiste entièrement dans son application ; et son application la plus haute, c'est le gouvernement de la cité et la réalisation intégrale, en faits et non en paroles, des principes que ces gens-là proclament dans leurs coins. » (*République*, I, *II*, 1-2.)

« La liberté ne peut habiter dans aucun État sauf dans celui où le pouvoir suprême appartient au peuple. Il faut reconnaître qu'il n'existe pas de bien plus agréable et que si elle n'est pas égale pour tous, ce n'est pas non plus la liberté. Or comment la liberté pourrait-elle être égale pour tous, je ne dis pas dans un royaume, où la servitude n'est même pas dissimulée, et ne fait aucun doute, mais aussi dans les États où les citoyens ne sont libres qu'en parole ? » (*République*, I, *XXXI*, 47.)

« La liberté ne consiste pas à vivre sous un maître juste, mais à n'en avoir aucun. » (*République*, II, *XXIII*, 43.)

L'homme n'est donc libre que dans une cité libre. Cette liberté trouve sa plus haute réalisation dans la participation des citoyens, en tant qu'égaux à la vie civique. C'est la vie publique qui est l'expression la plus élevée de la liberté. Mais cette participation à la vie publique est, en même temps, un devoir moral (voir *Des devoirs*) : les citoyens forment une communauté liée par des sentiments moraux. On retrouve des échos de cette conception ancienne dans le républicanisme austère de Jean-Jacques Rousseau. À cette conception, les libéraux comme Berlin reprochent d'être propice au despotisme. Dans le *Contrat social*, il y a un passage fameux :

« Afin donc que le pacte social ne soit pas un vain formulaire, il renferme tacitement cet engagement qui seul peut donner de la force aux autres, que quiconque refusera d'obéir à la volonté générale y sera contraint par tout le corps : ce qui ne signifie autre chose sinon qu'on le forcera d'être libre ; car telle est la condition qui donnant chaque citoyen à la Patrie le garantit de toute dépendance personnelle ; condition qui fait l'artifice et le jeu de la machine politique, et qui seule rend légitimes les engagements civils, lesquels sans cela seraient absurdes, tyranniques, et sujets aux plus énormes abus. » (Livre I, chap. VII.)

Ce passage est souvent interprété comme la justification du « despotisme de la liberté », pour reprendre une expression de Hegel, dont la Terreur révolutionnaire du Comité de Salut public aurait été la mise en application. Mon propos n'est pas de savoir si Rousseau mérite ou non ce reproche : en lui posant des questions que lui-même ne pouvait pas se poser, en lui posant des questions d'après la Révolution française, nous sommes condamnés soit à essayer de faire parler les morts, c'est-à-dire à nous livrer à un exercice de spiritisme philosophique, soit à admettre qu'aucune réponse satisfaisante ne peut être donnée. En revanche, il est certain, parce que l'expérience nous l'a enseigné cruellement, que l'opposition entre l'homme qui devrait être selon l'ordre de la raison et le misérable être empirique rarement raisonnable qui constitue le vrai sujet, non pas de la philosophie morale et politique, mais de la vie politique réelle, a conduit immanquablement à la tyrannie. Et de cela nous devons donner acte aux critiques libérales. L'homme ne vit pas que de politique. La noblesse de l'engagement civique, la capacité à faire passer le bien commun avant ses intérêts égoïstes, l'aptitude à suivre la droite raison plutôt que les passions sont bien trop rares pour qu'on puisse fonder là-dessus une politique et une morale sensées.

Selon un schéma très dialectique, on peut présenter le républicanisme comme le dépassement de l'opposition entre la liberté négative (liberté de non-interférence) et la liberté positive. Sans reprendre complètement ici ce que j'ai développé dans d'autres travaux [15], on peut

---

15. Voir, notamment, COLLIN (D.), *Revive la République !*, Armand Colin, 2005.

simplifier les choses en disant que le républicanisme reprend l'idéal communautaire d'une liberté par la loi – qui est celui de l'humanisme civique – tout en soutenant que les individus ne veulent pas nécessairement participer aux affaires publiques, peuvent légitimement vouloir s'occuper de leurs affaires privées et attendent seulement de la république qu'elle les protège contre toutes formes de domination.

C'est sans doute chez Machiavel que l'on trouve la première formulation du républicanisme moderne [16]. En substance, Machiavel divise la nation entre le peuple et les grands et les caractérise politiquement ainsi : les « grands » veulent gouverner (et veulent tout régenter selon leur propre naturel) alors que le peuple veut surtout ne pas être dominé et demeurer libre, ce qui implique que la liberté ne peut résider dans la participation au gouvernement ! C'est pourquoi, selon Machiavel, c'est dans le peuple que l'on doit placer la garde de la liberté, précisément parce qu'il n'aspire pas à gouverner ou à dominer. Clairement, pour Machiavel, une république n'est pas une démocratie directe où le peuple assemblé dirige quotidiennement les affaires de la cité. Le peuple de Machiavel n'a pas d'esclaves pour travailler à sa place, il doit filer la laine, forger des épées, fabriquer des vêtements ou du pain, s'occuper de sa famille, défendre épouses et enfants. Et la liberté, pour Machiavel, réside d'abord dans la sûreté qui permet de mener toutes ces activités. Mais en même temps, il doit exister des institutions qui permettent au peuple de choisir les gouvernants, d'éliminer ceux qui manifestement sont incapables de défendre la république, de se protéger contre l'inévitable arrogance des grands. Alors que chez Hobbes et d'une certaine manière aussi chez Rousseau, l'acceptation du contrat social entraîne la soumission inconditionnelle au pouvoir souverain, chez Machiavel, comme le pouvoir souverain dépend toujours plus ou moins de la fortune (et non d'un contrat fictif), ce pouvoir n'a de légitimité que pour autant

---

16. Autant que l'auteur du très mal lu et très mal compris *Le Prince*, Machiavel est l'auteur des *Discours sur la Première Décade de Tite-Live*, longue méditation sur les républiques. Voir COLLIN (D.), *Lire et comprendre Machiavel*, Armand Colin, 2008.

que le peuple l'admet et il est soumis à ce que Philip Pettit appellera un « principe de contestabilité garantie[17] ». Ainsi le grand moment fondateur, pour Machiavel, c'est la manifestation du peuple romain se retirant sur l'Aventin (494 a.c.) et obtenant, finalement, la création de l'institution du tribunat. Machiavel n'est pas un démocrate moderne, c'est-à-dire qu'il ne raconte pas de belles histoires démocratiques pour enjoliver une réalité un peu moins reluisante. Il dit ce qui est et s'en tient à la « réalité effective des choses ». Et cette réalité, c'est que c'est toujours une élite qui gouverne – il n'y aucun contre-exemple dans les sociétés un tant soit peu développées[18] – et que, par conséquent, le problème de la liberté est celui de la protection des citoyens contre les tendances tyranniques de tout pouvoir, celui de la soumission des dirigeants aux lois, et enfin la garantie du *vivere civile*, c'est-à-dire d'une vie libre dans une république libre. Les bonnes institutions sont celles qui permettent de garder cet équilibre toujours précaire entre la défense de la liberté et la nécessité d'un gouvernement.

Alors que les libéraux considèrent que la loi n'est au fond qu'une restriction nécessaire de la liberté, les républicanistes considèrent que la liberté est toujours une liberté par la loi. Alors que pour les libéraux les droits appartiennent à l'individu, les définissent presque indépendamment de toute vie sociale, les républicanistes considèrent que c'est la vie sociale qui permet à ces droits d'exister et que l'homme est par nature un être social, et que c'est seulement dans la société qu'il peut développer et affirmer sa singularité et son autonomie. Il y a cependant des points communs entre libéraux et républicanistes : la méfiance à l'égard d'un pouvoir politique tout-puissant, y compris quand ce pouvoir est

---

17. PETTIT (P.), *Républicanisme, une théorie de la liberté et du gouvernement*, traduit de l'anglais par J.-F. Spitz et P. Savidan, Gallimard, 2004.

18. Dans quelques sociétés minimales comme les Nambikwara dont Lévi-Strauss parle de façon si émouvante, il semble bien que la hiérarchie sociale soit quasiment inexistante. Mais ces quelques exemples marginaux ne sauraient faire oublier tout ce que nous savons de l'histoire humaine et même de la préhistoire. Brian Hayden (*op. cit.*) fait remonter aux sociétés de chasseurs-cueilleurs la domination d'une élite, rendue possible dès lors que l'alimentation est devenue relativement abondante.

démocratique ; la tyrannie de la majorité est une tyrannie comme les autres – et parfois même bien plus terrible : les tyrans arrivés au pouvoir portés par des mouvements de masse ont généralement été bien plus cruels que ceux qui avaient dû se contenter d'un coup d'État ou d'une révolution de palais. Le principe de la séparation des pouvoirs, revendiqué par la grande majorité des libéraux, constitue un principe intangible pour les républicanistes. Mais les républicanistes poussent un peu plus le principe de la séparation des pouvoirs : il faut non seulement protéger les citoyens contre les empiètements arbitraires de l'État, mais aussi protéger l'espace public contre les empiètements arbitraires des puissances économiques. Le républicanisme suppose également la protection des individus face à d'autres dominations que la domination politique, par exemple la domination des parents sur les enfants, des patrons sur leurs employés, des hommes sur les femmes, bref toutes les dominations qui se développent presque spontanément dans les situations de relations asymétriques, toutes ces situations dans lesquelles c'est la liberté qui opprime et la loi qui libère.

Ainsi le libéralisme n'est pas étranger à la démocratie – il recoupe la démocratie au troisième des sens que nous avons distingués au début de ce chapitre... mais il ne se fait pas une obligation que les droits individuels qu'il prétend défendre soient les mêmes pour tous. Il n'est pas totalement étranger à la république : le souci de mettre des limites au pouvoir d'État et la séparation des pouvoirs sont des thèmes républicanistes tout comme l'est la défense de l'autonomie individuelle. Il n'est donc pas très pertinent d'être « antilibéral » comme se sont proclamés à partir des années quatre-vingt bon nombre de groupes et courants de la gauche et surtout de la « gauche de gauche » ou de la gauche antimondialiste. Un antilibéral peut être accusé d'être hostile aux libertés individuelles ou à « l'État de droit » et, de fait, la gauche radicale a souvent toléré toutes sortes de violations patentes des libertés les plus élémentaires dès lors qu'elles étaient le fait de gouvernements se disant révolutionnaires, anti-impérialistes ou tout ce que l'on veut de ce genre. Pour ajouter à la confusion, il faut aussi rappeler qu'un libéral au sens français (et européen) n'a pas grand-chose à voir avec un libéral au sens américain : par exemple, John Rawls définit sa propre doctrine comme « libéralisme politique » alors qu'elle est souvent très proche du républicanisme (comme Rawls le reconnaît lui-même) et qu'elle constitue une assez bonne mise en forme théorique des politiques sociales-démocrates. Et pour finir, Serge Audier et quelques autres consacrent leurs efforts à la renaissance d'un « socialisme libéral » qui ne soit pas la capitulation du socialisme devant le libéralisme, mais d'un socialisme à la fois radical et capable d'intégrer les acquis du libéralisme politique[19].

De la multiplicité des sens du mot « libéralisme », il découle qu'on ne sait pas trop ce qu'est un « libéral » et guère plus ce qu'est un « antilibéral ». Il est cependant possible, afin de clarifier les idées, de définir le noyau dur de positions philosophiques ou politiques qui, à tort ou à raison, se nomment ou sont nommées « libéralisme » et qu'il convient ici de cerner.

Le premier trait de ce libéralisme – et en cela il est l'héritier du contractualisme de l'âge classique – est une conception anthropologique de l'homme comme individu isolé, se suffisant à lui-même, « atome » qui se raccrochera ou non à d'autres atomes. L'homme à l'état de nature de Hobbes, Grotius ou Rousseau est un homme de ce genre-là – même si ensuite les conclusions philosophiques et politiques de ces auteurs divergent fort (au moins si on prend au pied de la lettre les polémiques de Rousseau contre les deux premiers). C'est dans cette thèse anthropologique que s'enracinent aussi bien les formes les plus extrêmes du libéralisme comme le libertarisme de Robert Nozick que l'*homo œconomicus*[20], cet « être de raison » autour duquel est construite l'idéologie socio-économique du néolibéralisme des années quatre-vingt à nos jours. Encore faut-il préciser que cette thèse n'a pour Rousseau qu'une valeur de fiction heuristique

---

19. Le socialisme libéral a trouvé ses meilleurs défenseurs chez les penseurs et hommes politiques italiens de l'actionnisme (le « Parti d'Action » est l'un des partis antifascistes italiens) comme Carlo Rosselli ou Guido Calogero.

20. Voir le livre précis et percutant de ANDRÉANI (Tony), *Un être de raison. Critique de l'homo œconomicus*, Syllepse, 2000.

(« écartons tous les faits », dit-il) alors que Hobbes considère que l'homme à l'état de nature, cet homme qui n'aime rien moins que la compagnie des autres hommes, est l'homme dans son essence qui se manifeste dès lors qu'il n'est plus tenu par les liens de la crainte du pouvoir souverain.

Si les hommes sont par nature des individus isolés, ils ne vivent en société que par suite des accidents de l'histoire ou en raison d'un calcul rationnel et non par nature. Toutes les théories du contrat social reposent sur cette idée : les hommes acceptent les contraintes de la vie sociale – ils acceptent d'obéir à une loi commune et de renoncer à leur liberté naturelle – parce qu'ils trouvent des avantages à l'union. Alors que Rousseau se demandait si la République dessinée dans le *Contrat social* n'était pas un régime fait pour des dieux plutôt que pour des hommes [21], pour Kant, « le problème de l'institution de l'État, aussi difficile qu'il paraisse, n'est pas insoluble, même pour un peuple de démons (pourvu qu'ils aient un entendement) [22] ». Les hommes ne finissent par atteindre la moralité que parce que la claire compréhension de leur intérêt les a mis sur le bon chemin, même si la morale, selon Kant, fait du désintéressement sa vertu cardinale. Entre Hobbes et Kant, les différends sont amples et semblent presque insurmontables. Cependant, il semble qu'il y a un fond commun concernant la nature humaine. « L'insociable sociabilité » de Kant rejoint par certains aspects l'insociabilité fondamentale de l'homme naturel hobbesien.

Ce n'est pas sans raison que l'ultralibéral Robert Nozick se présente comme un « kantien ». Certes, si l'on étudie sérieusement la philosophie de Kant et son essai de comprendre la métaphysique des mœurs dans toutes ses subtilités, il apparaît assez vite que le kantisme de Nozick est pour le moins usurpé. Mais il partage avec Kant certains

---

21. C'est certainement à lui que pense Kant quand il parle de ceux qui affirment que la constitution républicaine « devrait être un État d'anges » (*Projet de paix perpétuelle*, VIII-366 – la pagination renvoie à l'édition *princeps* de l'Académie de Berlin).

22. KANT (E.), *Projet de paix perpétuelle*, 105, VIII-366.

axiomes que Kant lui-même a en commun avec nombre de philosophes du XVIIe et du XVIIIe siècles. Kant commence sa doctrine universelle du droit par « le droit privé du tien et du mien extérieur en général ».

> « Le mien en droit (*meum juris*) est ce à quoi je suis lié de telle sorte que l'usage qu'un autre pourrait en faire sans mon consentement me léserait. La condition subjective de la possibilité de l'usage en général est la possession[23]. »

La définition kantienne lie directement deux types de droit : les droits comme immunités ou exemptions (ne pas être lésé, ne pas être obligé de faire quelque chose) et les droits comme pouvoir. Mais cette définition très générale a des conséquences importantes et problématiques. Après avoir soutenu qu'il « est possible à mon arbitre de prendre pour mien tout objet extérieur », faute de quoi la liberté, telle qu'elle est formellement définie par la raison pratique, serait en contradiction avec elle-même, Kant affirme que les objets extérieurs de l'arbitre peuvent être de trois sortes :

> « 1º une chose (corporelle) en dehors de moi ; 2º l'arbitre d'un autre en vue d'un acte déterminé ; 3º l'état d'un autre par rapport à moi, d'après les catégories de substance, de causalité et de communauté entre moi et les objets extérieurs suivant les lois de la liberté[24]. »

Autrement dit la propriété définit non seulement un rapport aux choses qui sont en ma possession, mais également des relations entre les individus. Le droit de propriété englobe donc les choses dont je puis user, les obligations des autres à mon égard (dans les contrats, par exemple) et l'état de certaines personnes (Kant donne ici l'exemple de

---

23. KANT (E.), *Métaphysique des Mœurs*, « Doctrine universelle du droit », § 1, in *Œuvres III*, p. 494.
24. KANT (E.), *op. cit.* § 4, p. 497.

la femme, de l'enfant ou du domestique). De ce point de vue, la théorie de la propriété est donc, plus généralement, une théorie des rapports sociaux dans leur ensemble.

Nozick finalement ne s'écarte pas beaucoup de Kant lorsqu'il fait du droit de propriété le droit essentiel de l'homme, celui qui le définit comme individu séparé des autres individus. Pour penser ensuite le lien entre les individus, il faut en définir les conditions qui sont proprement l'objet d'une théorie de la justice. Celle-ci concerne seulement trois sujets :

– l'acquisition originelle des possessions : ici, Nozick reprend en la modifiant et en la complétant la théorie de Locke ;
– le transfert des possessions : quels sont les moyens légitimes d'acquérir une possession ?
– le traitement des injustices, c'est-à-dire les principes de réparation quand la justice a été violée.

Les deux premiers problèmes définissent une « théorie de l'habilitation » qui permet une formulation complète de la théorie de la distribution.

> « Premièrement, une personne qui acquiert une possession en accord avec le principe de justice concernant l'acquisition est habilitée à cette possession ;
>
> « Deuxièmement, une personne qui acquiert une possession en accord avec le principe de justice gouvernant les transferts, de la part de quelqu'un d'autre habilité à cette possession, est habilitée à cette possession ;
>
> « Troisièmement, nul n'est habilité à une possession si ce n'est par application (répétée) des deux premières propositions [25]. »

---

25. NOZICK (R.), *Anarchie, État, Utopie*, PUF, 1988, coll. « Libre échange », trad. Évelyne Dauzac de Lamartine, p. 189.

Nozick insiste sur le fait que ces principes ne définissent pas un modèle (*pattern*) de distribution.

> « Presque tout principe suggéré de justice distributive est organisé en modèle : à chacun selon son mérite moral, ou selon ses besoins ou sa production marginale, ou à quel point il se bat pour arriver, ou la somme pondérée de ce qui précède, etc. Le principe d'habilitation que nous avons esquissé n'est pas organisé en modèle [26]. »

On peut avoir des modèles qui rendent compte de telle ou telle distribution particulière (par exemple en économie), mais pas de modèle général de distribution. Un tel modèle serait contradictoire avec les principes de base de Nozick : par exemple, généraliser « à chacun selon son mérite » serait contradictoire avec le droit que j'ai de léguer mes possessions à mes enfants, indépendamment de toute appréciation de leur mérite moral – Nozick reprend cette idée très discutable, mais toujours assénée sans démonstration, selon laquelle le droit de propriété inclut le droit de tester. Or, comme Bobbio le montre de manière convaincante, personne ne peut déterminer en quoi résiderait un droit naturel de tester. On peut penser que le vivant dispose de ses biens comme il l'entend et que le testament ne fait qu'exécuter les volontés (les dernières volontés) du vivant. Mais précisément, l'exécution du testament repose sur une fiction juridique : l'expression d'une volonté qui n'a plus de sujet capable de vouloir, une volonté détachée. On pourrait également supposer que les propriétés suivant la lignée « naturelle » de la reproduction humaine vont automatiquement aux enfants ou, à défaut, aux parents les plus proches. Mais en ce cas, le droit de tester est limité puisque le père – dans ce cas de figure – n'est pas libre de déshériter ses enfants pour léguer ses biens à sa maîtresse ou à un clochard de passage. Enfin, tout aussi naturellement, on pourrait penser que la propriété

---

26. NOZICK (R.), *op. cit.*, p. 196.

du vivant, résultant de son appartenance à la société et ayant été garantie par les autorités publiques, retourne à sa mort à la communauté pour servir le bien public. Nozick écarte cette discussion parce qu'elle ruinerait à la base ses présuppositions individualistes.

Pour Nozick, c'est le principe de liberté qui bouleversera toujours tous les modèles de distribution. Supposons que l'on donne à chacun selon son travail. Personne ne peut m'empêcher de dépenser mon argent pour soutenir mon équipe de basket favorite. L'argent des milliers de supporters pourra ainsi finir dans la poche de telle ou telle vedette, qui sera ainsi bien plus riche que le principe « à chacun selon son travail » ne l'aurait permis. On pourrait multiplier les exemples. Nozick montre que tout modèle de distribution ne peut se maintenir qu'en violant les droits fondamentaux de l'individu. En effet, les principes de justice en modèles nécessitent toujours une redistribution. Or :

> « L'imposition des biens provenant du travail se retrouve sur un pied d'égalité avec les travaux forcés. Certaines personnes trouvent que cette thèse est de toute évidence vraie : le fait de prendre les gains de n heures de travail revient à prendre n heures à cette personne ; c'est comme si on forçait cette personne à travailler n heures pour quelqu'un d'autre. D'autres trouvent que cette thèse est absurde. Et même ceux-là, s'ils font objection à l'évocation des travaux forcés, s'opposeraient à forcer les hippies au chômage à travailler au bénéfice de ceux qui sont dans le besoin [27]. »

Les positions de Nozick semblent si contraires à certains de nos préceptes moraux ordinaires et si irréalistes qu'ils semblent se réfuter eux-mêmes. Cependant, si l'État minimal qu'il défend n'est réellement pris au sérieux par aucun dirigeant politique, ses thèses constituent le soubassement théorique des politiques néolibérales

---

27. NOZICK (R.), *op. cit.*, p. 211.

orientées vers une privatisation généralisée des fonctions sociales de l'État. Ces idées se sont largement diffusées dans toutes les couches supérieures des sociétés modernes. La collection « Libre échange », dans laquelle a été publiée la première traduction française de Nozick, annonce d'ailleurs clairement la couleur et s'affiche comme une collection militante visant à défendre « le point de vue authentiquement libéral en France ». Certes, en France, les libéraux se réclament plus volontiers de von Hayek que de Nozick, la *catallaxia* et le point de vue holiste qu'elle suppose étant sans doute plus facilement acceptés au pays de Durkheim. Les libéraux libertariens sont assez rares et, en dépit d'efforts pour passer pour des gens très modernes, ils ont une fâcheuse tendance à retomber dans les obsessions et même le style de la vieille droite réactionnaire française – ils sont plus préoccupés de dénoncer l'influence de la franc-maçonnerie, les fonctionnaires, les socialistes, les communistes, les syndicalistes qu'à soutenir la libéralisation du commerce de la drogue comme le fait David Friedman. Mais il en va autrement aux États-Unis où les libertariens jouent un rôle non négligeable et se distinguent bien de la « majorité morale » et plus généralement de la droite conservatrice. Candidat de témoignage lors de la présidentielle américaine de 2008, Ron Paul, sénateur issu du parti républicain, en est un bon exemple. Si l'on cherche en Europe quelque chose qui corresponde aux idées synthétisées par Nozick, on le trouvera plutôt du côté de la « gauche sociétale » (à qui l'on applique parfois le terme un peu passe-partout de « bobo ») : par exemple, concernant la légalisation de l'usage des drogues douces, cette gauche reprend souvent intégralement l'argumentaire de David Friedman.

Les thèses de Nozick ne manquent pas d'aspects séduisants. Nozick dénonce les conceptions « paternalistes » du pouvoir politique, qui, en traitant les individus comme des enfants, prétend vouloir leur bien, y compris malgré eux. Sa théorie fait de la liberté individuelle une vertu cardinale et peut donc se présenter comme une théorie de l'émancipation des individus, une théorie libératrice. Quand il écrit que « les gens ont tendance à oublier les possibilités d'agir indépendamment de l'État[28] », ce n'est pas faire preuve d'esprit libéral-capitaliste : n'importe quel marxiste « ancienne manière » ou n'importe quel anarchiste pourrait reprendre cela à son compte : « producteurs, sauvons-nous nous-mêmes », dit *L'Internationale*. Le remplacement de l'émancipation des travailleurs, qui, selon Marx, sera l'œuvre des travailleurs eux-mêmes, par l'étatisation et la prise en charge de toute la vie sociale par des institutions étatiques ou para-étatiques, voilà quelque chose qui eût fait horreur aux socialistes et communistes du XIXᵉ siècle – Guesde et Lafargue, fondateurs du « Parti ouvrier français », dénonçaient avec virulence ceux de leurs camarades réformistes qui voulaient nationaliser toute l'industrie et transformer les ouvriers en fonctionnaires.

Procéder à une critique sérieuse du libertarianisme exige d'aller au fond, c'est-à-dire aux considérations anthropologiques. L'anthropologie nozickienne repose en effet sur une conception archaïque de l'état de nature, sortie tout droit des fictions des « jusnaturalisme » de l'âge classique. Les individus menant une vie séparée et s'appropriant légitimement le produit de leur travail, voilà une de ces « robinsonnades » que raillait Marx. Nozick revendique du reste cette tradition de la « robinsonnade[29] ». Il va jusqu'à écrire que « chaque personne représente une société miniature[30] ». Cela veut dire 1° qu'il existe par lui-même et sans relation avec d'autres « sociétés miniatures » ; 2° qu'il n'a pas d'autre limite que lui-même. Pierre Legendre a montré que cette conception de « l'individu devenu *mini-État* » n'est pas une alternative au totalitarisme, mais seulement la manière dont « l'ultra-modernité a retourné la carte totalitaire, sous la forme de l'irruption de la dogmatique du sujet-Roi[31]. »

Inutile de plus détailler la critique du livre de Nozick[32]. La difficulté que rencontrent les libertariens quand ils veulent transformer leurs idées

---

28. NOZICK (R.), *op. cit.*, p. 31.
29. Voir NOZICK (R.), *op. cit.*, p. 231.
30. NOZICK (R.), *op. cit.*, p. 232.
31. Voir LEGENDRE (Pierre), *La Question dogmatique en Occident*, Fayard, 1999, p. 67.
32. Voir COLLIN (D.), *Morale et justice sociale*, Seuil, 2001.

en idées politiques pratiques tient à ce que, premièrement, ils sont amenés à soutenir politiquement des gens avec qui ils sont en profond désaccord – ainsi les libertariens américains se retrouvent plus du côté républicain (théoriquement anti-interventionniste en économie) que démocrate (théoriquement plus interventionniste et redistributeur) et ils doivent donc mettre pas mal d'eau dans leur vin pour trouver un terrain d'accord avec les bigots de la « majorité morale ». Le deuxième problème des libertariens est qu'ils heurtent frontalement les traditions morales chrétiennes les mieux ancrées. Ainsi un libertarien conséquent ne doit rien trouver à objecter à ce qu'un individu use de drogues au point de se suicider, plus ou moins lentement. Chacun est maître de sa propre vie et, ajoutent les libertariens, un marché libre de la drogue constituerait un avantage par rapport au marché clandestin actuel, faisant diminuer les causes de la délinquance. En ce qui concerne les relations entre les individus, la règle est assez simple : tout ce qui se fait entre adultes consentants est licite. Ainsi la prostitution doit être considérée comme une prestation de services qui n'a nul besoin d'être réglementée[33] et encore moins interdite. Le seul critère acceptable est toujours le consentement : David Gauthier veut fonder une « morale par agrément » puisque les contrats suffisent pour définir des normes acceptables par tous. Moitié sérieusement, moitié par provocation, certains libertariens réclament un marché libre de l'adoption : si des parents pauvres vendent leurs enfants à des riches qui veulent adopter pour satisfaire leur « désir d'enfant », aucune réglementation ne devrait s'y opposer. Il s'agit d'une transaction entre personnes libres et dans laquelle personne n'est lésé, ni les parents pauvres qui reçoivent de l'argent et se trouvent soulagés d'une charge qu'ils ne pouvaient assumer, ni les riches adoptants qui voient leur désir satisfait, ni l'enfant qui pourra recevoir une meilleure éducation et aura de meilleures

---

33. Sur ce sujet, voir le débat entre Ruwen Ogien et Michela Marzano. À l'éthique minimaliste d'Ogien, Michela Marzano oppose une « éthique de l'autonomie » qui ne saurait se réduire au consentement. Pour les thèses de MARZANO (Michela), *Je consens donc je suis... : éthique de l'autonomie*, PUF, 2006.

perspectives de vie… Certains libertariens se disent même franchement anarchistes et affirment qu'ils sont les seuls anarchistes conséquents. Ils réclament, ce qui est du pur anarchisme, « la liquidation du pouvoir des hommes politiques », comme on peut le lire sur certains sites libertariens.

Pour la plupart, les libertariens se refusent néanmoins à tirer ces conséquences extrêmes et pourtant logiques de leurs propres thèses. Ils se contentent de limiter leurs revendications à la sphère économique et sociale, en dénonçant les systèmes collectifs de protection sociale, les allocations chômage, l'école publique, etc. Si chaque individu est une petite société à lui seul et s'il est totalement souverain, c'est en effet attenter à sa liberté que de l'obliger à souscrire à la sécurité sociale ou à payer des impôts qui vont servir à financer une école publique que lui-même n'a pas choisie et dont il n'a éventuellement aucun besoin s'il n'a pas d'enfant. Sur tous ces plans, il faut reconnaître que les thèses libertariennes ont été largement entendues même si ce n'est pas toujours avec la radicalité et l'esprit de système de cette école dont le dogmatisme est souvent assez ahurissant. La privatisation croissante du secteur public et notamment de la santé et l'école est une tendance lourde assez universelle. Même quand cette privatisation reste limitée (comme en France actuellement[34]), la tonalité générale des discours publics est à la « responsabilisation » : vous êtes responsables de votre santé et donc vous devez payer un forfait par consultation médicale et par médicament pour vous obliger à agir en malade responsable. Vous êtes également responsables de l'avenir de la planète et l'on vous prodigue toute sorte de conseils pour préserver l'environnement. Vous êtes responsables de votre avenir professionnel et il faut donc apprendre à vous « manager » vous-mêmes. Et ainsi de suite.

Le paradoxe intéressant est celui-ci : les idées fondamentales des libertariens se diffusent sous la forme d'un discours de culpabilisation

---

34. Beaucoup d'Américains du Nord sont persuadés que la France est un des pays les plus socialistes du monde…

omniprésent et la liberté, quand elle est passée à la moulinette des politiques gouvernementales, apparaît pour l'immense majorité comme un régime de restriction. Mais le plus grave est ailleurs : le libéralisme poussé jusqu'au bout fait exploser non seulement les formes républicaines du *welfare*, mais aussi l'idée même que les hommes fassent société et qu'ils trouvent dans l'existence sociale la possibilité même du bonheur. Les individus menant des existences séparées doivent être indifférents les uns aux autres. Ils ne sont tenus par aucun autre devoir à l'égard des autres membres de la communauté que celui de respecter leur propriété. Nozick et ses disciples n'omettent jamais de dispenser la petite leçon de morale indispensable à leur théorie : l'envie doit être bannie, seul moyen d'empêcher que la société libertarienne ne se défasse à peine constituée pour tomber dans un monde hobbesien où « l'homme est un loup pour l'homme ». Mais comme le faisait déjà remarquer Rousseau, l'envie est inévitable dès lors que les hommes vivent en société et qu'entre eux règne l'inégalité. Au demeurant, le système économique préféré des libéraux et libertariens, le capitalisme, fonctionne à l'envie. Le développement de la consommation ne repose pas tant sur la satisfaction des besoins que sur l'envie de chacun d'avoir la même chose que son voisin.

Les idées libérales-libertariennes trouvent encore leur expression dans le refus des impôts : payer l'impôt, c'est affirmer son appartenance à une communauté pour laquelle tous ses membres sont coresponsables. La révolte antifiscale des classes aisées – qui, par exemple, a fait passer la très moderne et très branchée Californie dans le camp républicain, aux côtés des ploucs arriérés et des prédicateurs millionnaires de la « majorité morale » – est une des expressions de ce phénomène si bien analysé par Christopher Lasch [35].

Tous les libéraux ne partagent pas la doctrine achevée et systématique de Nozick et ses épigones. Mais en faisant valoir les

---

35. Voir LASCH (Christopher), *La Révolte des élites et la trahison de la démocratie*, préface de Jean-Claude Michéa, traduction de Christian Fournier, éditions Climats, 2003.

droits absolus de l'individu en tant que propriétaire, ils sont conduits à rejeter toutes les contraintes imposées par l'appartenance à une collectivité politique commune. Vico pensait que dans les sociétés anciennes, les sociétés « barbares » et « héroïques », les *gentes maiores*, les chefs, les hommes forts et plus généralement les classes nobles tenaient les *famoli*, la plèbe pour des étrangers et, avec beaucoup de perspicacité le philosophe napolitain s'interrogeait sur le terme latin *hostis*, à la fois l'hôte et l'ennemi : la plèbe est l'hôte des classes possédantes – et à ce titre elle ne possède aucun droit – et elle en est l'ennemi potentiel. Le développement du libéralisme a ressuscité cette figure d'une plèbe étrangère envers laquelle les classes dirigeantes, celles qui possèdent la richesse, n'ont aucun devoir et tous les droits.

Le libéralisme contemporain n'a donc plus grand-chose à voir avec celui de Montesquieu ou de Tocqueville. L'auteur de *L'Esprit des lois* peut encore être revendiqué à bon droit dans l'ascendance du républicanisme, alors que le libéralisme contemporain est irréductiblement hostile à l'esprit républicain puisqu'il fait de la communauté politique au mieux un mal nécessaire, au pire un carcan dont les possédants ont le droit de se défaire, transformant ainsi toute vie sociale en une guerre impitoyable des classes possédantes contre les *famoli*. Mais cette liberté sans limite que réclament pour eux-mêmes les libéraux se retourne contre les formes les plus élémentaires de la liberté, en premier lieu les libertés « libérales » classiques.

Concluons provisoirement : le libéralisme contemporain accomplit ce qui est en puissance dans ses germes classiques. Pointe avancée d'un mouvement qui vise à la maîtrise du monde, le courant libéral a profondément ébranlé les vieilles structures sociales et idéologiques et il a pu, un temps, apparaître comme libérateur ou comme l'allié naturel de tous les courants émancipateurs. Mais maintenant que le mode de production capitaliste domine sans concurrence sérieuse le monde entier, le libéralisme contemporain va se révéler comme l'ennemi principal de la liberté... et par là même du libéralisme ancien. Autrement dit, la complicité tactique des républicains et des libéraux pourrait bien être obsolète et le républicanisme apparaîtrait alors comme l'héritier du meilleur de la tradition libérale – la défense des droits, le contrôle du gouvernement – contre l'espèce de libéralisme dominant à l'âge du « capitalisme absolu ».

La démocratie réellement existante est une oligarchie

On vient de rappeler combien libéralisme et démocratie n'ont pas toujours fait bon ménage et pourquoi le libéralisme a été souvent une « démocratie pour la race des seigneurs ». Il faut maintenant interroger la démocratie elle-même.

Si la démocratie est l'exercice du pouvoir du peuple tout entier – gouvernement du peuple, par le peuple, pour le peuple, selon la définition célèbre d'Abraham Lincoln – un tel gouvernement n'existe à peu près nulle part. Même en laissant de côté la question de la définition du peuple, c'est-à-dire celle de ses frontières, de la manière dont s'acquiert la qualité de citoyen, la seule démocratie vraiment démocratique est la démocratie directe ou, du moins, un gouvernement sous le contrôle direct des citoyens. Les exemples d'un tel gouvernement sont assez rares : quelques décennies de l'histoire athénienne, la Commune de Paris, les soviets russes pendant une brève période, le gouvernement insurrectionnel à Budapest en 1956… Pourquoi ces expériences ont-elles été si peu nombreuses et si peu durables ?

Ce qu'on appelle démocratie à l'époque moderne, c'est un genre de gouvernement que les Anciens (Aristote, Cicéron, Polybe) et les moins anciens comme Machiavel auraient appelé « gouvernement mixte », c'est-à-dire un régime dans lequel sont combinés, en proportions variables d'ailleurs, l'élément populaire, l'élément aristocratique et l'élément monarchique. Le républicanisme classique défend généralement une forme de régime mixte. La démocratie représentative, même sous ses formes les plus parlementaires, est par définition un système mixte : l'élément populaire réside dans le fait que le peuple décide qui peut ou non faire partie de l'aristocratie gouvernante. Au lieu d'une aristocratie héréditaire ou d'une aristocratie recrutée par concours, on a une aristocratie élective.

Soyons un peu plus précis. La démocratie parlementaire n'est jamais purement parlementaire – sauf la Constitution jamais appliquée de 1793 – puisque le gouvernement constitue un organisme à part (en vertu du principe de la séparation des pouvoirs) et ce gouvernement a pris au fil des années un tour de plus en plus monarchique, y compris dans les régimes officiellement classés comme régimes parlementaires : par exemple, en Grande-Bretagne, en Allemagne ou en Italie. Autrement dit, même dans la démocratie parlementaire, il existe, en plus de l'élément populaire et de l'élément aristocratique, un élément monarchique. *A fortiori*, les régimes présidentiels (USA, Russie) ou semi-présidentiels (France) peuvent-ils être assimilés à des monarchies où le monarque est élu pour une durée limitée et est, plus ou moins, contrôlé par un parlement.

L'élément populaire de nos régimes mixtes, quant à lui, est plus ou moins important. Entrent en ligne de compte la fréquence des consultations électorales, la manière dont les diverses fractions du peuple sont représentées, l'existence ou non de partis véritablement liés aux classes populaires, l'existence ou non de procédures référendaires. Il est également à remarquer que l'élément populaire tend à devenir moins important presque « spontanément », par le désintérêt des citoyens à l'égard de la politique. Dans les grandes démocraties, il est de plus en plus fréquent que les consultations électorales ne mobilisent même pas la moitié des électeurs inscrits – sans parler des citoyens qui pourraient être électeurs, mais ne le sont pas car ils ne se posent même pas la question de leur inscription sur les listes électorales.

Nous ne vivons donc ni en démocratie, ni dans un régime mixte au sens de la tradition républicaniste, mais dans des régimes de plus en plus nettement oligarchiques. L'oligarchie est, dans la typologie des Anciens, une dégénérescence de l'aristocratie. Cette dernière est, selon l'étymologie, le gouvernement des meilleurs, le gouvernement de ceux qui, par leurs qualités, méritent de gouverner et gouvernent pour le bien commun, alors que l'oligarchie est le gouvernement du petit nombre pour les intérêts du petit nombre, et le principal « mérite » des gouvernants est d'être riches[36]. Georges Sorel[37], qui avait sous les yeux l'expérience de la république parlementaire écrivait :

> « La démocratie repose sur l'existence d'une solide hiérarchie ; il faut à l'oligarchie de gros arrivistes une troupe ardente de bas-officiers qui ne cesse de travailler dans l'intérêt de ses chefs et qui retire peu de profit matériel de son activité ; il faut tenir en haleine cette sorte de petite noblesse, en lui prodiguant des marques de sympathie, en excitant chez elle des sentiments d'honneur, en lui parlant un langage idéaliste. La grandeur du pays, la domination des forces naturelles par la science, la marche de l'humanité vers la lumière, voilà les balivernes qui se retrouvent à tout instant chez nous, dans les discours des orateurs démocratiques[38]. »

Nous avons sous les yeux de très nombreuses preuves empiriques de la croissance de cette oligarchie née sur le terreau de la « démocratie ». Mais l'aristocratie elle-même est un terme très indéterminé. Qui sont les meilleurs ? Les plus méritants ? Mais comme le fait remarquer Aristote, on ne s'entend généralement pas pour définir le mérite. Traditionnellement, l'aristocratie se présente comme le gouvernement des nobles familles, des « races » les plus honorables. Le mérite de l'aristocrate dans le monde antique comme dans les monarchies européennes réside dans la naissance : les vertus sont censées passer des pères aux enfants, peut-être par la liqueur séminale… À cette aristocratie du sang, caractéristique des sociétés inégalitaires, les républicains modernes ont voulu substituer une aristocratie de la vertu et du savoir. D'une part, l'élection est censée permettre l'élévation au rang de législateurs les plus vertueux citoyens. D'autre part, la méritocratie républicaine organise la sélection en

---

36. Voir à ce sujet dans *La République*, VIII, 550d-557a la description toujours actuelle de « l'homme oligarchique ».

37. Théoricien du syndicalisme révolutionnaire et de la grève générale, Sorel se tient à l'écart du courant principal du socialisme qu'il voit s'engluer dans le parlementarisme. C'est un auteur qu'il vaut la peine de lire (ou de relire) aujourd'hui.

38. SOREL (G.), *Les Illusions du progrès*, L'âge d'homme, 2007, p. 182.

fonction des critères du savoir : le concours d'accès aux grandes écoles qui forment les normaliens et les polytechniciens pour en faire les meilleurs des serviteurs de l'État.

Ce tableau idyllique n'a que de lointains rapports avec la réalité. Les maîtres de l'Ancien Régime ont su très souvent obtenir l'onction du suffrage populaire – dans certaines campagnes, le châtelain, « notre bon maître », faisait fréquemment un député convenable aux assemblées de la république. Faute de titres nobiliaires et de propriétés foncières, certains grands patrons purent facilement convertir l'équivalent général en voix et faire ainsi ce qu'il fallait pour s'attirer les bonnes grâces du « peuple souverain ». Autrement dit, l'élection, sous couvert de souveraineté populaire, fournit un nouvel habillage aux dominants de toujours. L'onction du Seigneur et celle du suffrage universel se rejoignent (*vox populi, vox Dei*).

Il est vrai que le peuple, le « bas peuple », le *popolo minuto*, a pu, dans les régimes démocratiques, trouver des représentants authentiques, issus ou non de ses rangs. Des radicaux aux socialistes, des socialistes aux communistes, la IIIe République a permis l'ascension sociale aux plus hautes fonctions des petits bourgeois, des professeurs, des chefs syndicalistes et même des ouvriers. Mais on aurait tort de confondre l'ascension sociale des éléments représentant le peuple avec l'accession du peuple au pouvoir. Dans le mécanisme du renouvellement des élites, le suffrage universel a joué pleinement son rôle, celui de l'organisation et de la consolidation du consensus social et politique. Fréquentant les salons dorés et les dîners de la bonne société, les révolutionnaires ont été sagement domestiqués – mais peut-être ne demandaient-ils que cela puisqu'ils s'étaient déjà battus pour devenir chefs, porte-parole, secrétaires généraux, etc. ? L'extension et la radicalisation de la démocratie n'ont donc pas renversé la domination oligarchique, elles n'ont fait qu'en élargir les bases. Il ne s'agit d'ailleurs pas seulement du personnel directement politique. Les chefs syndicaux jouent leur propre partition, souvent bien plus importante politiquement que celle des partis « ouvriers ». En retour, de nombreuses sinécures, même modestes, s'offrent à tout syndicaliste désireux de faire carrière – du simple comité d'entreprise aux mille et une sociétés dépendant des organismes sociaux, en passant par le Conseil économique et social.

Depuis le XXe siècle, l'oligarchie a pris de nouvelles formes. Elle s'est largement mondialisée et vit de plus en plus indépendamment de ses « bases nationales » anciennes et, d'autre part, elle exerce son influence directement par le biais des médias, télévision ou Internet, qui tendent, de plus en plus, à faire les candidats et à faire les élections.

La formation d'une classe capitaliste transnationale est longuement analysée par Leslie Sklair dans son ouvrage, *The Transnational Capitalist Class*[39]. L'intérêt de ce travail est de ne pas se limiter à l'analyse de la structuration du capital à l'échelle mondiale – un travail dans lequel excelle un certain nombre de marxistes comme François Chesnais[40]. Il essaie d'en dégager les spécificités idéologiques ainsi que les liens entre individus et groupes qui font apparaître une telle classe, non seulement « en soi », mais aussi « pour soi ». Pour Sklair, cette dimension culturelle-idéologique est même essentielle et permet de comprendre la puissance et les capacités de résistance aux crises de cette classe capitaliste transnationale :

> « La première tâche culturelle-idéologique du capitalisme global est de s'assurer qu'un nombre de gens aussi grand que possible consomme autant que possible en inculquant des croyances au sujet de la valeur intrinsèque de la consommation comme "chose bonne" et comportement clé d'une "vie bonne". Ainsi [...] les capitaines d'industrie ont été renforcés par les capitaines de conscience[41]. »

Alors que le marxisme traditionnel considère l'idéologie comme simple « superstructure », concentrant ses traits sur « l'infrastructure », c'est-à-dire les rapports de production et les rapports de classe, Sklair souligne l'importance de la part des classes dominantes, de ce qu'on pourrait appeler « lutte idéologique » et dont l'objet n'est rien d'autre

---

39. SKLAIR (L.), *op. cit.*
40. Voir CHESNAIS (F.), *La Mondialisation du capital*, Syros, 1994.
41. *Op. cit.*, p. 11.

que la « colonisation des consciences ». Il y a là un phénomène nouveau : les classes capitalistes nationales gouvernaient chacune selon son propre naturel, et le faisaient en s'appuyant sur des idéologies différentes, voire franchement conflictuelles. Ainsi les classes dirigeantes allemandes et françaises au XIXe et au début du XXe siècles ont usé de ressources idéologiques très différentes, parce qu'il s'agissait précisément de la lutte pour l'hégémonie en Europe. Ces contradictions entre puissances capitalistes en vue du partage du monde – une des caractéristiques essentielles de l'impérialisme selon Lénine – prennent aujourd'hui une place subordonnée :

> « pour le système capitaliste global, considéré comme un tout, ces luttes internes à la classe dominante sont moins importantes que ce qui lie les membres de cette classe tous ensemble, pris globalement, c'est-à-dire leur intérêt commun dans la protection de la propriété privée et les droits des individus privés de l'accumuler avec aussi peu d'interférences que possible[42]. »

De même que les classes dominantes nationales se forment à travers un réseau institutionnel d'écoles, de clubs et par des mariages (d'amour, ça va de soi !), de même l'existence de firmes transnationales développe ce type de relation et permet la formation effective d'une classe transnationale consciente de ses intérêts propres. Sklair décompose la Classe capitaliste transnationale (CCT[43]) en plusieurs strates :

– les exécutifs des firmes transnationales (FTN) ainsi que leurs représentants locaux) ;
– les bureaucrates et les politiciens « mondialisés » ;
– les professionnels mondialisés (techniciens, scientifiques) ;
– les commerçants et les médias.

---

42. SKLAIR (L.), *op. cit.*, p. 12.
43. Sklair emploie les abréviations de TCC pour *Transnational Capitalist Class* et TNC pour *Transnational Corporations*.

Le premier de ces groupes est le groupe dominant, les trois autres en constituent l'assise. On peut aussi définir politiquement la CCT. Ses membres s'opposent non seulement à ceux qui rejettent le capitalisme, mais aussi aux fractions des classes dominantes nationales qui rejettent la mondialisation[44]. En dehors des firmes transnationales, les firmes purement nationales ne représentent plus qu'un secteur très étroit. Même les firmes possédées par les États ou ayant sur le terrain national une sorte de monopole se conduisent de plus en plus comme des FTN. Sklair considère comme démodée la définition du début des années soixante-dix qui considérait les multinationales comme des firmes à base nationale opérant à l'étranger. Les intérêts des membres de la CCT sont principalement tournés vers l'arène internationale, et les FTN ainsi que les institutions internationales sur lesquelles elles s'appuient (OMC, par exemple) mettent l'accent sur la liberté du commerce et le développement des stratégies d'exportation. Sur le plan du pouvoir, Sklair note que :

> « Le concept de classe capitaliste transnationale implique qu'il existe un cercle intérieur central qui prend les décisions à l'échelle systémique large, et qu'il se connecte par des voies diverses avec les membres subsidiaires dans les communautés, les cités, les pays et les régions supranationales[45]. »

Pour expliquer ce mécanisme par lequel un noyau restreint assure sa domination, Sklair fait appel au concept gramscien d'hégémonie. C'est un concept beaucoup utilisé, trop peut-être, mais Sklair n'a pas tort de l'employer puisque les idéologues des partis de cette nouvelle classe usent eux-mêmes de la référence à Gramsci. Que met-on sous ce terme d'hégémonie ? En fait deux choses : la bataille idéologique et une stratégie d'alliances de classes. Une classe dominante, en effet, ne

---

44. Les Anglo-Saxons emploient le terme de *globalization*, mais le terme consacré en France est celui de « mondialisation ».
45. SKLAIR (L.), *op. cit.*, p. 21.

peut dominer durablement par la force seule. Elle doit aussi bénéficier du consensus des dominés et pour cela, elle doit s'efforcer de faire partager par la majorité ses vues générales, sa conception du monde autant que ses idées morales et ses perspectives à terme. Ce qui est élaboré dans les *think tanks*, les clubs et les fondations plus ou moins discrètes doit ensuite irriguer l'ensemble du corps social, devenir le langage commun des grands médias, mais aussi de l'école et de tous les lieux où se forment les pensées de ceux qui vont devoir mettre en œuvre la politique décidée par les classes dirigeantes. Il faut ensuite que la classe dirigeante apparaisse comme porteuse des intérêts de couches beaucoup plus larges. Si la nation n'est plus le ciment de cette alliance de classes, il faut trouver d'autres thèmes mobilisateurs. Un certain cosmopolitisme sert de bagage commun aux milieux dirigeants et aux nouvelles classes intellectuelles qui se sont développées au cours des dernières décennies avec l'extension nouvelle qu'ont prise le commerce mondial et les nouvelles technologies de l'information et de la communication. Ce cosmopolitisme est porteur d'idéaux moraux impeccables : il est hostile à toutes les discriminations qui pourraient empêcher un individu de réaliser ses ambitions, qu'il s'agisse de discriminations fondées sur le sexe, la couleur de la peau ou les orientations sexuelles. Mais ce refus des discriminations n'est que l'avers d'une médaille dont le revers est l'acceptation des inégalités. Ainsi, on peut voir des responsables politiques condamner le racisme ou les discriminations visant les homosexuels et, presque dans le même discours, s'en prendre aux idéaux égalitaristes de la Révolution française qui auraient handicapé ce pays en sapant à la base la culture de la responsabilité. Le lien entre les deux faces du discours est clair : dès lors qu'il n'y a plus de discriminations (comme l'exige le cosmopolitisme mondialiste contemporain), les pauvres sont pauvres par leur propre faute, et, par conséquent les systèmes nationaux de solidarité n'ont plus de raison d'être, d'autant qu'ils se révèlent comme des freins au développement du seul stimulant du progrès qu'est la compétition. S'il n'y avait eu que le versant « libéralisme économique », la CCT n'aurait jamais pu asseoir sa domination.

La Société du Mont-Pèlerin de Friedrich Hayek, aussi intelligentes qu'aient pu être ses stratégies de pénétration des milieux politiques, n'aurait jamais pu l'emporter idéologiquement. C'est l'alliance avec une large couche des classes moyennes supérieures qui lui assure le succès, ces classes moyennes supérieures qui veulent, pour elles et pour leurs enfants, consolider les places acquises par ce qu'elles croient être leurs compétences.

La dérive oligarchique des sociétés capitalistes avancées, de celles qui, justement se vantaient et se vantent encore de leur caractère démocratique, n'est donc pas seulement une conséquence du pourrissement quasi irrémédiable de tout régime politique. Elle correspond au contraire à un renouvellement profond de l'élite dirigeante, renouvellement dont nous n'avons pas mesuré toute l'étendue et qui déplace les lignes de clivages politiques, sociaux et culturels. Pour comprendre cela, il faut une théorie de la formation des classes dirigeantes.

Les nouvelles élites

Il faudrait revenir sur les théories philosophiques et sociologiques qui ont voulu comprendre la formation, le maintien et éventuellement la disparition des élites. Dans la culture italienne, la question des élites joue un rôle important et souvent négligé ailleurs. De Machiavel à Gramsci, en passant par Vilfredo Pareto, Gaetano Mosca et Roberto Michels, ces auteurs ont donné des approches souvent divergentes, mais toujours stimulantes de la formation des classes dirigeantes et des moyens qu'elles utilisent pour asseoir leur hégémonie et se renouveler. Par rapport aux analyses marxistes traditionnelles qui s'en tiennent aux rapports de classe, réduits aux rapports de propriété des moyens de production et d'échange, les analyses portant sur la formation des élites ont l'avantage de mettre l'accent sur les phénomènes de domination qui ne sont pas directement liés aux rapports de production en même temps que sur les transformations internes aux classes dirigeantes, ce qui devrait intéresser ceux qui veulent réfléchir sur la politique en termes stratégiques.

Au cours du siècle dernier, se sont développés et épanouis deux types de phénomènes, peut-être convergents, mais distincts. En premier lieu, se développent des bureaucraties issues du mouvement ouvrier et anticapitaliste qui prennent de plus en plus de place dans la gestion du capitalisme à l'échelle mondiale. Dès le début du XXe siècle, Roberto Michels pouvait analyser le rôle de plus en plus conservateur des appareils des partis sociaux-démocrates et des syndicats. Le triomphe des bolcheviks en Russie en 1917 permit le développement d'une nouvelle bureaucratie « révolutionnaire » dont on a pu dire qu'elle avait tous les traits d'une nouvelle classe dominante. Trotski et les trotskistes orthodoxes ont soutenu avec ferveur que la caste bureaucratique qui gouvernait l'URSS n'était pas une nouvelle classe sociale, mais une excroissance parasitaire et contre-révolutionnaire sur le corps sain de « l'État ouvrier » soviétique. Avec la mise en place de régimes politiques et sociaux semblables à celui de l'URSS en Europe de l'Est puis en Chine, en Corée du Nord, à Cuba en 1959, la thèse trotskiste, qui supposait le caractère exceptionnel et aberrant du développement de l'Union soviétique, ne pouvait plus guère être soutenue. Dans leur majorité, les trotskistes s'y accrochèrent pourtant, contre toute raison. Cependant, la discussion sur la nature de l'URSS et de sa bureaucratie dirigeante, commencée dans les rangs de la gauche communiste (y compris trotskiste), a vite fait apparaître que l'URSS et les pays dits « socialistes » présentaient de nouvelles formes de domination, inédites. James Burnham, brillant intellectuel trotskiste, évolue assez rapidement après le pacte germano-soviétique et l'invasion de la Pologne et de la Finlande par l'armée « rouge ». Reprenant des idées avancées par l'Italien Bruno Rizzi (lui aussi un temps proche du trotskisme), mais sans reconnaître sa dette, Burnham voit l'apparition d'une nouvelle classe, celle des organisateurs, dont la bureaucratie soviétique est le premier exemple. De même que Rizzi avait analysé « la bureaucratisation du monde », de même Burnham annonce que le développement de cette nouvelle couche d'organisateurs (ou de managers) concerne tous les pays sous une forme ou sous une autre.

D'une autre manière, plus optimiste, ces conclusions sont corroborées par les économistes et politologues comme J.K. Galbraith ou Maurice Duverger soutenant la théorie d'une convergence entre les régimes capitalistes et socialistes, une convergence obtenue par la démocratisation des régimes socialistes et l'organisation sociale étatique des pays capitalistes. Ces deux auteurs, typiques de l'idéologie « Trente Glorieuses », insistent sur le développement d'une nouvelle élite dirigeante de « managers ».

La chute de l'Union soviétique et le tournant « néolibéral » dans les sociétés capitalistes ont relégué à l'arrière-plan les théories de Burnham et Galbraith. Mais on peut se demander si une nouvelle élite n'aurait pas pris le pouvoir depuis trente ou quarante ans, une nouvelle élite qui se forme par absorption de certaines parties des anciennes (par exemple, celles qui occupaient le terrain du temps de l'État-providence) et par l'éviction pure et simple d'autres, celles qui se prévalaient de la haute culture. Alors que la technobureaucratie à l'ancienne, celle du socialisme ou du système stalinien, comme celle des États autoritaires ou de l'État-providence, était visible et revendiquait même sa propre existence comme une manifestation du progrès historique, la nouvelle élite dénie sa propre existence, dissimule les liens qui unissent ses membres, les processus de sélection des nouveaux membres, les privilèges juridiques exorbitants dont elle jouit.

Il y a certes d'assez nombreuses études, partielles, des élites du début du XXIe siècle. Nous avons évoqué plus haut le travail de Leslie Sklair sur la classe capitaliste transnationale. Il faudrait reprendre à nouveaux frais les investigations de Roberto Michels sur les organisations ouvrières en se concentrant sur les syndicats. Au-delà de la tendance au conservatisme dont parlait Michels, les appareils syndicaux sont aujourd'hui, à peu près partout dans le monde, intégrés au fonctionnement du mode de production capitaliste. Ils sont de moins en moins des organisations ayant pour but la défense des « intérêts matériels et moraux » des travailleurs et de plus en plus des rouages de l'appareil étatique, dont ils cogèrent des secteurs décisifs, comme la protection sociale sous toutes ses formes. Du même coup, il n'est plus nécessaire que les syndicats aient des adhérents et des militants. Ils doivent seulement être « représentatifs », en fonction de critères fixés d'un commun accord entre les chefs syndicaux et les gouvernements.

Ici une incidente s'impose : il ne s'agit pas de réitérer le discours gauchiste sur la « trahison » des « bonzes » syndicaux. Les appareils syndicaux ont évolué selon la résultante des forces qui s'exercent sur eux. D'un côté, une classe ouvrière qui perd progressivement toute consistance, au point qu'on peut dire qu'il y a encore beaucoup d'ouvriers, mais qu'ils ne forment plus une classe consciente de ses propres objectifs ; de l'autre côté, les chamboulements du mode de production capitaliste et les déplacements des rapports à l'intérieur de la classe capitaliste : des deux côtés, l'appareil syndical perd ses appuis et tente de négocier sa survie et de défendre les intérêts de ses mandants dans une situation où, globalement, tout le monde a admis que le mode de production capitaliste est sans concurrent sérieux et que la seule perspective réelle est de négocier à l'intérieur des cadres fixés par le capitalisme mondial.

C'est le même mouvement qui conduit à la fin des partis de masse qui ont dominé le siècle dernier. Les partis sociaux-démocrates ont été les premiers partis de ce genre, non plus des rassemblements informels derrière quelques individus, non plus de simples coalitions d'intérêts derrière un puissant protecteur (comme l'étaient les factions des anciennes républiques), mais des organisations structurées, ayant leur propre idéologie et leur discipline, et qui contribuaient, à leur manière, à la circulation des élites. Les partis fascistes ont repris ce principe du parti de masse, comme l'ont fait également les partis communistes : Lénine, exposant dans *Que faire ?* les principes de ce qui allait devenir le bolchevisme, s'inspire d'abord du modèle social-démocrate allemand et des idées de Kautsky. Les grands partis démocrates chrétiens européens ont aussi cherché à être des partis de masse sur ce modèle, notamment en Allemagne et en Italie. Le cas du *Labour Party* britannique est un peu différent puisque c'est un parti qui s'est d'abord créé comme la représentation parlementaire des syndicats. Quoi qu'il en soit, tous ces partis de masse ont disparu ou sont à l'agonie. Le cas italien est spectaculaire : en quelques années, le puissant PCI qui formait une véritable contre-société, notamment dans les régions qu'il contrôlait, s'est disloqué pour laisser place à un simple appareil électoral. À la place, on a des appareils électoraux, peuplés de professionnels et d'élus, sans doctrine, les comités d'experts se chargeant de fournir des axes programmatiques et des justifications idéologiques. Des « inscrits » sont appelés à participer au choix du chef à travers des « primaires », mode importée des États-Unis où elles ont une tout autre histoire. Cette nouvelle organisation, qu'on n'hésite pas, de manière très orwellienne, à baptiser du nom de « démocratie participative », consacre la séparation de la masse des citoyens, de moins en moins citoyens au sens originel du terme, et d'une élite dirigeante qui unit l'élite économique, l'élite politique et l'élite médiatique, les individus naviguant de l'une à l'autre de ces sphères au gré des circonstances.

Sans doute faut-il reconnaître que l'idéal d'une démocratie où chacun est « tour à tour gouvernant et gouverné » (Aristote) est un idéal impossible à atteindre dans les complexes et vastes formations sociales modernes. La démocratie en son sens moderne a toujours été représentative. La volonté générale s'exerce à travers la volonté des représentants : figure première de l'aliénation politique selon Rousseau, mais figure incontournable dès lors que la république n'est plus « d'une grandeur bornée par l'étendue des facultés humaines, c'est-à-dire par la possibilité d'être bien gouvernée, et où chacun suffisant à son emploi, nul n'eût été contraint de commettre à d'autres les fonctions dont il était chargé : un État où tous les particuliers se connaissant entre eux, les manœuvres *obscures* du vice ni la modestie de la vertu n'eussent pu se dérober aux regards et au jugement du public, et où cette douce habitude de se voir et de se connaître, fit de l'amour de la patrie l'amour des citoyens plutôt que celui de la terre [46]. »

---

46. ROUSSEAU (J.-J.), *Discours sur l'origine et les fondements de l'inégalité parmi les hommes*, Dédicace.

Mais dans le *Contrat social*, Rousseau fait cette remarque : « S'il y avait un peuple de dieux, il se gouvernerait démocratiquement. Un gouvernement si parfait ne convient pas à des hommes. » (L. III, chap. IV) Le *Contrat social* est sous-tendu par un modèle de démocratie directe, puisque la volonté générale ne peut résulter que de la volonté de tous formant corps et que la volonté du citoyen ne peut pas être représentée : je peux toujours déléguer à quelqu'un l'accomplissement d'une tâche quelconque, mais je ne peux déléguer à personne le soin de vouloir à ma place ce que je devrais vouloir. Autrement dit, la démocratie représentative, dans toutes ses formes, est déjà une forme de l'aliénation politique, c'est-à-dire une perte de la liberté originaire : « l'homme est né libre et partout il est dans les fers. » Mais Rousseau est conscient que le modèle pur du gouvernement du peuple souverain est pratiquement impossible, ou, s'il existe, il est prompt à être corrompu.

De fait, la démocratie révolutionnaire, expression directe du « petit peuple », celle qu'ont rêvée les socialistes anarchisants (les communes de Proudhon) ou celle du marxisme révolutionnaire conseilliste, s'est fracassée au contact de la réalité. Dans les premiers moments d'une insurrection, le 18 mars 1871 à Paris, en Russie en 1905 et en février 1917, en Hongrie en 1956, les comités, conseils, soviets, organes de démocratie directe donnent forme au mouvement populaire, ils sont la médiation qui permet de transformer la révolte en mouvement politique. Mais, très vite, ils se transforment soit en assemblées de bavards impuissants soit en organes de manipulation des masses par les minorités bien organisées. Le premier reproche est adressé par Marx à la Commune de Paris dont les tergiversations lui ont été fatales. Les soviets passés sous contrôle bolchevik illustrent le deuxième reproche. En effet, les classes dominées font de très mauvaises classes dominantes. Les assemblées populaires, quelles qu'elles soient, passée l'ivresse des premiers jours, deviennent le théâtre où s'affrontent les beaux parleurs qui ne sont pas souvent issus des milieux les plus pauvres. La force du peuple qui se fait sentir dans les grands moments révolutionnaires reflue dès qu'il s'agit de stabiliser la situation, de prendre des décisions. C'est pourquoi une nouvelle élite émerge – dans les situations les plus favorables – sans quoi la démocratie directe va vers sa dilution et sa liquidation. Au Portugal en 1974 et en Europe de l'Est dans les années quatre-vingt, toutes les combinaisons se sont rencontrées. Les organismes de démocratie directe au Portugal n'ont jamais réussi à émerger comme une force indépendante et se sont disloqués. Le syndicalisme ouvrier en Pologne est tombé sous le contrôle d'une fraction politique liée à l'Église catholique. En RDA et en Tchécoslovaquie, les manifestants n'ont jamais pu se rassembler en force politique autonome, cédant la place à des politiciens issus de l'ancien appareil stalinien. Nulle part les classes dominées – pourtant instruites des choses politiques – n'ont réussi à établir durablement des institutions démocratiques nouvelles et vivantes. Encore une fois, il faut écarter les explications rassurantes qui découvrent chaque fois des circonstances particulières rendant raison de l'échec du mouvement populaire. Ni la trahison des dirigeants, ni leur manque de perspicacité historique, ni telle ou telle faiblesse spécifique au peuple de tel pays ne peuvent expliquer que le politique reste toujours l'affaire des minorités, la majorité étant tout au plus une force d'appoint. L'homme ne vit pas que de politique ! Il lui faut le plus souvent s'occuper d'abord de vivre, de faire vivre ses enfants, et la passion politique est une passion trop élaborée pour toucher la majorité des humains, sauf en de rares moments et, de ce point de vue, la forme la plus stable d'une participation de la majorité est la démocratie représentative, aussi imparfaite qu'elle soit au regard d'une conception de la démocratie faite pour les dieux.

La question est dès lors de déterminer comment la démocratie peut rester démocratique dès lors qu'elle est représentative, c'est-à-dire dès lors que le peuple doit confier à une élite d'élus (mais c'est cela une élite !) le soin d'exercer les fonctions dont la démocratie voudrait qu'il fût chargé. Les deux conditions minimales sont, premièrement, le contrôle régulier des élus, sur la base d'une large discussion politique et la tenue d'élections honnêtes et loyales et, deuxièmement, le renouvellement régulier de la classe politique, en puisant dans le vivier des classes populaires. Or ces deux conditions sont soit inexistantes soit drastiquement limitées dans la plupart des États démocratiques. Les mandats longs étaient inconnus des anciennes républiques qui fixaient souvent à six mois ou un an maximum le pouvoir de gouverner à ceux qui en disposaient. Aujourd'hui, les mandats les plus courts s'observent aux États-Unis et ils sont de quatre ans. En France, ils se situent entre cinq et six ans, laissant largement aux mandataires le temps de bafouer leurs engagements envers le peuple. Les systèmes électoraux sont conçus de telle sorte que des fractions très importantes du peuple soient exclues de la participation au suffrage. Un parti « majoritaire » peut l'être avec un tiers des suffrages exprimés, les minorités sont impitoyablement laminées au nom de la stabilité gouvernementale, pendant que l'abstention progresse dans toutes les démocraties et que le nombre de citoyens non inscrits sur les listes électorales est en forte augmentation. Le prétendu pouvoir de la majorité n'est plus que le pouvoir de la minorité, assez forte pour organiser son maintien au pouvoir en préservant l'apparence des élections libres – mais en n'hésitant pas non plus en cas d'urgence à recourir au trucage et au bourrage des urnes, comme l'a montré le scrutin présidentiel de 2000 en Floride.

Le problème essentiel, donc, n'est pas celui de la séparation entre gouvernants et gouvernés. Cette séparation est une donnée qu'on ne peut éliminer. Les théoriciens réalistes partent de l'existence d'une classe politique, d'une élite, d'un parti d'avant-garde, d'une minorité agissante, appelons cela comme on veut. La question de la liberté politique est très précisément celle du rapport entre masses et élites, ou entre peuple et grands pour parler le langage de Machiavel. Il y a une république démocratique quand le peuple peut choisir librement ses dirigeants, peut les contrôler – c'est-à-dire quand il existe des mécanismes de protection contre l'abus de pouvoir – et peut en contester les décisions[47]. Inversement, l'oligarchie signifie l'accaparement des

---

47. L'idée d'un pouvoir exercé directement par la classe inférieure – la « dictature du prolétariat » chez les marxistes – est, de ce point de vue, extrêmement paradoxale.

positions dirigeantes par une minorité de riches capables d'éliminer l'influence du peuple ou de le corrompre. La tendance dominante aujourd'hui est celle-ci.

« Néolibéralisme » et oligarchie financière

Prenons garde à l'emploi généralement à contresens du terme « libéralisme », en lieu et place du « capitalisme ». Il y a un libéralisme honorable qui doit être défendu et l'antilibéralisme sert de bannière à tant de douteuses entreprises ! Cependant, le terme « néolibéralisme » peut désigner ce que les Italiens appellent « libérisme », c'est-à-dire une idéologie dont les différentes variantes convergent sur deux thèses :

- Le marché « libre » est le meilleur système d'affectation des ressources en vue d'une production permettant la croissance économique et la prospérité commune ;
- L'État doit intervenir le moins possible dans tous les domaines qui pourraient être avantageusement laissés à la libre entreprise et à la responsabilité individuelle – ce qui inclut la plupart des services publics et la protection sociale qui devrait être remplacée par des systèmes d'assurances privées.

Réduit à ses fonctions régaliennes, autrement dit à la protection de la propriété privée, l'État devrait progressivement substituer au règne de la loi et au pouvoir souverain des modalités de « gouvernance » qui font la part belle à la négociation entre les « acteurs », au marchandage, dans des cénacles où les élites se cooptent et échappent à tout contrôle populaire. L'Union européenne est un modèle de cette

---

Le prolétariat, par définition, est une classe subalterne ; la dictature du prolétariat serait la domination d'une classe subalterne, ce qui est une contradiction logique. Cette classe qui exerce sa dictature n'est plus le prolétariat, mais simplement une nouvelle classe politique dirigeante. Pour comprendre cela, il faut lire ou relire *La Ferme des animaux* de George Orwell : après que les animaux ont chassé les fermiers, les cochons ont tôt fait de convaincre les autres animaux qu'il faut des spécialistes pour la direction des affaires de la ferme. Et les cochons cessent bientôt de marcher à quatre pattes : « quatre pattes c'est bien, deux pattes, c'est mieux »…

« gouvernance » sans gouvernement. Ce « néolibéralisme » présente bien une façade libérale, mais seulement une façade. Ce n'est pas le retour au « système de Manchester » comme l'ont dit les défenseurs et adversaires des politiques mises en place à partir de la fin des années soixante-dix. La réalité du capitalisme d'aujourd'hui n'est pas la tentative folle de mettre en place une utopie libérale vieille de plusieurs siècles.

Tout d'abord, l'intrication entre l'État et les grandes entreprises est plus totale que jamais. Si le keynésianisme des décennies suivant la seconde guerre mondiale a pu sembler être une sorte de capitalisme d'État – au PCF, on parlait du CME, Capitalisme monopoliste d'État – le tournant de la fin des années soixante-dix en a modifié les formes, mais non la réalité profonde : les liens du président américain Obama avec les grandes institutions financières de Wall Street comme Goldmann Sachs sont connus, comme l'est le dépeçage du secteur nationalisé français… au profit de hauts fonctionnaires liés aux milieux d'affaires. Alors que, dans les années soixante-dix, les études abondaient qui montraient le rôle de l'économie d'armement dans le fonctionnement du mode de production capitaliste, on semble s'y intéresser beaucoup moins mais, pourtant, elle continue d'être aussi essentielle qu'à l'époque de la guerre froide. L'importance des « marchands de canons » et des commandes militaires reste décisive. On comprend souvent mal, également, ce qui est vraiment en cause dans les privatisations et l'introduction de la concurrence dans les services publics. Il s'agit officiellement de diminuer le périmètre de l'État au profit de l'initiative privée. La doctrine libérale orthodoxe impliquerait que l'État soit cantonné à ses « fonctions régaliennes ». En pratique, il s'agit d'autre chose : les anciens services publics sont confiés à des sociétés privées (les autoroutes, par exemple) ou transformés en société de droit privé (La Poste, France Télécom, EDF/GDF), mais ces sociétés à qui sont confiées les missions de service public restent liées à l'État par toutes sortes de contrats, État qui, souvent, continue de posséder une partie du capital et supervise directement la nomination de leurs P-DG. La puissance publique continue d'apporter à ces sociétés sa garantie, notamment financière. Pour les capitalistes privés qui investissent dans ces secteurs, c'est un investissement sans risque sérieux : la gestion des personnels est celle du secteur privé, les usagers sont transformés en « clients », mais en cas de problème, c'est le public qui paye. Les « partenariats public/privé » (PPP) sont en pleine expansion dans tous les secteurs. Loin d'être une « désétatisation », la « libéralisation » du secteur public est au contraire une transformation de la gestion étatique qui se modèle de plus en plus sur celui d'une entreprise – et, significativement, les élus à tous les niveaux se comparent volontiers à des managers. Il existe, plus que jamais, un continuum entre l'État et les entreprises capitalistes, les caisses de l'État pouvant le cas échéant venir suppléer aux défaillances de trésorerie des sociétés privées : le sauvetage des banques virtuellement en faillite après l'éclatement de la « bulle » des *subprimes* en a donné une illustration saisissante.

Le néolibéralisme n'est pas un retour au capitalisme entrepreneurial fondé sur la production, mais le développement démesuré de toutes les formes de parasitisme. La déréglementation financière permet toutes les audaces en matière de spéculation. L'externalisation des fonctions de direction à travers les cabinets d'audit, de conseil, les coaches, etc., crée des pseudo-entreprises qui n'ont pas d'autre but que de faire participer de nouvelles couches formées dans les *business schools* au partage de la plus-value, en partie au détriment des salariés, mais aussi du capital productif, et de contribuer à un élargissement et à une diversification de l'élite, dont la réussite tapageuse joue un rôle idéologique de premier plan. Ce développement du parasitisme découle du fonctionnement même du mode de production : Marx a montré que la domination de la finance et ses à-côtés, comme la spéculation et finalement la constitution d'un marché financier unifié à l'échelle du monde, ne sont pas des processus mystérieux, séparés de ce qui se passe dans « la salle des machines » de la production. Le développement du « capital fictif », dont les titres d'emprunt d'État constituèrent longtemps la forme la plus achevée, a trouvé des voies nouvelles avec l'essor inouï du marché des « produits dérivés ».

Le capital financier peut se diviser en deux catégories qu'on confond habituellement et qui, néanmoins, sont, quant à leur nature, radicalement différentes :

1. Les emprunts à moyen et long termes qui financent des investissements productifs et dont l'intérêt qu'ils rapportent n'est au fond qu'un prélèvement sur la plus-value produite dans le procès de production ;

2. Le capital « fictif », représenté par les créances échangeables contre des engagements futurs de trésorerie dont la valeur est entièrement dérivée de la capitalisation de revenu anticipé sans contrepartie directe en capital productif.

Suivons un moment le raisonnement de Marx.

> « La forme du capital productif d'intérêt fait que tout revenu monétaire déterminé et régulier semble être l'intérêt d'un capital, qu'il provienne ou non d'un capital [48]. »

Le « capital fictif » se fonde sur une opération intellectuelle rétrospective, qui suppose une inversion des moyens et des fins, opération propre au processus de production des représentations idéologiques. « Le revenu monétaire est d'abord transformé en intérêt, et, à partir de là, on trouve également le capital qui en est la source. » Marx se contente ici de décrire le fonctionnement concret du mode de production capitaliste. Ainsi le prix de vente d'un bien immobilier est-il calculé en considérant que ce bien est un capital portant intérêt, ce dernier étant représenté par le loyer. Mais ce processus a une conséquence importante : « toute somme de valeur apparaît comme capital, dès lors qu'elle n'est pas dépensée comme revenu ; elle apparaît comme somme principale par contraste avec l'intérêt possible ou réel qu'elle est à même de produire. » L'exemple de la dette de l'État éclaire les conséquences de ce processus :

---

48. MARX (K.), *Capital*, livre III, chap. V, p. 1161, in *Œuvres II* [Par « Œuvres » nous désignons l'édition Rubel dans la collection de la Pléiade].

« L'État doit payer chaque année à ses créanciers une certaine somme d'intérêts pour le capital emprunté. Dans ce cas, le créancier ne peut pas résilier son prêt, mais il peut vendre sa créance, le titre qui lui en assure la propriété. Le capital lui-même a été consommé, dépensé par l'État. Il n'existe plus. » Ce que possède le créancier, c'est 1) un titre de propriété, 2) ce qui en découle, savoir un droit à un prélèvement annuel sur le produit des impôts, et 3) le droit de vendre ce titre. « Mais dans tous ces cas, le capital qui est censé produire un rejeton (intérêt), le versement de l'État, est un capital illusoire, fictif. C'est que la somme prêtée à l'État, non seulement n'existe plus, mais elle n'a jamais été destinée à être dépensée comme capital. »

Pour le créancier, prêter de l'argent à l'État pour obtenir une part du produit de l'impôt ou prêter de l'argent à un industriel à un taux d'intérêt moyen, ou encore acheter des actions en vue de toucher des dividendes, ce sont des opérations équivalentes.

« Mais le capital de la dette publique n'en est pas moins purement fictif, et le jour où les obligations deviennent invendables, c'en est fini même de l'apparence de ce capital. »

Mais la dette publique n'est pas la seule forme de capital fictif. Le « capital monétaire fictif » comprend toutes les variétés de titres monétaires portant intérêt, dans la mesure où ils circulent à la Bourse, ainsi que les actions. Il faut ajouter les multiples « nouveaux produits financiers » qui tous, sous une forme ou sous une autre, visent à « titriser » le crédit et à faire circuler les titres de créance comme du capital. Dans cette catégorie, on doit faire entrer les « produits à haut risque », tels les *junk bonds*, obligations d'un rapport élevé dans la mesure où elles sont assises sur des créances douteuses. Les *subprimes*, à l'origine factuelle de la crise de 2007, rentrent dans la même catégorie : il s'agit de la « titrisation » de dettes douteuses – liées à l'endettement des ménages pauvres pour l'achat de leur maison. Les ménages incapables de faire face à une dette à taux progressif sont contraints de vendre leur bien et on escompte que la saisie et la revente de ce bien procurera un bon « retour sur investissement », étant donné que le marché immobilier est censé être en hausse continuelle. Le système a fonctionné jusqu'au moment où l'endettement des ménages a provoqué des saisies massives de maisons impayées qu'il fallait revendre sur un marché engorgé. Les faillites des particuliers ont ainsi entraîné les faillites des organismes de crédit et la crise s'est propagée dans un système financier drogué aux produits dérivés (en 2005, le montant des transactions sur le marché des produits dérivés s'élevait à près de 30 fois le montant des transactions sur les marchés financiers « normaux »). Mais si la machine s'est enrayée, c'est parce que ce qu'on appelle « l'économie réelle » (comme si, du point de vue capitaliste, la spéculation sur les marchés financiers était de l'économie irréelle !) donnait des signes d'essoufflement sérieux. L'économie financière ne produit rien, elle n'est qu'un moyen de pomper la plus-value produite dans le système productif au bénéfice de la strate capitaliste qui domine aujourd'hui toutes les autres, le capital financier. On peut rêver d'un capitalisme revigoré, « moralisé », mais ce n'est qu'une rêverie.

Un troisième aspect est le rôle des mafias et du *rogue capitalism*, du « capitalisme voyou ». Le capitalisme honnête, version patron chrétien vertueux, impeccable exploiteur, s'est toujours accompagné d'une armée d'aventuriers, de financiers louches et de véritables escrocs. Balzac et Zola (cf. *L'Argent*) en donnent de très nombreuses illustrations. Mais ce qui finalement n'était que l'écume du mouvement, la « lie de la société bourgeoise » dont parle Marx quand il tente de comprendre les racines sociales du bonapartisme, est devenu une composante essentielle du fonctionnement global du mode de production capitaliste. La différence est devenue très ténue entre les affaires honnêtes et les affaires louches : l'économie de la drogue et celle du sexe sont des parties intégrantes non marginales de l'économie mondiale dans son ensemble. Les places financières *offshore* assurent l'interface entre la face éclairée et la face sombre de l'économie.

L'ensemble est verrouillé par des dispositifs de contrôle idéologique et social comme aucune autre formation sociale n'en a connu auparavant. On y revient dans les chapitres suivants. Mais ce contrôle implique des transformations du système juridique et un élargissement du rôle de la police qui contredisent tous les principes libéraux les plus vénérables.

Ainsi, le néolibéralisme apparaît non comme l'accomplissement du libéralisme, mais comme sa négation – ou, si l'on veut, comme un accomplissement autodestructeur. Le potentiel libérateur du premier libéralisme, celui qui s'attaque à l'État absolutiste et promeut les droits civils des individus, semble dès lors épuisé. La question qu'il nous faudra poser est celle des forces sociales et des stratégies politiques propres à garantir ce qui mérite d'être sauvé dans l'héritage libéral.

Loin du discours lénifiant sur les progrès incessants de la démocratie, voire de son triomphe définitif, constatons que la liberté politique est menacée par la puissance toujours plus grande des oligarchies. La liberté politique conforme à l'idéal républicain fait partie des valeurs politiques en voie de disparition. Nous prenons pour la démocratie ce qui n'en est que la caricature, c'est-à-dire un mélange de démagogie et d'abrutissement organisé des masses – selon des recettes que la Rome de la décadence de la République et de l'Empire avait déjà testées. Une critique sans concession de ces « démocraties » oligarchiques est indispensable. Des chaînes couvertes de fleurs.

Mais il est vain de rêver à un pouvoir populaire, à une démocratie des conseils, une fédération des communes ou à toute autre formule que l'on pourra tirer de l'arsenal des utopies révolutionnaires. L'État est nécessaire – au moins à un horizon humain concevable – et la liberté ne peut se définir que dans ce rapport à l'État. Si la politique est l'affaire des minorités, comment est-il possible de conjuguer de manière à préserver la liberté cette dialectique entre le peuple et les grands dont parlait Machiavel ? On y revient dans la dernière partie.

Chapitre II

La fin de la liberté négative et la société de surveillance

De nombreux libéraux, comme Isaiah Berlin, considèrent que la liberté doit se limiter à la liberté négative, c'est-à-dire aux libertés et droits de faire ce qui ne nuit pas à autrui. Je ne suis libre, négativement, que « dans la mesure où personne ne vient gêner mon action[49] ». Inversement, ils tiennent pour dangereuse et potentiellement tyrannique la conception exigeante de la liberté comme réalisation de soi à travers l'action politique, ainsi qu'on la trouve tant dans le républicanisme antique (Aristote ou Cicéron) que chez les théoriciens modernes de la démocratie radicale comme Rousseau[50]. Sans entrer ici dans le détail, on peut, certes, admettre que la plupart des libertés libérales sont les ingrédients essentiels de toute conception étendue de la liberté : liberté de conscience, liberté d'expression de ses opinions, liberté d'aller et de venir sans avoir de comptes à rendre à la police, liberté de ne pas être espionné, liberté de ne pas être emprisonné arbitrairement, droits de la défense, droit à la vie privée, droits de la personne, de se livrer à l'occupation qui semble bonne, etc. La liste (non limitative) des droits et libertés entendus sous le concept berlinien

---

49. BERLIN (I.), « Deux concepts de la liberté », p. 171.
50. Berlin affirme que Rousseau a formulé les principes de base du communisme, du fascisme et de tous les ordres totalitaires… Rien que ça !

de « liberté négative », toutes ces « libertés des Modernes », devraient être pleinement revendiquées par tous ceux qui militent pour une transformation radicale des rapports sociaux et pensent nécessaire de substituer l'appropriation sociale des moyens de production à la propriété capitaliste. Même le droit à la propriété privée devrait être garanti dans une société socialiste ou communiste dès lors qu'on peut distinguer propriété privée et propriété capitaliste. L'incapacité du mouvement communiste du XXe siècle et des divers mouvements révolutionnaires à comprendre l'importance de cet héritage du libéralisme classique est l'une des causes profondes de l'échec de ces mouvements[51].

Pourtant, c'est précisément au moment où les libéraux d'aujourd'hui claironnent la nouvelle de leur triomphe idéologique définitif que l'on assiste à une régression sans précédent de ces libertés libérales fondamentales. Comme si, au fond, elles n'étaient qu'un instrument de propagande qu'on agitait face au « danger communiste », mais un instrument devenu complètement inutile maintenant que le monstre s'est effondré.

Il y a trois aspects particulièrement cruciaux. Le premier concerne la liberté d'expression, et il est d'autant plus étrange que la régression de la liberté dans ce domaine a été largement engagée sous la pression des mouvements de la « gauche sociétale ». Le deuxième concerne l'obsession sécuritaire et la généralisation de la surveillance, propagées par ceux-là même qui se disent les plus libéraux et ne cessent de vanter la société du risque. Le troisième portera sur l'extension indéfinie du domaine de la loi, dans un monde où la croyance magique dans les pouvoirs du droit l'emporte sur toute autre considération et où chacun trouve toujours une bonne raison de faire encore une petite loi, grignotant les libertés.

---

51. Nous renvoyons sur ce point aux conclusions de nos ouvrages, *Revive la République !* et *Le Cauchemar de Marx*.

Police de la pensée et police de la parole

Dans le « novlangue » de *1984*, « l'expression des pensées non orthodoxes était presque impossible ». « Une personne dont l'éducation aurait été faite en novlangue seulement ne saurait pas davantage que *égal* avait un moment eu le sens secondaire de *politiquement égal* ou que *libre* avait un moment signifié *libre politiquement* que, par exemple, une personne qui n'aurait jamais entendu parler d'échecs ne connaîtrait le sens spécial attaché à *reine* et à *tour*[52]. »

Le « politiquement correct » a d'abord été imposé en partant de la gauche et des États-Unis. Les « minorités » opprimées ou victimes d'une injustice massive réclament la considération et les mots sont perçus comme autant de manière d'ignorer cette injustice ou de mépriser ce handicap. Rien de plus compréhensible : la violence sociale s'exprime aussi dans la langue. Être un Africain américain, c'est autre chose qu'être un nègre et il vaut sûrement mieux être *gay* que pédé. À travers la bataille de la langue, c'est de la reconnaissance qu'il s'agit.

Reconnaissance : voilà un thème devenu central dans les revendications politiques et sociales ainsi que dans la philosophie morale. Axel Honneth, philosophe allemand qui a mis ce concept au centre de sa réflexion, part de Hegel et de sa « dialectique du maître et de l'esclave » pour faire du conflit social un conflit pour la reconnaissance : en affrontant celui qui veut me dominer, je veux qu'il reconnaisse ma valeur et ma dignité. Pour Honneth, continuateur de l'école de Francfort, la reconnaissance, cependant, ne peut être purement verbale ; elle est liée et donne sa justification au radicalisme social. Dans cette approche, il y a quelque chose de profondément juste : même dans les revendications sociales les plus élémentaires, il y a toujours quelque chose qui a à voir avec la reconnaissance. Quand les ouvriers se mettent en grève pour des augmentations de salaires, il

---

52. ORWELL (G.), *1984*, traduit de l'anglais par Amélie Audiberti, Gallimard, Folio, p. 435 et 436.

est bien rare que les résultats matériels de la grève soient à la hauteur des coûts. Sur un plan strictement utilitariste, la grève est rarement un bon calcul. Et encore, nous parlons d'un pays et d'une époque où la grève est généralement pacifique et où le droit de grève est protégé, car perdre sa vie pour quelques centimes d'augmentation, c'est le plus mauvais des calculs. C'est donc que, dans la grève, il y a un autre ressort, moral, cette revendication de la reconnaissance : « nous sommes des hommes et non des chiens », dit une vieille chanson révolutionnaire.

On comprend donc pourquoi la reconnaissance est au cœur des revendications de ceux qui se considèrent comme des groupes victimes de la domination et de l'oppression. Les choses se gâtent quand la reconnaissance devient une abstraction, érigée en absolu indépendamment des conditions sociales et politiques du moment et tend à se substituer à la justice. Sans doute est-il absurde d'opposer justice sociale et lutte pour la reconnaissance ainsi que le montre de manière pertinente Nancy Fraser[53]. Il reste que c'est bien ce qui se passe en fait. D'une part, la reconnaissance se substitue à la revendication sociale et, d'autre part, les groupes opprimés sont engagés dans la compétition pour la reconnaissance.

Dans la lutte sociale, les dominants savent, de longue expérience, que payer de mots les dominés, c'est ce qui coûte le moins cher. La reconnaissance est ce qu'on octroie le plus aisément. Les Noirs américains continuent de battre tous les records de pauvreté, de chômage, de manque d'instruction et peuplent massivement les prisons... mais ils ont la satisfaction de ne plus être méprisés... dans le langage officiel du moins. Les ouvriers sont rebaptisés « collaborateurs » : ça ne coûte pas un centime d'augmentation. Les « collaborateurs » de Wal-Mart sont devenus emblématiques de la nouvelle surexploitation ouvrière (certains auteurs parlent de la « wal-martisation » des entreprises) et n'ont qu'à se préparer à chercher

---

53. FRASER (Nancy), *Qu'est-ce que la justice sociale ? Reconnaissance et redistribution*, traduit de l'anglais par Estelle Ferrarese, éditions La Découverte, 2005.

du travail ailleurs si, d'aventure, ils avaient envie de collaborer avec leurs collègues de travail en vue de créer des syndicats...

Toute la *political correctness* fonctionne sur ce modèle. Pendant qu'on feint de reconnaître la valeur de tel groupe, on le dévalorise pratiquement. Les politiques de « discrimination positive », ou *affirmative action* selon l'expression américaine, ne reconnaissent l'injustice faite à un groupe que pour l'y mieux enfermer. En France, la ZEP reconnaît les difficultés d'origine « socioculturelle » des enfants des quartiers pauvres... pour mieux leur donner un enseignement pour pauvres, un enseignement qui parfois n'a plus grand-chose à voir avec celui dont peuvent encore bénéficier les enfants des bourgeois et petits-bourgeois des quartiers aisés. Mon fils, qui fréquenta un de ces collèges de ZEP, avait trouvé la bonne explication : ZEP veut dire « Zone d'éducation péjorative ». La vérité sort de la bouche des enfants... Ainsi la reconnaissance octroyée par les dominants se révèle-t-elle une nouvelle forme, plus hypocrite et plus répugnante, du mépris social.

Mais les bénéfices secondaires que les classes dominantes tirent de la reconnaissance octroyée ne s'arrêtent pas là. Non seulement la paix sociale est achetée à très bon marché, mais encore la reconnaissance légitime une mise en coupe réglée de la liberté d'expression. Incapables d'obtenir la fin des discriminations raciales à l'embauche – car il faudrait, dans ce dessein, empiéter sur la liberté des capitalistes d'embaucher qui leur convient – les antiracistes moralisants se concentrent sur les discours qu'ils veulent interdire. Les injures à caractère raciste sont punissables par la loi. Et de fil en aiguille, le vocabulaire machiste ou les insultes à connotation homophobe sont dans le collimateur. Le chauffeur irascible qui a coutume d'envoyer les autres automobilistes à Sodome et Gomorrhe ne risquera plus seulement des amendes pour infraction au Code de la route, mais pourrait passer en correctionnelle pour injures homophobes. Mais il n'y a aucune raison de s'arrêter aux injures. Même un discours formellement très poli peut être assimilé à du mépris à l'endroit d'un groupe. Ainsi un député a été condamné à une amende assez lourde pour propos homophobes, au motif qu'il avait considéré que l'homosexualité n'était pas un comportement moral normal. Faute de transformation sociale, la justice « bourgeoise » est sommée de condamner les mots et les propos qui expriment des idées non conformes.

Il ne suffit pas de faire régner la police du langage de la vie ordinaire ou de la discussion publique. L'histoire doit s'accorder aux exigences de la « reconnaissance ». Certes, les opprimés et les victimes ont besoin de faire reconnaître leur histoire d'opprimés. Il est certain que, trop souvent, l'histoire enseignée officiellement est l'histoire vue par les dominants. Mais à cette histoire officielle succède bien souvent un autre genre d'histoire officielle, qui s'autorise tout autant la distorsion des faits. Seules les valeurs ont été inversées. Dès 1989, la loi d'orientation adoptée sur proposition de Lionel Jospin exigeait que les programmes fassent une place convenable à la critique de la colonisation. En 1991, la loi Gayssot mettait hors la loi toute contestation de la réalité communément admise de l'entreprise de génocide des Juifs et d'autres groupes humains (Tziganes, homosexuels…) en Europe. Dans les deux cas, la bonne intention ne fait aucun doute. Mais la bonne intention conduit à mettre en pièces la liberté et la démocratie qu'on prétend défendre. Car la liberté de parole et la liberté de critique sont les conditions élémentaires de la liberté tout court. S'il y a une vérité officielle indiscutable sous peine de poursuites pénales en ce qui concerne l'extermination des Juifs d'Europe, pourquoi n'y aurait-il pas en général une vérité historique ? De nombreux historiens et défenseurs des Droits de l'homme, militants antifascistes, antiracistes, anticolonialistes insoupçonnables, à l'instar de Pierre Vidal-Naquet ou Madeleine Rebérioux, dénoncèrent d'emblée la loi Gayssot. Pour Madeleine Rebérioux :

> « Le texte de la loi Gayssot est hautement critiquable pour trois raisons :
> – il confie à la loi ce qui est de l'ordre du normatif et au juge chargé de son application la charge de son application, la charge de dire

la vérité en histoire alors que la vérité historique récuse toute autorité officielle. L'URSS a payé assez cher son comportement en ce domaine pour que la République française ne marche pas sur ses traces ;
- il entraîne quasi inéluctablement son extension un jour à d'autres domaines qu'au génocide des Juifs : autres génocides et autres atteintes à ce qui sera baptisé "vérité historique" ;
- il permet aux négationnistes de se présenter comme des martyrs, ou tout au moins comme des persécutés. Déjà, Garaudy publie une nouvelle édition de son livre en "samizdat" [54] ! »

Pierre Vidal-Naquet précisait :

« J'ai toujours été absolument contre cette loi, avec d'ailleurs la grande majorité des historiens. Elle risque de nous ramener aux vérités d'État et de transformer des zéros intellectuels en martyrs. L'expérience soviétique a montré où menaient les vérités d'État. La loi de 1972 contre le racisme suffit amplement [55]. »

On ne peut soupçonner Pierre Vidal-Naquet d'être trop indulgent à l'égard des révisionnistes et des négationnistes. Sa position est de simple bon sens. Dès lors que la vérité a besoin des pouvoirs de la police et de la justice pour se faire entendre, il ne s'agit plus de vérité, mais de quelque chose qui en est aux antipodes, les « vérités d'États » comme le dit Vidal-Naquet. Précisons encore pour éviter toute confusion. Le révisionnisme et le négationnisme sont, au mieux, les produits de cerveaux dérangés. Mais en tant que tels, ils ne sont pas des incitations à la haine raciale. Il y a une différence majeure entre dire (I) « Il faut tuer tous les Juifs » ou « les Juifs sont des êtres inférieurs » et (II) « Les camps d'extermination n'ont jamais existé. » L'affirmation (I) est une incitation directe à l'action, alors que (II) n'est que l'énoncé d'un fou ou d'un salaud. Il y a souvent un lien

---

54. *Le Monde*, 21 mai 1996.
55. *Le Monde*, 4 mai 1996.

entre les énoncés de type (I) et les énoncés de type (II). Ceux qui disent (II) tout haut, en réalité pensent (I). Mais jusqu'à la loi Gayssot, on faisait clairement la distinction entre les premiers et les seconds et seuls les premiers étaient passibles de la loi (au même titre que l'appel au meurtre).

Ce bon sens élémentaire des historiens n'a malheureusement pas été entendu de la gauche dans son ensemble, qui prétendait faire montre de son « antifascisme » intransigeant, un « antifascisme » d'autant plus bruyant qu'il n'y avait aucune menace fasciste sérieuse, sauf dans l'esprit de ceux pour qui cet antifascisme de pacotille tient lieu de politique.

Une fois la mécanique mise en marche, tout naturellement la haine de la pensée et la haine de la liberté vont pouvoir se donner libre cours. La mémoire de l'esclavage devient un enjeu politique : à juste titre, les Noirs peuvent montrer que leurs ancêtres ont été les victimes d'un colonialisme cruel, niant leur dignité humaine en les transformant en bêtes de somme. Il faudra donc réécrire l'histoire. Les sociétés occidentales, même sous des dehors libéraux, ont toujours été occupées à perpétrer le génocide des peuples colonisés et il n'y a pas de différence sérieuse à faire entre le nazisme et l'esclavage. Une loi, la loi Taubira, adoptée en 2001, commencera à jeter les fondements juridiques d'une histoire officielle de l'esclavage. Dans son ouvrage *Les Traites négrières – Essai d'histoire globale*, l'historien Olivier Pétré-Grenouilleau soutient que la traite n'a jamais été un génocide, car il n'y a jamais eu de volonté autre que mercantile de la part des négriers et certainement pas celle d'exterminer leur « marchandise ». Son livre, publié en 2005, va être l'objet de nombreuses polémiques et sera même poursuivi en justice pour révisionnisme et négation de « crime contre l'humanité ». Que l'affaire se soit terminée en quenouille ne change rien à sa signification profonde. Là où un débat d'historiens aurait pu s'ouvrir, on demande l'intervention de la justice pour clouer le bec de l'impertinent. Dans le cas d'espèce, la chose est d'autant plus intéressante que Pétré-Grenouilleau soulevait un problème historique bien connu : la traite négrière n'est pas l'invention des Occidentaux. Ce sont les Arabes qui la mettent en place bien avant que les Occidentaux n'aient l'idée d'utiliser des esclaves africains pour les faire travailler dans leurs colonies américaines. Et quand les Occidentaux prennent le relais des Arabes, ils ne le peuvent que par la complicité active d'un certain nombre de royaumes africains…

Quand, en 2005, la majorité de droite fit voter en catimini une loi imposant que l'enseignement de l'histoire expose le rôle positif de la colonisation, la gauche mit six mois pour s'apercevoir du problème, mais finit tout de même par s'insurger contre cette atteinte aux droits de la vérité historique. Mais elle était bien mal placée pour faire la leçon, puisque les lois de 1989, 1991 et 2001 avaient déjà sérieusement écorné le principe de la liberté de recherche en histoire.

Bien que la chose ne soit pas encore l'objet d'un article de loi, il y a un domaine où aujourd'hui la criminalisation de la pensée non conforme est en voie de criminalisation : c'est l'analyse de la politique israélienne. Il y a encore vingt ans, on distinguait assez clairement antisionisme et antisémitisme. D'importants groupes, souvent composés de militants d'origine juive (issus du *Bund*, par exemple), étaient antisionistes et nullement antisémites. Il existait même en Israël un parti antisioniste, le *Matzpen*, qui se survit aujourd'hui dans certains courants radicaux opposés à la politique des partis dirigeants de ce pays. Être antisioniste, c'est simplement considérer que la création de l'État d'Israël était une opération de diversion visant à diviser la classe ouvrière des pays d'Europe (c'était la position du *Bund*). Les antisionistes considèrent encore qu'il s'agit d'un fait colonial reposant sur un terrible mensonge : la terre de Palestine aurait été « une terre sans peuple pour un peuple sans terre ». L'antisionisme s'apparente donc à tous les courants radicaux révolutionnaires qui tiennent le nationalisme pour un attrape-nigaud, destiné à détourner les masses laborieuses de la lutte des classes. Rosa Luxemburg, ainsi, s'opposait aux dirigeants socialistes qui faisaient de l'indépendance de la Pologne à l'égard de la Russie le point central de leur programme. On devrait donc pouvoir porter un jugement sévère sur le mouvement sioniste, sans être antisémite. Cette question n'est pas plus taboue que la politique coloniale française en Algérie, par exemple : très minoritaires sont ceux qui taxent de « racisme antifrançais » les critiques de la politique française en Algérie jusqu'au début des années soixante. Mais pour Israël, la même méthode ne vaut pas. Ce que peuvent se permettre les historiens israéliens d'aujourd'hui, détruire les légendes de la naissance d'Israël et mettre leur pays face à son propre passé colonialiste, est devenu à peu près impossible en Europe ou aux États-Unis. Même les critiques un peu appuyées de la politique d'un gouvernement de Tel-Aviv, quel qu'il soit, sont assimilées à de l'antisémitisme.

Que l'antisémitisme prenne le masque de l'antisionisme, c'est l'évidence même. Personne ne contestera que demeure vivant un antisémitisme sournois qui ne s'expose qu'à travers un langage codé. On n'oubliera pas non plus qu'il y a, dans la gauche, une vieille tradition antisémite qu'on pourrait faire remonter à Alphonse Toussenel, mais dont Proudhon, ce père fondateur de l'anarchisme, est loin d'être exempt. « Le socialisme des imbéciles » (selon le mot d'August Bebel, un des fondateurs de la social-démocratie allemande) qu'est l'antisémitisme peut encore faire recette en Europe. Mais il est aussi évident que la politique d'Israël nourrit l'antisémitisme. Les campagnes sur le thème « critique du gouvernement israélien = antisémitisme » correspondent à des objectifs stratégiques bien précis et font partie des armes de la guerre idéologique. Une guerre dans laquelle le sort des peuples du Proche-Orient (Israéliens compris) compte bien peu en regard des intérêts de la domination impérialiste, sous toutes ses formes. Une preuve indirecte peut en être donnée : par un curieux phénomène de contagion, ce qui vaut pour Israël vaut maintenant de plus en plus souvent pour les États-Unis. La dénonciation de « l'antiaméricanisme » est devenue un genre littéraire. Seules les mauvaises langues rappelleront le soutien sans faille du grand-père de M. Bush au fascisme en général et au régime hitlérien en particulier. Seules les mauvaises langues rappelleront que même sous les bombes, l'armée allemande ne manqua jamais de pétrole. Étonnant, non ? Seules les mauvaises langues rappelleront que les antisémites hystériques d'hier sont devenus souvent les plus inconditionnels soutiens d'Israël. Seules les mauvaises langues feront remarquer que les « amis d'Israël », surtout ceux qui siègent à Washington, sont aussi les amis des monarchies pétrolières et des principaux organisateurs et financiers de la propagande antisémite dans le monde musulman – l'Arabie Saoudite joue ici un rôle tout à fait important comme foyer de la propagande antisémite, mais il faut aussi évoquer la mosquée Al Azhar du Caire.

Retour de bâton ou complément logique : les mêmes méthodes sont maintenant appliquées par les mouvements fondamentalistes islamistes : toute critique de l'islam comme religion est considérée comme « islamophobie », et donc indirectement comme une sorte de racisme, symétrique à l'antisémitisme. Et par voie de conséquence, les critiques adressées à l'islamisme sont assimilées à des critiques de l'islam et à de l'islamophobie. Un certain nombre de hiérarques chrétiens ont d'ailleurs bien compris et tentent de faire taire sous des prétextes analogues toute manifestation d'antichristianisme. Front unique des curés, des rabbins et imams. On s'étonne que Nietzsche soit encore en vente libre !

Résumons : la critique est interdite, de l'esclavagisme, de l'anti-esclavagisme, du colonialisme et de l'anticolonialisme, du judaïsme, de l'islam, du christianisme, d'Israël, des États-Unis et des États arabes… Silence dans les rangs. Vous avez cependant le droit de dire tout le mal que vous voulez de Cuba, de l'Iran, de la Corée du Nord, et par un vieux réflexe, vous pouvez même vous en prendre à la Russie ! Sans doute ces derniers pays méritent-ils d'être sévèrement jugés, mais qu'on ne sache pas que les droits humains soient plus maltraités à Cuba qu'en Arabie Saoudite, que les droits des femmes soient mieux respectés dans les Émirats arabes qu'en Iran ou que la Corée du Nord soit vraiment plus dangereuse pour la paix que le Pakistan.

On pourrait ainsi multiplier les exemples, en nous tenant à la France : il n'est pas besoin d'aller aux États-Unis pour voir comment la pensée unique, le conformisme de masse, le puritanisme le plus ridicule et le plus tatillon exercent leurs ravages dans une démocratie transformée en jouet des groupes de pression et des oligarchies en tout genre. De la part de la droite française, cette hostilité à la liberté d'expression n'est pas vraiment surprenante. Seuls les jeunes gens peuvent ne pas savoir quel pesant conformisme faisait régner le gaullisme, à l'époque où l'adaptation, par Jacques Rivette, de *La Religieuse* de Diderot tombait sous les coups de la censure, à l'époque où François Maspero – en raison des ouvrages politiques qu'il publiait – et Jean-Jacques Pauvert – pour ses œuvres érotiques – croulaient sous les procès. Le « parti de l'ordre » est dans son rôle.

Plus inquiétant et plus étonnant semble le ralliement d'une partie de la gauche à la répression tous azimuts. Mais quand on y regarde de plus près, ce n'est pas si étonnant. Si la droite défend la propriété bien plus que la liberté, la gauche a été plus souvent qu'à son tour élitaire et autoritaire. Il n'est guère d'organisations aussi peu démocratiques que les syndicats et partis de gauche, mis à part les partis de droite ! Le « centralisme démocratique », ce produit d'exportation russe, semblait peu compatible avec le tempérament qu'on dit volontiers frondeur et un peu anarchiste des Français. Pourtant, pendant plusieurs décennies, le parti communiste a réussi à imposer une formidable discipline des consciences à des centaines de milliers de citoyens, majeurs, indépendants, qui se sont essayés à la servitude volontaire. Il n'en va guère mieux avec le parti socialiste – sous ses divers avatars – qui, sans la force et l'efficacité du PCF, a une solide tradition de parti bureaucratique avec des mœurs semi-féodales.

Au fond, cette gauche française, qui a renoncé depuis longtemps à secouer le joug du capital et de l'État et n'a rien d'autre à proposer que mettre des fleurs sur les chaînes de l'oppression et de la domination, est fondamentalement portée à mépriser la liberté. Tant que la droite et la gauche s'opposaient frontalement (selon la logique de la guerre froide), il restait à la liberté un espace dans ce conflit lui-même. Mais avec la fin des espoirs, des illusions ou des mystifications du « socialisme à la française », une fin qu'on peut faire remonter à l'automne 1981, pour ne pas dire au 21 mai de la même année, jour de la prise de fonction du président Mitterrand, l'exténuation du conflit droite-gauche conduit progressivement la vie publique au conformisme, au triomphe complet de la langue de bois. C'est ainsi qu'il est devenu impossible de distinguer par le style et le vocabulaire les textes des congrès des partis de droite de ceux des partis de gauche.

Cette domination sans partage d'une pensée commune à toutes les classes dirigeantes, de droite et de « gauche », n'est pas spécifiquement française. Il est vrai que, sous certains aspects, le phénomène est aggravé par les institutions de la Ve République, cette monarchie élective qui personnalise au maximum le pouvoir et dépolitise la vie publique. Mais on assiste un peu partout à la même normalisation de la pensée. À la différence des entreprises totalitaires du XXe siècle, nous n'avons pas affaire à une idéologie intolérante prônant l'exclusion et l'élimination des déviants. Les staliniens ou les nazis ont des ennemis et savent qu'on peut tenir les langues, mais non les pensées des individus. C'est pourquoi ils procèdent aux purges et aux exterminations de masse : hommage du vice à la vertu, le totalitarisme classique ne croit pas vraiment à la possibilité de modeler les esprits une fois pour toutes. La pensée unique contemporaine, au contraire, prend au sérieux les discours totalitaires et veut les réaliser : elle croit qu'on peut réellement modeler les esprits, les formater selon les besoins du système politique, social et économique dominants, et qu'on peut parvenir à ce but dans le consensus, sans avoir besoin d'user de la torture, des exécutions et de la toute-puissance de la police politique.

Ainsi, paraît-il, on ne doit pas plus discuter les principes de « l'économie de marché » (aimable euphémisme pour « capitalisme ») que ceux de la démocratie. Si d'ailleurs vous discutez la première, c'est qu'en vérité vous êtes un ennemi caché de la seconde et donc un stalinien ou un nazi qui s'ignore : sur ce thème est produite une littérature aussi insipide que répétitive, mais qui bénéficie d'une large publicité dans des médias de plus en plus directement contrôlés par les maîtres de cette fameuse « économie de marché ». Le MEDEF mène, du reste, une offensive obstinée contre ce qui, dans le système d'enseignement français, résiste encore à la pensée unique. On ne discute pas plus l'économie de marché que la démocratie, c'est ce qu'a affirmé un responsable de l'organisation patronale demandant que Marx soit retiré des programmes de sciences économiques et sociales des lycées. En juillet 2006, Mme Parisot, la nouvelle présidente de l'organisation héritière du « comité des forges », de sinistre mémoire, n'a cependant pas hésité à mobiliser Sartre et les *Réflexions sur la question juive* pour condamner toute attaque contre les patrons qui s'apparenterait à une sorte de racisme, parce que désignant un groupe à vindicte publique...

Précisons : il existe des cas classiques et connus de « gauchistes » repentis devenus des hommes aussi fanatiques à droite qu'ils avaient été fanatiques à l'extrême gauche. D'autres ont suivi une autre pente qui les a menés de la révolution sociale au « gauchisme sociétal », naturellement compatible avec toutes les formes du libéralisme. Les premiers sont des exemples classiques d'une trop prévisible transformation du jeune petit-bourgeois révolutionnariste en vieux petit-bourgeois réactionnaire. À les entendre, on se prend à chantonner la vieille chanson de Jacques Brel : « les bourgeois, c'est comme les cochons... ».

Le second type est bien plus intéressant parce qu'il est très clairement en prise avec la réalité de la domination aujourd'hui : l'oppression doit se parer des oripeaux de la révolte. Les « neocons » américains ou français restent des extrémistes, des partisans de la révolution violente – même si maintenant, c'est l'armée des USA qui est porteuse de cette « violence révolutionnaire ». Les gauchistes sociétaux reconvertis dans le néolibéralisme expriment au contraire le régime normal du système de domination aujourd'hui. Ils sont positionnés en son centre de gravité. « Vivre dangereusement » : idéal romantique pour une jeunesse aventureuse, idéal nietzschéen, voilà ce qui convient parfaitement au moment où la précarité au travail devient la règle – la vie elle-même est précaire, dit encore l'inénarrable Mme Parisot, qui défend le développement de la « séparabilité » des travailleurs... expression typique de la novlangue pour désigner le droit de licencier sans contrainte. Les vieux capitalistes étaient volontiers un peu, beaucoup et parfois passionnément racistes. Les nouveaux sont pour le « métissage » qui permet de donner une élégante justification à la mondialisation et à la destruction des acquis sociaux. On sait comment la publicité exploite cette idéologie *new age* au service du *business as usual*.

Prenons le domaine des mœurs. « Dans le temps », les ouvriers vivaient souvent « à la colle » et les enfants naissaient hors mariage plus souvent qu'à leur tour. Le mariage était une affaire de bourgeois qui voulaient unir des patrimoines et bien plus rarement des cœurs. Les moralistes chagrins se plaignaient souvent des mauvaises mœurs des pauvres. Entre ouvrière et fille de mauvaise vie, on faisait l'amalgame sans beaucoup de précaution. En vérité, ouvriers et bourgeois n'appartenaient pas au même monde, ne vivaient pas selon les mêmes valeurs ni les mêmes règles et dans la classe ouvrière demeurait vif le souvenir de l'indépendance d'antan, l'indépendance du travailleur libre, l'indépendance aussi du « cheminot » – celui qui va sur les chemins et travaille là où l'occasion se présente – l'indépendance de celui qui n'est attaché nulle part. L'anarchisme en France, les *wobblies* aux États-Unis, témoignaient de cet état d'esprit. Et les mœurs étaient une des expressions de cette opposition entre deux mondes incompatibles. C'est ainsi que l'opposition ou l'extériorité ouvrière pouvait rejoindre la critique artiste ou bohème du mode de vie bourgeois. Être contre la bourgeoisie, c'était être aussi contre le mariage bourgeois, contre les conventions hypocrites, pour la liberté aussi dans le domaine de la sexualité.

Dès que les ouvriers, cependant, durent se faire à l'idée que l'exploitation capitaliste n'était pas qu'un mauvais moment à passer, dès qu'ils furent assez forts pour imposer une amélioration des conditions de travail, sans l'être assez cependant pour renverser le système, dès qu'ils purent donc avoir l'espoir de s'intégrer à de moins mauvaises conditions au fonctionnement d'ensemble de l'exploitation capitaliste, on assista à une « normalisation » des mœurs ouvrières. La montée du syndicalisme au lendemain de la première guerre mondiale a permis une nette amélioration de la condition ouvrière qui s'est d'abord traduite par un repli rapide du travail des femmes : la femme au foyer devint l'idéal de l'ouvrier qui réussit. Les « mauvaises mœurs » devinrent l'apanage des petits-bourgeois et le parti communiste se fit le gardien de la moralité des ouvriers, sous le regard sourcilleux de Jeannette Thorez-Vermeersch.

Les bonnes mœurs d'aujourd'hui résolvent presque magiquement toutes les contradictions : contre le vieil ordre moral, il va de soi que la sexualité est plurielle. On peut être bêtement hétéro, mais il est assez branché d'être *gay* : on reprend le mot américain selon les mêmes procédés d'euphémisation qui font qu'on ne parle plus des Noirs, mais seulement des Blacks. Mais il est aussi intéressant d'être lesbienne, « bi » (sous-entendu bisexuel) ou « trans ». Il y a même une association des *gays*, lesbiennes, bi et trans, qui doit s'appeler GLBT (ce qui ne veut pas dire « groupe léniniste bolchevik des travailleurs »).

La sexualité est plurielle : n'exagérons rien ! Car il n'est pas sûr qu'il s'agisse encore de sexualité. On reprend aussi la mode américaine des *gender studies* et c'est la notion de genre (catégorie grammaticale ou métaphysique) qui se substitue au bon vieux sexe dont le tort est d'évoquer presque naturellement des parties du corps, des pénis en érection, des clitoris, des seins, des vagins et toutes les excrétions qui accompagnent généralement leur rencontre. La nouvelle pluralité « de genre » est hygiénique !

Mais surtout, la nouvelle sexualité doit être normalisée. Jadis, on se battait pour avoir le droit de faire l'amour sans passer devant le maire et le curé. « J'ai l'honneur de ne pas te demander ta main », chantait Brassens. Aujourd'hui, la revendication cruciale, celle qui fait l'unanimité (ou presque) des libéraux et sociaux-démocrates du monde entier, c'est la revendication du mariage homosexuel ! « Gravons nos noms au bas d'un parchemin » scandent les gardiens du nouvel ordre moral. Laissons de côté les questions complexes que pose cette revendication sur le plan de la signification des normes juridiques et des techniques de reproduction de la vie. Retenons le plus important : il n'est plus question qu'il y ait d'un côté l'ordre juridique, légal, moral ou tout ce que l'on veut et de l'autre le désordre, la contestation, la révolte. La révolte et la contestation doivent, elles aussi, s'intégrer à l'ordre, devenir une des modalités, juridiquement déterminées, de l'application de l'ordre lui-même. Le mariage homosexuel, c'est la revendication que plus aucune activité humaine ne soit hors-la-loi, que la plus petite marque de non-conformisme disparaisse et que toutes les extravagances du corps reçoivent la bénédiction étatique. Le mariage homosexuel, une nouvelle et étonnante extension du « biopouvoir » dont Foucault, l'un des premiers, avait fait la théorie.

Étonnant magma que cette pensée unique ! Le maire de Paris, homosexuel déclaré, fait rebaptiser un haut lieu parisien du nom… du pape Jean-Paul II. Le conflit est hors-la-loi. Avec la pensée unique, la laïcité doit être « ouverte » pour devenir compatible avec le cléricalisme, la liberté doit passer sous les fourches caudines de la multiplication à tout propos et hors de propos des règlements, les contraires doivent fusionner dans une grande embrassade générale. Quitte à ce que la vérité et le rappel au réel soient purement et simplement censurés. La grande offensive contre la psychanalyse, une offensive dont Deleuze et Foucault furent sans doute les initiateurs, s'inscrit maintenant dans la configuration contemporaine du gauchisme sociétal retransformé en pensée dominante. Il faut que Freud soit un escroc, car la psychanalyse rappelle qu'il faut un homme et une femme pour faire des enfants et que les montages de la parenté se font toujours sous contrôle de cette contrainte réelle : insupportable déni du « droit » des homosexuels à avoir des enfants ! Il faut dénigrer Freud et le clouer au pilori, comme on l'a fait pour Marx, parce que Freud analyse le « malaise dans la civilisation » et permet de démonter les mensonges du bonheur obligatoire de la société de marché. Il faut un prétendu « livre noir de la psychanalyse » parce qu'il faut en finir avec les critiques impitoyables de la société contemporaine, les « freudo-marxistes » de l'école de Francfort, Adorno et Horkheimer ou Marcuse dont *L'Homme unidimensionnel* est plus que jamais actuel.

Pendant que les « maîtres du soupçon » sont renvoyés en enfer, la bonne vieille philosophie spiritualiste qui a dominé si longtemps l'université française reprend du poil de la bête. Désamorcer tout le potentiel de contestation de ce très vieil exercice intellectuel, voilà à quoi s'emploient aussi les mandarins « analytiques » qui veulent « professionnaliser » la philosophie, en faire une discipline technique, annexe des sciences dures ou de la psychologie. Réduite à la portion congrue, la psychologie critique et la psychanalyse laissent la place sur les étals des libraires aux manuels de développement personnel, aux côtés des traités pour bien élever son chien et ses enfants ou être à l'aise dans ses baskets. Ne parlons pas du rayon « sciences économiques », d'une uniformité doctrinale confondante, au-delà de quelques variantes superficielles.

L'uniformisation de la pensée est, certes, une tendance récurrente. Aucune époque n'y a vraiment échappé. Peut-être même, notre croyance rationaliste qui fait découler la vérité de l'exercice de la raison y pousse-t-elle. Mais à notre époque et peut-être pour la première fois, l'uniformisation de la pensée s'opère sans aucune référence à la vérité. Bellarmin devait avoir raison contre Galilée, car l'Église détenait la vérité. Et c'est au nom de la vérité construite par la raison qu'a été mené le combat contre l'Église. Staline avait raison, parce que le socialisme scientifique était censé dire vrai. Même dans le *1984* d'Orwell, quand le parti veut faire admettre à Smith que 2 et 2 font 5, si le parti estime que c'est cela la vérité, on est encore dans un rapport, certes pervers, à la vérité. La pensée unique, elle, « nietzschéenne » en diable en cela, est indifférente à la vérité. C'est sa force. Efficacité, utilité, frivolité, prospérité, plaisir, épanouissement personnel, bonheur et longévité, tout cela est invoqué par cette idéologie dominante, mais la vérité presque jamais. Mais la liberté commence quand on sait que 2 et 2 font 4 et qu'on peut le dire : la leçon d'Orwell ne doit pas être oubliée.

Il ne faut cependant pas confondre ce conformisme liberticide avec un retour à l'ordre victorien et aux rituels compassés de la sociabilité bourgeoise du XIXe siècle. Le conformisme devant se parer des oripeaux de la révolte, désormais tout le monde se tutoie, le président de la République peut parler un français du niveau d'une cour de récréation de collège, les marques de la civilité la plus ordinaire peuvent s'effacer. Foin de cette tartufferie des siècles passés : à l'âge de la transparence, la retenue est devenue hypocrisie et l'on réclame de la franchise. C'est-à-dire une brutalité de la vie sociale conforme à l'esprit de guerre de chacun contre chacun du capitalisme.

L'obsession sécuritaire

Un des thèmes essentiels de la science-fiction est celui de la société de surveillance généralisée. *Big Brother is watching you* : omniprésence de la figure du pouvoir totalitaire. Or, paradoxalement en apparence, cette surveillance généralisée est au cœur du développement de nos sociétés « libérales », au cœur de sociétés où la dénonciation du totalitarisme est un credo universel – il y devrait même y avoir un « quart d'heure de haine » quotidien contre le totalitarisme. L'impératif de la sécurité est en train, progressivement, insidieusement, d'enfermer toute la société dans une cage d'acier et de détruire progressivement ce qui fonde l'individualité moderne, la séparation entre la vie privée et la vie publique.

Tout cela commence à être bien connu. L'énumération des méthodes de surveillance et de l'arsenal législatif a été faite ailleurs assez souvent pour qu'il ne soit pas nécessaire d'y revenir. Ce qui mérite explication, ce sont les arguties par lesquelles le renforcement constant de l'appareil de surveillance et de contrôle des individus est légitimé. Le totalitarisme du XXe siècle était justifié par une affirmation de la légitimité absolue du pouvoir d'État : l'État est la réalité absolument souveraine en dehors de laquelle il n'est rien qui mérite d'exister. Mussolini, Hitler et Staline, chacun à sa façon, le répètent. Le totalitarisme du XXIe siècle, celui qui se met en place tranquillement, avec notre assentiment, hypnotisés que nous sommes par la réalité virtuelle que nous proposent les médias, est un totalitarisme « libéral », un totalitarisme officiellement anti-étatiste, un totalitarisme que nous devons accepter pour la défense des libertés.

Il y a deux systèmes de justification qui se distinguent par leur degré de sophistication, mais relèvent au fond tous les deux de la même idéologie liberticide. Premier degré, type « café du commerce » : « je me moque qu'on fouille ma voiture puisque je n'ai rien à me reprocher. » Un argument d'une bêtise insigne, mais qu'il est pourtant de plus en plus difficile de combattre. « Je me moque qu'on applique la peine de mort, puisque je ne suis pas coupable ! » Ou encore : « On peut employer la torture sur les criminels, puisque je ne suis pas criminel. » Ou bien : « On peut regarder pour qui je vote puisque je suis toujours du côté du pouvoir ! » Cette argumentation (si on peut la qualifier de ce nom) affirme que tous les individus sont des coupables qui s'ignorent – ainsi que le répète le chef de la police au commissaire joué par Bourvil dans *Le Cercle rouge* de Jean-Pierre Melville. Le politicien intelligent ne parle pas de cette façon : il sait bien que ce langage piétine toute idée du droit. En effet, la Déclaration des droits de l'homme de 1789, pour ne citer qu'elle, est sans la moindre ambiguïté. En voici quelques articles dont l'esprit est clairement opposé à l'idéologie sécuritaire :

>   **Article IV** – La liberté consiste à faire tout ce qui ne nuit pas à autrui : ainsi, l'exercice des droits naturels de chaque homme n'a de bornes que celles qui assurent aux autres membres de la société la jouissance de ces mêmes droits. Ces bornes ne peuvent être déterminées que par la loi.
>   **Article V** – La loi n'a le droit de défendre que les actions nuisibles à la société. Tout ce qui n'est pas défendu par la loi ne peut être empêché, et nul ne peut être contraint à faire ce qu'elle n'ordonne pas.
>   **Article VII** – Nul homme ne peut être accusé, arrêté ni détenu que dans les cas déterminés par la loi, et selon les formes qu'elle a prescrites. Ceux qui sollicitent, expédient, exécutent ou font exécuter des ordres arbitraires, doivent être punis ; mais tout citoyen appelé ou saisi en vertu de la loi doit obéir à l'instant ; il se rend coupable par la résistance.
>   **Article IX** – Tout homme étant présumé innocent jusqu'à ce qu'il ait été déclaré coupable, s'il est jugé indispensable de l'arrêter, toute

rigueur qui ne sera pas nécessaire pour s'assurer de sa personne doit être sévèrement réprimée par la loi.

Tous ceux, parlementaires aussi bien que ministres, qui, depuis des dizaines d'années maintenant, non seulement autorisent, mais encore incitent la police à solliciter, expédier ou exécuter des ordres arbitraires, auraient dû être punis pour violation des principes fondamentaux sans lesquels l'État « n'a pas de constitution » (cf. article XVII).

Mais le démagogue sécuritaire a de l'instruction. C'est donc au nom des Droits de l'homme qu'il propose de mettre en pièces les Droits de l'homme.

> Article II – Le but de toute association politique est la conservation des droits naturels et imprescriptibles de l'homme. Ces droits sont la liberté, la propriété, la sûreté, et la résistance à l'oppression.

La sûreté fait partie des droits fondamentaux et à partir de là, on va se livrer à une opération de travestissement idéologique remarquable.

Premier escamotage : on remplace sûreté par sécurité. Or ces deux termes ont des sens et des connotations différents. La sûreté individuelle – car c'est d'elle qu'il s'agit manifestement dans le texte de la Déclaration des droits – est un terme juridique qui désigne un « élément de la liberté individuelle consistant dans la garantie contre les arrestations, détentions et pénalités arbitraires[56]. » La sûreté est donc d'abord la protection de l'individu face à l'arbitraire du pouvoir politique ! Et on utilise ensuite ce « droit » comme légitimation du pouvoir arbitraire de l'État pour assurer la « sécurité » des citoyens. Or la sécurité, c'est tout autre chose que cette immunité face à l'arbitraire que désigne la sûreté. La sécurité, c'est l'absence de danger ou la prévention du danger. Il arrive qu'on emploie un terme à la place de

---

56. CAPITANT (Henri), *Vocabulaire juridique* (repris dans le *Trésor de la langue française* : http://atilf.atilf.fr).

l'autre, mais ils peuvent être radicalement antinomiques : dans un pays où les droits sont bafoués, je suis en sécurité à rester chez moi sans faire de politique, précisément parce que je ne dispose pas de la sûreté vis-à-vis de la police !

Cet escamotage se double d'un changement loin d'être innocent, de l'ordre des droits. À droite comme à gauche, il est devenu de bon ton d'affirmer que la sécurité est le premier des droits, qui commande tous les autres. Dans l'esprit de la Déclaration des droits de 1789, c'est tout le contraire. La liberté est le premier des droits et c'est d'ailleurs pour cette raison que la liste des droits commence par la liberté et se clôt sur la résistance à l'oppression : quand la liberté et toutes ses conditions (propriété, sûreté) ont été limitées ou supprimées, il faut alors recouvrer ses droits par tous les moyens possibles ! La Constitution de 1793 allait même un peu plus loin : elle ne se contentait pas de faire de la résistance à l'oppression un droit, elle faisait de l'insurrection contre la tyrannie « le plus sacré des devoirs » ! Quoi qu'il en soit, les textes de 1789 et 1793 sont des textes d'inspiration authentiquement républicaine en ce sens que l'État a pour fonction première de garantir la liberté contre la domination.

La sécurité figure au premier rang des principes politiques non dans la tradition républicaine, mais dans la pensée de Hobbes, partisan intransigeant de la toute-puissance du pouvoir souverain. Chez l'auteur du *Léviathan*, le pouvoir souverain a pour mission de conjurer la violence d'un « état de nature » caractérisé par la « guerre de chacun contre chacun ». Sans la sécurité garantie par ce pouvoir absolu, la vie resterait misérable, dégoûtante et brève. Mais, à la différence des idéologues modernes de l'État sécuritaire, Hobbes dit la vérité : si la fonction première de l'État est la sécurité, alors il est impossible de parler de liberté. Si les citoyens gardent en effet, de par-devers eux, un pouvoir de contestation du souverain, les querelles reprendront à la première occasion et on retombera immédiatement dans l'état de guerre dont on avait voulu sortir. C'est pourquoi, il n'y a pas de différence sérieuse entre un pouvoir monarchique absolu et une république. Selon Hobbes :

> « Bien qu'on grave sur les tours et sur les portes des villes en gros caractères le nom de liberté, elle ne regarde pourtant pas les particuliers, mais le corps de la cité ; et n'appartient pas davantage à une ville républicaine qu'à telle autre qui est au cœur du royaume[57]. »

Du reste, Hobbes attaque l'idée de liberté politique à sa racine :

> « Si l'on souhaite d'être libre pendant que tous les autres sont asservis, qu'est-ce autre chose que prétendre à la domination ? »

La revendication de la liberté ne serait donc qu'une autre manière de revendiquer la domination. La force de la pensée hobbesienne tient non pas à sa valeur normative, mais à sa capacité de décrire la dynamique de l'État moderne, dans une société qui est, finalement, la nôtre. La réalité naturelle de l'homme, c'est la guerre, dont la forme civilisée – si l'on peut dire – est la guerre économique, véritable guerre de chacun contre chacun. Mais les classes possédantes cherchent la sécurité pour garantir leur propriété et jouir des richesses qu'elles accumulent tout en gardant pour elles-mêmes la liberté d'agir comme bon leur semble. Il s'agit donc bien de la volonté de domination et de rien d'autre.

Une fois l'apparat idéologique volatilisé, que reste-t-il donc de ce débat sempiternel sur la sécurité qui nécessiterait que soient rognées une à une toutes les libertés fondamentales ? Il faudrait d'abord établir les faits et ensuite discuter des politiques à mettre en œuvre. Sur le plan des faits, on nage en pleine confusion. On parle de montée de l'insécurité sur la base de statistiques dont on ne sait pas au juste ce qu'elles mesurent et qui sont susceptibles de toutes les manipulations en fonction des affichages choisis par les ministres. Personne ne peut dire s'il y a vraiment plus ou moins d'insécurité qu'il y a trente ans puisqu'on ne sait pas quantifier ladite insécurité. Au début des années soixante-dix, la route tuait 18 000 personnes par an. On est

---

57. HOBBES (Th.), *Le Citoyen*, GF-Flammarion, 1982, trad. Samuel Sorbière, p. 202.

aujourd'hui un peu au-dessus de 5 000. Le progrès de la sécurité est donc considérable. En comparaison, le chiffre des crimes de sang, à peu près 2 000 tentatives d'homicide par an, est très stable et les homicides liés aux vols ou tentatives de vol restent très peu nombreux avec une tendance à la baisse depuis plusieurs années ; le taux des homicides et tentatives d'homicides a même baissé au tournant des années 2000 : il est de 3,6 faits pour 100 000 habitants en 2000 contre 4,5 en 1990. Le meurtre n'est pas d'abord crapuleux : le principal facteur d'insécurité, ce sont les parents pour leurs enfants, les maris pour leurs femmes, les amants pour leurs maîtresses et toutes les combinaisons qui en découlent[58], à quoi on rajoute la folie, la boisson et autres drogues. Mais rien à voir avec les hordes sauvages qui s'en prendraient à nos vies pour s'accaparer nos biens ! Du moins chez nous.

Deuxième aspect : qu'appelle-t-on violence ? Les batailles entre jeunes ont toujours existé et si quelques-unes font aujourd'hui l'objet d'une grande médiatisation (par exemple, les rivalités entre bandes de cités voisines dans telle ville de banlieue parisienne), on oublie qu'elles étaient bien plus générales il y a un siècle ou deux. D'un village à l'autre, les affrontements pouvaient être systématiques entre les bandes d'adolescents. Mais ça se passait à la campagne, à l'abri des regards, et notamment de ceux des adultes, et aucun journal n'en parlait, les coups et blessures se soignaient tant bien que mal, mais sans faire appel au SAMU. Dans les lycées, la violence entre élèves a très certainement fortement décru depuis les années cinquante/soixante, ne serait-ce qu'en raison de la réduction des internats. Quiconque a subi les rites de bizutage sait ce qu'il en était ; il demeure dans quelques prépas chics, quelques prytanées militaires et quelques grandes écoles sans que cela choque outre mesure nos pourfendeurs d'insécurité : sadisme, cruauté, humiliation, violences sexuelles, c'était

---

58. Nous avons failli ajouter « et inversement », mais ce n'est pas exact : 85 à 90 % des homicides sont perpétrés par des hommes. Les empoisonneuses et les poignardeuses restent rares ! Mais dans ce domaine aussi l'égalité entre les hommes et les femmes progresse…

et c'est encore cela le bizutage. Aujourd'hui, une paire de gifles ou une injure raciste sont classées comme incidents violents et font monter la statistique pour le plus grand bonheur des exploiteurs patentés de la misère du monde. Peut-être faut-il seulement remarquer que les violences scolaires sont plus souvent aujourd'hui des violences contre les professeurs et contre les représentants des institutions en général. Voilà qui serait un phénomène nouveau à analyser dans le détail. Encore qu'il faille, là aussi, se méfier des effets de perspective. Quand Brassens chante : « Or, sous tous les cieux, sans vergogne / C'est un usage bien établi / Dès qu'il s'agit d'rosser les cognes / Tout le monde se réconcilie », il s'appuie sur un vieux fond populaire de haine contre les pouvoirs, les policiers et les juges [59].

On pourrait parler des violences sexuelles. Là encore, la criminalisation de certains comportements jugés comme sans importance de par le passé est évidente. Michel Foucault donne de nombreux exemples de ce processus. En voici un, significatif :

> « Un jour de 1867, un ouvrier agricole, du village de Lapcourt, un peu simple d'esprit, employé selon les saisons chez les uns ou les autres, nourri ici et là par un peu de charité et pour le pire travail, logé dans les granges ou les écuries, est dénoncé au bord d'un champ, il avait, d'une petite fille, obtenu quelques caresses, comme il l'avait déjà fait, comme il l'avait vu faire, comme le faisaient autour de lui les gamins du village ; c'est qu'à la lisière du bois, ou dans le fossé de la route qui mène à Saint-Nicolas, on jouait familièrement au jeu qu'on appelait "du lait caillé". Il est donc signalé par les parents au maire du village, dénoncé par le maire aux gendarmes, conduit par les gendarmes au juge, inculpé par lui et soumis à un premier médecin, puis à deux autres experts qui, après avoir rédigé leur rapport, le publient. L'important de cette histoire ? C'est son caractère minuscule ; c'est que ce quotidien de la sexualité villageoise, ces

---

[59]. Si un groupe rap chante la même chose en remplaçant « cognes » par « keufs », que n'entendra-t-on point contre cette intolérable montée de la violence des jeunes contre la police…

infimes délectations buissonnières aient pu devenir, à partir d'un certain moment, objet non seulement d'une intolérance collective, mais d'une action judiciaire, d'une intervention médicale, d'un examen clinique attentif, et de toute une élaboration théorique. L'important, c'est que de ce personnage, jusque-là partie intégrante de la vie paysanne, on ait entrepris de mesurer la boîte crânienne, d'étudier l'ossature de la face, d'inspecter l'anatomie pour y relever les signes possibles de dégénérescence ; qu'on l'ait fait parler ; qu'on l'ait interrogé sur ses pensées, penchants, habitudes, sensations, jugements [60]. »

On a découvert récemment combien la « pédophilie » a pu être courante dans les institutions qui encadraient les enfants et les adolescents, tout spécialement les institutions religieuses. Ce qui est aujourd'hui considéré comme un crime a été longtemps su, mais ignoré volontairement, car cela faisait partie des phénomènes naturels plus ou moins inévitables. Pour une partie, on peut donc penser que les chiffres mesurant l'insécurité sont à la hausse tout simplement parce que nos sociétés sont de plus en plus policées, c'est-à-dire à la fois plus pénétrées des règles de respect d'autrui, plus intolérantes aux comportements anormaux et de plus en plus soumises au pouvoir de la police, au contrôle systématique de tous les actes de « déviance ». Faut-il pour autant nier totalement cette insécurité qui occupe tant les médias, surtout dans les périodes de campagne électorale ? Sans doute pas. Laurent Mucchielli fait remarquer :

« En réalité, ce qui augmente dans la société française ce sont des agressions intermédiaires (des coups qui sont toutefois rarement très graves puisqu'ils n'entraînent un arrêt de travail ou une hospitalisation que dans un cas sur vingt), qui se concentrent dans et autour des quartiers pauvres des grandes agglomérations, les auteurs comme les victimes étant le plus souvent de jeunes hommes qui se

---

60. FOUCAULT (Michel), *La Volonté de savoir (Histoire de la sexualité, I)*, Gallimard, 1976, p. 43-44.

battent entre eux. Enfin, rappelons que les délinquances qui empoisonnent le plus souvent la vie quotidienne des Français ne sont pas des violences interpersonnelles, mais des vols et des cambriolages. Ces atteintes à la propriété représentent les deux tiers de la totalité des crimes et délits enregistrés par la police chaque année, et l'on sait combien l'accroissement des inégalités sociales leur sert de creuset. »

Un diagnostic qui mérite d'être nuancé, mais qui peut servir de base de discussion. Il existe, en effet des secteurs de nos sociétés dans lesquels les conditions de la vie ordinaire se sont gravement détériorées, à la fois dans l'absolu et relativement à l'aisance et à la sécurité tapageuses dont jouissent les classes privilégiées. Ainsi, des statistiques globales pourraient masquer des disparités considérables entre les classes aisées qui vivent généralement plus en sécurité qu'il y a quelques décennies et les pauvres qui subissent une dégradation considérable de leurs conditions de vie non seulement matérielles, mais aussi sociales.

Le chômage de masse et la pauvreté galopante dans ces anciennes cités ouvrières que sont les quartiers HLM des grandes villes ont créé le terreau de l'errance de toute une fraction de la jeunesse, laissée à l'abandon, et du développement d'activités délictueuses ou franchement criminelles. À la pauvreté, ajoutons le mépris social et le racisme tant sous ses formes directes (injures, contrôles policiers au faciès) que dans les discriminations de toutes sortes, à l'embauche, pour les logements, etc. Ce qui est surprenant, ce n'est pas ce phénomène lui-même, c'est que, somme toute, il reste finalement si peu développé. Du moins dans les pays de la « vieille Europe ». On sait qu'il n'en va pas de même aux États-Unis ni en Russie, en Afrique du Sud ou au Brésil, pour ne citer que les plus connus de ces pays où la guerre de chacun contre chacun reste la règle.

Après la droite, spécialiste du tchatcha de l'insécurité, toute une partie de la gauche a embouché les mêmes trompettes. Il faudrait en finir avec « l'angélisme » d'une gauche qui voyait dans la prévention et l'éducation le remède. Le mythe américain de la « tolérance zéro » frappe tous azimuts. Le résultat en est connu : les dispositifs répressifs se sont considérablement alourdis, les prisons sont surpeuplées, notamment de petits délinquants à qui il faudrait précisément éviter de côtoyer les grands criminels. La Déclaration des droits de 1789 précisait :

> **Article VIII** – La loi ne doit établir que des peines strictement et évidemment nécessaires, et nul ne peut être puni qu'en vertu d'une loi établie et promulguée antérieurement au délit et légalement appliquée.

L'inflation des lois s'accompagne de l'inflation des peines – même si elles sont parfois inapplicables – et entraîne l'inflation de l'action policière (surtout quand, comme dans le plan quinquennal soviétique, les policiers fonctionnent au « chiffre »). On apprend, dans la presse, qu'un préadolescent pris à voler une tablette de chocolat dans un supermarché peut être mis en garde à vue et sa famille voir l'autorité parentale confiée à un agent de la justice, baptisé « référent ». On n'en revient pas encore aux galères pour le vol d'un pain, mais on s'en rapproche chaque jour un peu plus dangereusement. Et nous n'avons pas de Victor Hugo pour parler de nos misérables.

Les révolutionnaires d'antan considéraient que la voyoucratie n'était qu'une des conséquences de l'organisation sociale fondée sur la propriété privée. Évidemment, si on abolit la propriété privée, les voleurs disparaîtront immédiatement, puisque le vol ne peut se définir que relativement à la propriété. Mais ce proudhonisme un peu simpliste n'est pas très satisfaisant. Encore qu'on doive noter les effets pervers incontestables des efforts déployés pour protéger la propriété : comme il est devenu de plus en plus difficile de voler les voitures, les spécialistes de la revente des véhicules de luxe doivent maintenant agresser le chauffeur pour lui voler ses clés et s'enfuir en l'ayant préalablement mis hors d'état d'appeler la police, car le temps est loin où l'on pouvait démarrer une voiture avec deux pinces crocodiles ! D'où les statistiques récentes qui témoignent d'une inquiétante montée de la violence sur les personnes. La violence contre les personnes devrait ainsi être considérée non pas comme distincte des atteintes à la propriété, mais comme une conséquence de celles-ci.

Quoi qu'il en soit, même dans une société sans propriété capitaliste des moyens de production, on devrait assurer une propriété privée et celle-ci devrait être protégée tout comme les personnes doivent être protégées dans leur intégrité physique puisque la propriété privée individuelle est étroitement liée à la propriété de soi-même. Donc, même si la question de l'insécurité est agitée idéologiquement, manipulée pour mieux manipuler, elle reste et surtout restera, même avec une société bien mieux organisée que la nôtre, une question sérieuse. Il faut seulement la poser correctement. Quand on dit que la sécurité est la première des libertés, ce n'est au mieux qu'une pirouette verbale : la sécurité est un impératif qui, qu'on le veuille ou non, limite la liberté dans la mesure où elle confie à un corps spécial la protection des citoyens. Ce corps spécial doit disposer des moyens de faire respecter l'ordre – il a le « monopole de la violence légitime » comme dirait Weber – et par conséquent, il est déjà potentiellement en mesure d'abuser de ces droits spéciaux contre les citoyens, honnêtes autant que malhonnêtes. Certes, le policier qui arrête le voyou qui était en train d'agresser une vieille dame protège la liberté de la vieille et son ingérence dans la liberté de manœuvre du voyou ne peut pas être raisonnablement comprise comme une atteinte à la liberté – ici l'argumentation républicaniste en faveur d'un État protecteur est pleinement légitime. Mais cela n'empêchera pas que se pose la question de la protection des citoyens contre les abus de la police – des abus qui peuvent même être commis « pour la bonne cause ». Dans une série policière télévisée, *Boulevard du palais*[61], le sympathique commissaire Rovère, alcoolique tourmenté, défenseur de la veuve, de l'orphelin et des prostituées violentées par leur mac, n'hésite pas à prendre d'assez nombreuses libertés avec le Code de procédure pénal en vue de mettre les coupables sous les verrous et de blanchir les innocents injustement accusés. Bien que les aventures de l'inspecteur

---

61. Les personnages de cette série ont été créés par le regretté Thierry Jonquet.

Harry Callahan qui ont fait la célébrité d'acteur de Clint Eastwood aient souvent été vues – de gauche – comme une apologie fasciste de la violence policière et de la légitime défense, il se pourrait bien que Harry Callahan et Rovère soient plus proches l'un de l'autre qu'on ne le croit d'ordinaire. Ils incarnent tous les deux cette très dangereuse tentation de toutes les polices : défendre la loi et la justice en violant la loi et les droits fondamentaux des citoyens. Et j'ai pris ici des exemples de fiction, des policiers animés par des sentiments de justice, incorruptibles et insensibles aux charmes du carriérisme ! C'est-à-dire que j'ai souligné les questions qui se posent même dans les conditions les plus favorables. On peut comprendre ce qui se passe dans les conditions réelles, généralement moins favorables.

Il y a un conflit, insurmontable, entre liberté et sécurité : il faut des gardiens pour protéger la liberté des braves gens, mais qui va garder les gardiens ? Posons la question de cette manière et cessons de raconter des contes pour les petits enfants ; c'est seulement ainsi que l'on pourra alors arbitrer en toute connaissance de cause entre des exigences également légitimes, mais en conflit. Cependant, la logique des politiques publiques de sécurité actuelles n'est pas de poser le problème en ces termes, elle est d'engloutir toutes les libertés dans cette seule et unique pseudo-liberté qu'est la sécurité.

Contrôle des corps : la biométrie

Tant de pages ont été écrites sur l'assujettissement, le contrôle des corps et le biopouvoir, tant d'essais savants, que j'hésite à rajouter quelques paragraphes sur ce sujet. Mais il le faut bien. Michel Foucault, indépendamment des conclusions qu'il en tire et que l'on peut discuter, a eu le mérite de mettre en lumière la modification fondamentale qui s'opère à l'époque moderne quand on passe de la politique classique qui se contente de la menace de mort pour obtenir l'obéissance, à la biopolitique qui gère la production et la reproduction de la vie. Des statistiques de la population (chez Buffon, dans son *Histoire naturelle*, par exemple) à l'hygiène publique en passant par les traités d'éducation des jeunes gens – inclus les délires de Tissot – c'est bien tout un nouveau régime de contrôle des populations qui se met en place. Sur le plan du contrôle répressif, le grand tournant est l'introduction des empreintes digitales. La technique d'identification des individus par l'apposition des empreintes du doigt a été inventée par un administrateur colonial britannique aux Indes et perfectionnée ensuite par Francis Galton, cousin de Darwin et promoteur de l'eugénisme. Elle s'inscrit complètement dans le développement de ces techniques de contrôle des corps qui se développent avec les temps modernes et l'essor du mode de production capitaliste.

Avant l'invention des méthodes de la biométrie, l'identité d'un individu – c'est-à-dire son identité au regard de l'ordre politique – dépendait uniquement de la coutume (tout le monde le connaît dans le village, par exemple) ou des attestations écrites : je possède un papier officiel, dûment signé, qui atteste que je suis bien celui que je prétends être. Que le registre où sont inscrits les naissances, les mariages et les décès s'appelle « état civil », c'est là une dénomination exacte, car un « état civil » au sens des théories du contrat social, de Hobbes ou de Rousseau, est un texte dans lequel sont inscrits les noms des êtres humains participant au « corps politique » et cette inscription en fait des personnes, c'est-à-dire des sujets de l'ordre civil, qui, autrement, ne seraient que des individus indistincts dans l'ordre naturel. Les hommes ne sont pas un troupeau parqué sous la conduite d'un berger. Les hommes sont des animaux parlant et le droit ne fait que dire cela. En tout cas, c'est ainsi que, d'Aristote aux théoriciens modernes de la politique, l'on voyait la condition politique de l'homme. Avec l'invention des empreintes digitales, ce ne sont plus des écrits qui font l'homme, mais quelque chose qui le marque dans sa chair. Les condamnés, dans les temps anciens, étaient marqués au fer rouge ; les nazis ont généralisé le procédé en tatouant d'un numéro matricule les déportés, voués le plus souvent à l'extermination. Mais la société contemporaine n'a même plus besoin de ces procédés barbares, dénués de la moindre sophistication technique. Elle cherche dans chaque individu les traits naturels qui deviennent par l'intermédiaire des moyens de la biométrie autant de marques indolores : une gestion du troupeau bien plus efficace.

Car les empreintes digitales n'étaient que la première étape d'un processus qui s'est développé avec l'informatique et la reconnaissance d'images. Tant que les empreintes digitales sont prises par l'officier d'état civil qui s'occupe de délivrer un passeport ou par le policier dans le cadre d'une interpellation, on reste dans l'artisanat, d'autant que comparer les empreintes d'un suspect à celles dont on dispose quelque part dans un dossier quelconque, cela reste une affaire compliquée et l'on ne peut mettre en œuvre tous les rouages complexes de la machine policière que dans le cadre d'une enquête criminelle. Mais avec l'informatique, combinant les bases de données, la numérisation des images, la reconnaissance d'image et les communications en réseau, on n'a pas seulement un changement quantitatif, mais un changement qualitatif, qu'exprime bien l'empreinte ADN. On revient plus loin sur le sens de cette obsession de l'ADN ou du « code génétique », révélatrice de la « conception bouchère de l'humanité » (toujours le troupeau). Pour l'heure, la police, sous tous les prétextes, se constitue des fichiers de suspects potentiels. En effet, comme dans *Le Cercle rouge*, « les hommes sont tous coupables ».

Car la biométrie se généralise. Une méthode beaucoup plus simple que les empreintes digitales ou les empreintes ADN est celle de la reconnaissance de l'iris. Elle peut même être mise en place à l'insu des personnes concernées. Apparue dans les films de science-fiction, elle se généralise notamment pour ce qui concerne les autorisations de circulation dans les locaux sous surveillance ou dans la sécurité informatique : plus besoin de mot de passe que l'on peut oublier ou qui peut être piraté : l'utilisateur regarde droit dans les yeux son ordinateur !

Dans le roman *Un bonheur insoutenable*, Ira Levin[62] imagine une société heureuse, débarrassée de la misère, des conflits, de toutes les formes de violence, y compris celles qui naissent de la pulsion sexuelle

---

62. LEVIN (Ira), *Un bonheur insoutenable*, Éditions J'ai Lu, 2003.

désormais placée sous contrôle étatique. Les individus qui violent la loi ne sont plus considérés comme des criminels à punir, mais comme des frères ou sœurs malades et qui doivent être soignés. Pour éviter tout désordre qui mettrait en péril cette société harmonieuse, les individus sont équipés dès leur naissance de bracelets électroniques qui doivent régulièrement passer dans des lecteurs permettant d'identifier la position du porteur de bracelet. La réalité d'aujourd'hui se calque sur la science-fiction d'hier.

Il existe beaucoup d'excellentes raisons pour développer ces technologies de la biométrie : personne ne peut vouloir que les criminels restent impunis ou que les innocents soient pris pour des coupables ; la sécurité des installations industrielles, de transport ou de télécommunications est à l'évidence un impératif bien plus rigoureux qu'il ne pouvait l'être il y a un siècle ou deux. L'intégration de tous les systèmes techniques à l'échelle mondiale entraîne des contraintes pour lesquelles on trouve des solutions techniques qui, à leur tour, renforcent cette intégration. L'industrie du nucléaire et les télécommunications offrent de bons exemples de ces processus. Dans ce mécanisme qui se renforce de lui-même, la liberté, dans son sens le plus immédiat, est inéluctablement broyée. Les avantages techniques se paient au prix fort. C'est encore un point sur lequel Rousseau avait clairement perçu le potentiel d'asservissement et non de libération du « progrès des sciences et des arts ».

Extension indéfinie du domaine de la loi et régression de la civilité

En vérité, la question de la sécurité n'est pas une fausse question, une manœuvre propagandiste de diversion orchestrée par la droite, ainsi que le pensent beaucoup de gens de gauche, mais une question fondamentalement mal posée, posée de manière pervertie par les uns comme par les autres.

La montée de l'insécurité et la montée du sentiment d'insécurité (deux expressions sans doute vraies et corrélées) découlent d'une cause sociale fondamentale qu'il faut essayer de comprendre : le triomphe presque total du capitalisme. Dans la société du XIXᵉ siècle, l'ensemble de la formation sociale est dominée par le mode de production capitaliste, qui est encore loin d'avoir pénétré toute la société. La famille – et notamment bourgeoise – fonctionne selon des règles qui ne sont pas celles du mode de production capitaliste, c'est-à-dire de la conversion de toute richesse et de toute valeur sociale en équivalent général, autrement dit en valeur ayant cours sur un marché. La grande transformation, accomplie au cours du XXᵉ siècle, soumet presque toutes les sphères de la vie sociale à la domination de la logique du capital.

Expliquons-nous : toutes les sociétés de classes connues reposent sur l'extorsion du surplus social par une ou plusieurs classes dominantes ; ce sont donc des sociétés d'exploitation. Ce n'est donc pas cela qui permet de caractériser spécifiquement le mode de production capitaliste – les sociétés anciennes s'y entendaient aussi à extorquer le surplus social à leurs esclaves, à leurs serfs ou même à leurs bourgeois condamnés à payer la dîme et autres impôts dont les classes dirigeantes étaient exemptées. Historiquement, le capitalisme n'est pas non plus l'organisation sociale la plus répressive. Bien au contraire, il a souvent fait de la liberté la bannière de son extension intensive et extensive. Il use, certes, de la répression, même la plus cruelle quand il le juge nécessaire. Il peut céder provisoirement les commandes à des hordes de tueurs (les escadrons de la mort) ou s'en remettre à un « sauveur suprême » quel qu'en soit le coût. Mais pour le capitalisme, le régime normal, le moins coûteux, en tout cas, c'est la démocratie. Le mode de production capitaliste se caractérise par la transformation de toutes les relations sociales en relation entre des choses mesurées selon leur valeur (marchande). Là où les relations sociales étaient réglées par la tradition, par les croyances magiques, par les conventions, par les rapports de force, par les liens du sang ou ceux de la passion, le mode de production capitaliste a substitué une seule loi : la loi de la valeur. La richesse de nos sociétés se présente comme une immense accumulation de marchandises, dit Marx dès les premières lignes du *Capital*. La loi de la valeur s'exprime par la toute-puissance conférée à l'équivalent général, c'est-à-dire l'argent.

Georg Simmel[63] a montré la dynamique libératrice de l'échange monétaire. Le possesseur de blé ne peut échanger son blé contre un habit que s'il trouve un producteur d'habit amateur de blé ! Le possesseur d'argent peut acheter ce qu'il veut et à qui il veut. Quand le serf commence à payer ses corvées et tributs en argent, il commence à se libérer du servage. L'argent défait toutes les relations de subordination traditionnelles. Paradoxe fort bien exposé par Simmel : la circulation monétaire développe les intrications entre les activités de tous les individus, mais, en même temps, elle rend chacun moins dépendant des autres individus. Dépendant de tous, on finit par ne dépendre de personne. Le médium neutre qu'est l'argent neutralise toutes les relations personnelles. Simmel voit les effets négatifs que peut avoir ce développement de la relation monétaire, mais, en héritier des Lumières, il y voit surtout le progrès de la liberté, dans tous les sens que l'on peut donner à ce terme. Que les rapports entre les hommes deviennent des rapports entre les choses, ils y gagnent en objectivité, estime Simmel.

Certes, les choses ne déterminent pas elles-mêmes mutuellement leur valeur. Nous sommes là, comme l'analyse Marx dans un chapitre célèbre de la première section du *Capital*, en plein fétichisme de la marchandise : les rapports entre les hommes prennent la forme fantastique de rapports entre les choses. Cette fantasmagorie ne peut pourtant être dissipée en montrant le réel, comme on dissipe les illusions du magicien en exhibant ses « trucs ». L'échange des choses à leur valeur, cet échange très ancien qui ne prend toute sa réalité qu'avec le plein développement du mode de production capitaliste, est un processus d'abstraction. La chose-marchandise est réduite à sa valeur, abstraction faite de ses qualités physiques et son usage : si une bouteille de cognac est échangée contre une bible, peu importe qu'une

---

63. Voir SIMMEL (G.), *Philosophie de l'argent*, PUF, 1987, coll. « Quadrige », 1999, traduit de l'allemand par S. Cornille et P. Ivernel.

satisfasse des besoins spirituels et l'autre des besoins en spiritueux, seule compte l'opération qui permet d'écrire « x marchandise A = y marchandise B = z onces d'or ». Les qualités sont ramenées à la pure quantité. Mais du même coup, il importe peu que les marchandises aient été fabriquées ici ou là, qu'elles aient demandé tel travail concret, particulier, telle quantité de sueur et telle habileté. Les marchandises ne sont des marchandises qu'en tant qu'elles cristallisent non du travail humain, mais du travail abstrait, du travail sans qualité. Ce processus transforme radicalement tous les rapports sociaux qui sont ainsi marqués au sceau de cette abstraction. Pas un Occidental normalement moral ne ferait travailler chez lui dix heures par jour et six jours par semaine des adolescents pour un salaire de misère. Mais le même Occidental, même muni de tous les préceptes de la morale de Kant, achètera sans aucun remords de conscience le dernier gadget électronique à la mode qu'un constructeur américain fait fabriquer en Chine. Pourquoi est-ce possible ? Tout simplement parce que le rapport social a disparu : on achète valeur contre valeur des marchandises qui cristallisent du travail abstrait, pas du travail humain, concret, pas de la sueur et de la souffrance.

L'échange marchand, en tant que processus d'abstraction, fait perdre tout caractère concret aux relations sociales les plus fondamentales, celles par lesquelles sont produites et reproduites les conditions de la vie humaine. Dès lors, les normes morales apparaissent elles-mêmes tout à fait abstraites. Elles ne sont plus les conditions nécessaires à la vie de la communauté, mais des règles extérieures qu'on essaie parfois d'imposer tant bien que mal. Si les *business ethics* ne méritent guère qu'un grand éclat de rire, c'est parce que tout le monde sait que l'éthique n'a rien à voir avec les affaires – sauf quand l'éthique devient un argument de vente pour les « entreprises éthiques » (encore un oxymore très prisé) et le « commerce équitable » – on nous aurait donc caché que le commerce pût être inéquitable…

Dans un monde où « tout s'achète et tout se vend » (qu'on excuse ici ce lieu commun), où l'on apprend aux demandeurs d'emploi les astuces pour « savoir se vendre », il n'y a plus de place pour ce que ces auteurs classiques nommaient *amitié civique*, car l'amitié et les affaires ne font jamais bon ménage ! Notre société n'est certainement pas plus violente que les sociétés traditionnelles, mais ce qui s'est radicalement effondré, c'est la civilité, c'est-à-dire l'ensemble de ces rituels et de ces interdits par lesquels les individus se reconnaissaient les uns les autres comme des humains ayant un monde commun. La chose est d'autant plus étonnante et nous laisse d'autant plus désemparés que nous pensions que la démocratie et les progrès de l'égalité de droit et de l'égalité des conditions devaient au contraire généraliser cette civilité qui ne s'imposait vraiment qu'entre égaux ou dans les relations des inférieurs envers les classes supérieures.

Dès lors que la richesse sociale se réduit à une immense accumulation de marchandise, disparaît l'existence même d'un monde commun – c'est même un des effets les plus frappants de la prétendue « mondialisation ». On pourrait ici en accumuler les symptômes.

– C'est d'abord la banalisation de la grossièreté dans l'expression, même publique. L'évolution de la vie politique est, à cet égard, très révélatrice. L'égalité des sexes a aussi accompli des « progrès » dans ce domaine : les filles jurent désormais comme des charretiers en faisant régulièrement référence à des attributs masculins que pourtant dame Nature ne leur a point prodigués ;
– C'est ensuite la perte de la civilité ordinaire comme la galanterie ou le respect des anciens (tous promus au rang de « vieux cons ») ; et plus généralement la destruction de ce rapport à l'autorité qu'a analysé avec tant de finesse Hannah Arendt[64] ;
– Mais c'est aussi la solitude croissante des individus, notamment dans les grandes villes, une solitude d'autant plus paradoxale que les moyens de communication se multiplient. Alors que la vie monacale est complètement dévalorisée, que la cohabitation entre hommes et femmes (ou entre personnes du même sexe) est devenue extrêmement

---

64. Voir « Qu'est-ce que l'autorité ? », in *La Crise de la culture*. « L'autorité n'existe plus », dit Hannah Arendt.

facile, il n'y a jamais eu tant d'individus vivant seuls. La possibilité qui est offerte à chacun de choisir ses loisirs dispense de participer aux manifestations collectives. La multiplication des chaînes de télévision et les programmes en VOD permettent à chacun de se faire son cinéma sans partager avec d'autres ses émotions.

Les individus, conformément aux principes de fonctionnement du mode de production capitaliste, se trouvent en concurrence. Et pas seulement en tant que patrons en concurrence pour les marchés. En tant que salariés, ils se font concurrence pour vendre leur force de travail. Concurrents, ils deviennent des rivaux et la rivalité, comme le dit Hobbes, conduit à l'état de guerre. Il suffit d'observer, c'est un classique, les comportements à la caisse du cinéma ou chez le boulanger : les gens font la queue et le resquilleur est durement rabroué. Les conducteurs, qui ne risquent pas la réprobation commune, zigzaguent pour passer les premiers au péage ou gagner trois places dans un bouchon. Respectueux de la loi dans la vie pédestre, pestant éventuellement contre les délinquants, celui-là au volant devient un voyou qui multiplie les appels de phares et méprise les distances de sécurité, car il faut lui faire de la place pour que sa puissante machine exhibe la puissance du seigneur (et du saigneur) de la route.

La destruction du monde commun conduit ainsi à l'affaissement de la morale commune, cette morale spontanée distincte aussi bien du droit que de la pure moralité subjective à la manière kantienne. Hegel fait de cette moralité ordinaire, les « bonnes mœurs », selon certains traducteurs de Hegel, l'indicateur le plus pertinent du niveau de développement de la civilisation. Si l'on applique le critère hégélien, il est clair que nous assistons aujourd'hui à une régression de la civilisation.

Il ne faut pas chercher ailleurs les causes de cette prolifération extraordinaire du droit et de la chicane. Ce qui pouvait se régler en suivant le bon sens et l'*éthos* commun ne peut plus l'être que par l'intervention du droit et l'administration de la justice. Vico fait cette remarque pertinente que les Romains de l'Empire multiplièrent les lois, alors que la République n'avait qu'un tout petit corpus législatif. La raison en est que les individus ayant perdu le sens du bien commun, devenus de plus en plus égoïstes, étaient devenus de plus en plus chicaniers et, selon le philosophe napolitain, un tel état d'esprit préfigurait directement la décadence et la chute de la civilisation des Romains. Le parallèle avec notre époque ne peut manquer d'être fait. Pour Vico, cette évolution et cette perversion du « droit des hommes » préfigurait un nouveau cycle historique où, en vertu de la loi du *ricorso*, doit revenir l'âge des barbares.

Il est un paradoxe à souligner. Dans toute l'Histoire jusqu'à nos jours, ville et civilité vont de pair. Être « urbain », c'est vivre en ville, mais c'est aussi connaître les bonnes manières, à la différence du rustre, grossier et *mal poli* (c'est-à-dire pas suffisamment « policé » pour vivre dans une *polis*). La ville moderne est en train de renverser cette antique loi. La ville moderne n'est plus le lieu où l'on est avec les autres, où l'on fait société, elle est le lieu où l'individu est irrémédiablement seul. Pour donner une idée de ce qu'est « l'état de nature », c'est-à-dire l'état de guerre de chacun contre chacun, Hobbes évoque « les sauvages des Amériques ». Aujourd'hui la grande ville moderne en donnerait une image beaucoup plus exacte. Le sauvage par son étymologie (*silva*) désigne l'homme qui vit dans les forêts. C'est pour cette raison que l'écrivain américain Upton Sinclair a stigmatisé le capitalisme en titrant son roman le plus connu *La Jungle*. Cette inversion des valeurs, cette transformation de la ville, lieu de la civilité et de la sûreté, en lieu de la sauvagerie n'est pas un phénomène récent. La ville a toujours eu ses bas-fonds et ses coupe-gorge qui formaient le négatif nécessaire de l'ordre imposé partout ailleurs. Les « banlieues » étaient le lieu des bannis et les « fortifs » de Paris étaient le terrain des « Apaches ». Mais toute cette mythologie, de François Villon à *Casque d'or* de Becker, n'a plus aucun rapport avec la ville moderne. La délinquance n'est plus le négatif des valeurs urbaines, elle est l'expression caricaturale des principes sur lesquels fonctionne la société dans son ensemble. Si l'activité possédant la plus haute valeur est celle qui consiste à gagner de l'argent, comment s'étonner que ceux qui n'ont pas les moyens de s'enrichir légalement grâce aux mille et une roueries de la spéculation financière le fassent par d'autres moyens ? Si la possession d'une grosse berline allemande est le symbole de la vie réussie, qu'importent les moyens pour y parvenir. On leur fera la morale ? Mais de quel droit ? Essayez de faire la morale à un financier, essayez de lui faire honte en lui faisant remarquer qu'il jongle avec des milliards de dollars et qu'on ne parvient pas à trouver quelques centaines de millions de dollars pour empêcher les enfants du Mali, du Niger ou du Tchad de mourir de faim ! le financier vous rira au nez en vous faisant remarquer que l'ordre moral et l'ordre capitaliste n'ont rien à voir l'un avec l'autre et que l'efficacité du capitalisme demande uniquement que l'on suive les règles du capitalisme. Qu'importe si les enfants meurent de faim ! *Mezza voce*, notre homme aux dollars murmurera que ces gens-là « n'avaient qu'à faire comme nous ». La loi de la jungle, « la sélection des plus aptes » selon les critères du darwinisme social, dans un monde gouverné non par les principes moraux, mais par les « gènes égoïstes » de Dawkins : tels sont les principes ultimes qui légitiment la soumission *perinde ac cadaver* à la loi de la valeur. Mais ces principes s'appliquent, sans changement, à l'ordre mafieux et au banditisme sous toutes ses formes. « Les ouvriers sont des cons » répète Sonny, le chef mafieux du quartier dans le film de Robert de Niro, *Un conte du Bronx*. Ils sont des « cons » parce qu'ils se contentent de travailler dur et de respecter les valeurs d'honnêteté, de loyauté et le sens du travail bien fait. L'homme aux dollars, comme le Sonny du film, est bien plus « intelligent » et il mérite donc, selon les critères du mérite admis dans la société capitaliste, de gagner beaucoup d'argent et de disposer du pouvoir.

La proximité entre les classes dominantes et les bandits n'est sans doute pas propre au capitalisme. On avait déjà pu la noter dans le féodalisme : le chevalier et le bandit d'honneur ne sont pas très éloignés : Robin des Bois raconte même l'inversion des valeurs puisque le véritable homme d'honneur est le hors-la-loi, alors que les hommes du roi sont des bandits répugnants. Les samouraïs étaient aussi des mercenaires prêts à soutenir toutes les causes, et le code de l'honneur est très ambigu. Mais c'était une proximité en quelque sorte naturelle puisque ces classes dominantes féodales ne devaient pas leur domination au rôle dirigeant exercé dans la production, mais seulement à leurs faits d'armes et à leur capacité à imposer par la force leur propre domination sur des populations généralement désarmées. Le prélèvement du surplus social qu'elles opéraient se faisait directement sous une forme qui s'apparente au pillage. À ses origines, la mafia sicilienne était tout simplement une forme de système féodal – voir le roman fameux de Luigi Natoli, *La Mort à Messine – Histoire des Beati Paoli*. Le capitalisme à ses débuts s'est présenté au contraire comme un mode d'organisation sociale dans lequel seuls sont récompensés le travail et le sacrifice des jouissances terrestres[65]. Marx et Braudel nous apprennent, certes, que les bases du développement capitaliste ne sont pas le travail ni les sacrifices du petit-bourgeois, mais le commerce lointain fondé sur le monopole royal et le pillage des peuples colonisés : le capitalisme est venu au monde suant par tous ses pores la boue et le sang, disait Marx. Pourtant, le mode de production capitaliste, quand il commence à trouver ses bases propres, ne fonctionne pas sur le pillage direct, mais sur les mécanismes de production de la valeur. Il a besoin des préconditions morales analysées par Weber. Mais nous sommes arrivés au point où les valeurs qui rendent possible le mode de production capitaliste sont en contradiction avec le mode de production capitaliste proprement dit. Les idéaux moraux proposés par le système – par exemple dans la publicité ou les loisirs destinés à la jeunesse – sont en opposition brutale avec « l'éthique protestante » du travail et du sacrifice qui se trouve au cœur du processus de mise en valeur du capital.

Cette contradiction se développe encore sous une autre forme. Le capitalisme présuppose que la propriété privée est sacrée et, en même temps, il ne peut fonctionner que sur l'expropriation accélérée de la

---

65. Cf. WEBER (Max), *L'Éthique protestante et l'esprit du capitalisme*, Gallimard, 2003, coll. « Tel », trad. Jean-Pierre Grossein.

propriété privée capitaliste. Certaines grandes fortunes familiales ont traversé les époques (en France, on pense à la famille Peugeot, à Michelin, et, pour les plus récentes, Bolloré, Lagardère, Pinault, etc.), mais dans le même temps d'innombrables patrimoines capitalistes ont sombré corps et biens. Du patronat des filatures du Nord ne survit que la famille Mulliez qui a su prendre à temps le tournant en passant de la production à la commercialisation. « L'expropriation des expropriateurs » n'est donc pas une utopie marxiste, mais un processus qui se répète sous nos yeux chaque jour. La condition de la survie du capitalisme est même ce processus d'expropriation d'une partie des capitalistes parce qu'ils ne peuvent plus organiser la mise en valeur du capital avec un taux de profit suffisant. Le caractère sacré de la propriété privée est donc contradictoire au plus haut point. D'un côté, sous la domination du capital le seul droit de l'homme véritablement pris au sérieux est le droit de propriété, mais d'un autre côté jamais société n'a fait aussi peu de cas de la propriété que la société capitaliste. Le patrimoine fait de choses qui rappellent l'existence de la lignée, la manière dont chaque génération a inscrit son empreinte dans le monde, n'a pratiquement plus aucune importance : ce qui importe, c'est le capital et il doit circuler, se métamorphoser sans cesse pour continuer de s'accroître sous peine de périr.

Ces contradictions qui affectent les fondements mêmes de la société, les rapports sociaux de production, expliquent l'impossibilité d'une éthique commune substantielle qui puisse garantir spontanément le maintien des relations sociales de base. Faute de pouvoir fonder l'*ethos* propre aux sociétés contemporaines, les philosophes libéraux mettent leur confiance dans les théories procédurales de la morale (Rawls en est l'exemple le plus intéressant) qui pourraient servir de base à des théories procédurales du droit, d'un droit définitivement débarrassé de toute référence au bien et aux valeurs éthiques. Si Rawls garde l'espoir que l'acceptation des principes de base de la théorie de la justice puisse former, l'habitude aidant, les bases d'un *ethos* libéral, ce souci disparaît chez les partisans de la morale minimale ou de la morale par agrément.

Alors que certaines contraintes morales semblent beaucoup plus fortes qu'elles n'étaient par le passé – on ne se moque plus des handicapés –, on est souvent conduit à diagnostiquer un véritable effondrement du surmoi. Les traditionnelles barrières psycho-sociales qui inhibent le passage à l'acte ou, au moins, produisent des remords semblent ne plus exister et il ne s'agit pas seulement de criminels endurcis, mais de tout jeunes gens. La presse et les autorités parlent alors volontiers des « barbares » ou de la « racaille » (termes que les individus ainsi désignés reprennent souvent à leur compte). Mais les barbares de l'Antiquité étaient des étrangers (ceux qui ne parlaient ni la langue des Grecs ni celle des Romains) dont la civilisation était profondément différente de celle du monde gréco-romain. Les « barbares » d'aujourd'hui ne sont nullement des étrangers. Ils parlent exactement la langue que parlent (depuis peu) les dirigeants politiques et les médias. Leurs « valeurs » sont les valeurs de la société dans laquelle nous vivons. Leur mode de vie n'est pas extérieur au mode de production capitaliste, il en est une partie intégrante – entre le petit *dealer*, le *trader* bourré à la cocaïne et la grande banque dont une part non négligeable de l'activité provient du recyclage de l'argent de la drogue, il existe une solidarité essentielle. Le viol en bandes par des jeunes encore presque gamins n'est pas non plus un phénomène extraordinaire : les images de la sexualité véhiculées par le porno en libre diffusion sur Internet affectent très profondément la formation de la sexualité objectale chez des adolescents qui sont précisément et très naturellement travaillés par « ça ». De même, on commence à mesurer l'influence profondément délétère des jeux vidéo ultra-violents sur la capacité de discernement de jeunes esprits qui restent, de manière très anormale, dans le sentiment de la toute-puissance infantile qu'aucune loi ne vient borner.

Pourtant, et ne serait-ce que pour la bonne marche des affaires, les classes dominantes ne peuvent pas se résigner à la délinquance qu'elles provoquent. Elles doivent donc réprimer et multiplier les lois permettant d'assurer un contrôle à peu près complet sur la société. Et plus le capitalisme se développe sur l'arène mondiale, plus il s'émancipe des États nations, plus les individus sont « libérés » des entraves communautaires anciennes, plus ils sont au fond des individus sans appartenance, plus se développeront, concomitamment, les processus de « dé-civilisation », pour reprendre une expression d'Alain Finkielkraut, et la surveillance policière avec tout l'arsenal répressif. Comme souvent, les commentateurs ne voient qu'un côté du processus. À gauche, on s'en prend à l'État policier sans comprendre que cet État policier n'est que le pendant nécessaire de la « dés-institutionnalisation » appelée de ses vœux et approuvée par la « gauche sociétale ». De l'autre côté, les « réalistes », revenus de leur « angélisme » passé, partant du constat de la « dé-civilisation », finissent par approuver la surveillance généralisée et la multiplication des lois contrôlant toutes les activités individuelles sans être capables de comprendre que la cause de la « dé-civilisation » réside d'abord dans la politique et le système économique à qui l'on demande de restaurer les conditions d'une vie civile acceptable.

Crise et effondrement de la pensée libérale contemporaine

La pensée libérale contemporaine repose sur des présuppositions qui en assurent la cohérence : la seule liberté digne de ce nom est la liberté de n'être pas empêché d'agir ou liberté de non-ingérence ; l'État doit intervenir seulement quand cette intervention est strictement nécessaire (c'est « l'État veilleur de nuit ») et laisser aux contrats passés entre personnes privées le soin d'arranger l'ordre de la société civile. La liberté du marché, la liberté d'entreprendre et la possibilité pour chacun, selon son activité et ses atouts, de trouver légalement les moyens de satisfaire ses désirs égoïstes devraient permettre une vie civile paisible, avantageuse pour tous.

Mais cette utopie imaginée au XVIIe siècle n'a jamais fonctionné et ne fonctionnera jamais. Les égoïstes doivent être non envieux, c'est-à-dire former eux-mêmes leurs désirs, mais ne pas jalouser les autres – c'est l'une des conditions que l'on retrouve dans toutes les théories libérales de la justice. Or, comme Rousseau l'avait déjà remarqué, l'envie est un sentiment social fondamental. Dès que les hommes commencèrent à s'assembler dans une aire plus vaste que la famille,

> « Chacun commença à regarder les autres et à vouloir être regardé soi-même, et l'estime publique eut un prix. Celui qui chantait ou dansait le mieux ; le plus beau, le plus fort, le plus adroit ou le plus éloquent devint le plus considéré, et ce fut là le premier pas vers l'inégalité, et vers le vice en même temps : de ces premières préférences naquirent d'un côté la vanité et le mépris, de l'autre la honte et l'envie ; et la fermentation causée par ces nouveaux levains produisit enfin des composés funestes au bonheur et à l'innocence[66]. »

Rousseau tire les conclusions qui s'imposent : si ce premier état social ne peut produire que « des composés funestes au bonheur et à l'innocence », alors il est nécessaire de refonder l'état social en déterminant les conditions qui peuvent rendre légitime un pouvoir politique souverain. Dans une société de libre concurrence, les individus passent leur temps à se comparer et à s'envier les uns les autres. C'est même là le ressort magique que vantent les économistes libéraux. Il faut que ce que l'autre possède me fasse envie, même si je n'en avais jamais éprouvé le besoin pour que l'envie de « gagner plus » (éventuellement en travaillant plus...) impose sa loi. Le complément de l'envie est ici la honte : la honte, par exemple, du collégien n'ayant pas les mêmes chaussures « de marque » que son petit camarade de classe. Et celui qui n'aurait pas encore éprouvé cette honte l'éprouvera bien face au déferlement du mépris social qui l'attend. Si tous les individus ne sont pas prêts à s'emparer du bien d'autrui sans autre forme de procès, c'est parce qu'en vérité, le plus souvent, ils obéissent à une de ces morales que le capital détruit impitoyablement. C'est pourquoi, plus le capitalisme devient un capitalisme pur, débarrassé des vestiges des sociétés du passé à l'intérieur desquelles il a d'abord dû s'affirmer, et plus la violence latente de la concurrence tend à devenir

---

66. Voir *Discours sur l'origine et les fondements de l'inégalité parmi les hommes*.

une guerre ouverte, plus l'État doit intervenir, et pas seulement comme « veilleur de nuit ».

C'est pourquoi les libéraux d'aujourd'hui sont très embarrassés : ils sentent bien que l'évolution du capitalisme tourne le dos à leurs idéaux, mais doivent néanmoins voler au secours des instigateurs de l'État policier et de la monopolisation du pouvoir entre les mains d'entreprises politiques spécialisées dans l'occupation du pouvoir (comme le « parti Berlusconi » en Italie), car ce sont elles qui défendent le libre mouvement du capital. Voilà donc les libéraux contraints d'approuver la mise sur écoutes téléphoniques de tous les citoyens, l'ouverture du courrier (électronique), les intrusions les plus grossières dans la vie privée et la mise sous tutelle – « pour leur bien », cela va de soi – des citoyens traités comme des enfants. Le libéralisme a bien joué historiquement un rôle positif en promouvant les droits de l'individu face à l'État et en posant la question du contrôle de la puissance souveraine du politique, et il l'a fait en faisant valoir les nécessités du développement du capital considéré comme facteur de progrès non seulement économique, mais aussi social et moral. Mais cette époque est terminée. Les besoins du capital exigent que soient mises en pièces les libertés « négatives », les libertés « bourgeoises » diraient les marxistes, dont les libéraux étaient si fiers.

Pour terminer, il faut répondre à une objection : les philosophes jouent volontiers les Cassandre et annoncent le pire : l'âge d'or appartient au passé. On pourra toujours objecter que nous n'évitons pas ce travers et qu'au fond, les libertés sont plus amples aujourd'hui que jamais elles ne le furent par le passé. Certes, nous avons perdu nos passions (ou nos illusions) politiques mais, en matière de mœurs, de vie quotidienne, jamais les individus n'ont été aussi libres qu'aujourd'hui, c'est-à-dire jamais le poids de la société, de la tradition et de l'État n'a été aussi faible. Imaginez donc la *gay pride* sous Louis XIV ou même certaines émissions de télévision du temps du général de Gaulle ! Ces arguments ne manquent pas de poids… mais les comparaisons historiques sont toujours très discutables. Les partisans de la liberté négative devraient juger de l'étendue des libertés à la possibilité qu'a le citoyen d'échapper à la loi. De ce point de vue, la situation de notre époque est particulièrement catastrophique. Au fond, le citoyen n'est libre que tant que la possibilité de faire des faux papiers pour échapper à la police lui est encore ouverte. Or cette possibilité-là n'existe pratiquement plus. Potentiellement, l'État actuel est le plus tyrannique qu'ait jamais connu l'histoire humaine. Si cette potentialité n'est pas encore réalité, ce n'est peut-être que pour l'unique raison qu'il n'existe aucune force sérieuse qui conteste l'ordre existant. Imaginons une minute Hitler avec tous les moyens de la police moderne : toute résistance était anéantie d'avance. Il faudrait se rassurer en se disant que les gouvernements démocratiques n'abuseront pas des possibilités que leur donnent les moyens gigantesques de contrôle qui sont aujourd'hui à leur disposition : c'est du moins ainsi que s'expriment tous les gouvernants au moment de faire adopter telle nouvelle restriction des libertés, tel nouveau fichier informatique. En gros : dormez-en paix, nous, les bons bergers, nous veillons sur vous ! Pas un citoyen conscient ne devrait accepter de faire confiance aux gouvernants pour qu'ils n'abusent pas de leur pouvoir. Tout vrai libéral, lecteur de Montesquieu, sait que le pouvoir porte en lui-même l'abus de pouvoir et, en philosophie politique, il faut toujours commencer par raisonner sur les situations limites. Machiavel, le véritable fondateur de la pensée politique moderne, affirme que quiconque veut établir une constitution politique doit supposer « par avance que tous les hommes sont méchants et qu'ils sont prêts à mettre en œuvre leur méchanceté toutes les fois qu'ils en ont l'occasion [67] » ou encore, qu'ils sont « ingrats, changeants, simulateurs et dissimulateurs, lâches devant les dangers, avides de profits [68] ». Même si les optimistes peuvent penser que les affirmations de Machiavel ne sont pas vraies pour tous les hommes, il est à peu près certain – ce n'est pas là trahir l'esprit du très pénétrant Florentin –

---

67. MACHIAVEL (N.), *Discours sur la première décade de Tite-Live*, I, 3, in *Œuvres*, traduction Christian Bec, Robert Laffont, « Bouquins », p. 195.
68. MACHIAVEL (N.), *Le Prince*, chap. XVII, *op. cit.*, p. 152.

qu'elles sont absolument exactes pour les dirigeants, pour ceux que Machiavel appelle les « grands », qu'il définit d'ailleurs très simplement comme ceux qui gouvernent ou qui veulent gouverner et dont l'impulsion fondamentale est de vouloir tyranniser le peuple. Plus que jamais, nous devons nous pénétrer des leçons de Machiavel, en les complétant par les leçons de l'histoire du dernier siècle : fondamentalement, nos élites dirigeantes aspirent à quelque chose dont ne pouvaient même pas rêver les « grands » que connaissait Machiavel : la domination totale.

L'État de droit a d'abord été inventé comme un moyen de limiter l'absolutisme et de permettre aux nouvelles classes dirigeantes de s'assurer que l'argent des impôts était utilisé à bon escient, c'est-à-dire au profit de ces mêmes classes dirigeantes. Il se trouve que cette revendication est entrée en résonance avec les revendications antiféodales et anti-absolutistes des classes populaires, paysans, artisans, petits-bourgeois intellectuels, etc. et que nous avons eu les grands mouvements révolutionnaires du XVIIIe et du XIXe siècle. Mais cette résonance, et même cette union, étaient foncièrement équivoques et l'alliance de toutes les classes sous la direction des grands bourgeois (les Mirabeau et La Fayette pendant la Révolution française) ne pouvait durer. Toute l'histoire politique des deux derniers siècles peut se lire comme l'histoire des affrontements entre les divers blocs politiques qui s'étaient unis dans la lutte contre l'absolutisme. On trouvera chez Marx des analyses pénétrantes de ces conflits[69]. Nous sommes aujourd'hui dans une situation où les milieux qui se prétendent les représentants du libéralisme, c'est-à-dire essentiellement les représentants du capital financier et leurs commis politiques, ont délibérément renoncé à tout ce que le libéralisme classique avait de positif en matière de défense des libertés individuelles et du contrôle du pouvoir politique, opération conduite au nom de « l'État de droit ». Dans la période antérieure, la répression

---

69. Voir principalement *Les Luttes de classes en France – 1848-1851* et *Le 18 Brumaire de Louis Bonaparte*.

contre les mouvements sociaux révolutionnaires ou simplement sérieusement réformistes était conduite au nom de la « sécurité nationale », une notion qui légitimait les coups d'État militaires, la toute-puissance de la police politique et la torture institutionnelle des opposants, comme ce fut le cas dans les dictatures latino-américaines ou dans la Grèce des colonels, des régimes tous appuyés financièrement, militairement et logistiquement par les États-Unis, ces champions de « l'État de droit ». Mais dans le même temps, dans les pays les plus riches, on invoquait la social-démocratie ou le travaillisme, étiquettes que même la droite revendiquait parfois : ainsi Georges Pompidou dénonçait-il le communisme au nom de la social-démocratie de type suédois et Jacques Chirac, alors qu'il était le Premier ministre de Giscard, revendiquait son « travaillisme », ce qui n'était pas tellement usurpé, comparativement à la politique que pratiqueront Tony Blair ou Gordon Brown…

Cette dichotomie entre la dictature militaire pour les sous-développés et la « social-démocratie » pour les riches, correspondait à une époque d'affrontements sociaux sérieux où la classe dominante craignait (sans doute à tort !) pour sa propre domination. Ce n'est plus le cas depuis l'effondrement de l'Union soviétique et des pays de l'Est, interprété (à tort aussi) comme une victoire définitive remportée sur le « communisme ». La classe dominante pense pouvoir organiser une domination totale, idéologique, juridique, sociale et économique, en s'épargnant les faux frais d'un keynésianisme devenu bien trop coûteux et du recours à des méthodes trop violentes qui peuvent toujours provoquer des réactions d'indignation et parfois même des révolutions – ce qui n'est jamais bon pour les affaires. Le nouveau cocktail « libéralisme sociétal + contrôle généralisé » fonctionne pour l'instant plutôt bien. Il assure au système le soutien de la classe moyenne supérieure qui veut jouir en toute sécurité des avantages de sa situation sans avoir à subir l'ancien carcan en matière de mœurs. Il permet d'accélérer le passage à une société d'individus indépendants les uns des autres, les vieilles solidarités de classe ou de métier étant défaites. Mais du libéralisme au sens classique du terme, il ne reste presque plus rien.

Chapitre III
Dialectique du travail aliéné

La liberté n'est pas seulement menacée par des évolutions politiques qui voient le projet démocratique réduit à un vœu pieux, voire à une idéologie permettant de mieux déguiser la domination oligarchique dont nous avons montré quelques traits au chapitre précédent. Ce qui se joue dans la « superstructure politique » dépend dans une large mesure de ce qui se passe dans « la salle des machines », c'est-à-dire là où se produisent les conditions matérielles de l'existence humaine, autrement dit dans le procès de travail. Il y a deux décennies, on annonçait la fin du travail et nos malheurs ne venaient que de ce que nous ne comprenions pas sa disparition inéluctable[70]. On disait le travail « une valeur en voie de disparition[71] ». Le développement impérieux de l'industrie et des services dans les pays émergents a montré que les plectres ne jouaient pas tout seuls (comme dans le rêve aristotélicien) et que le capital est toujours aussi avide de travail à exploiter. La campagne présidentielle française de 2007 s'est largement déroulée sous le signe de la « valeur travail » : la « valeur en voie de disparition » faisait un retour brutal sur la scène publique.

---

70. Forrester (V.), *L'Horreur économique*, réédition LGF, Le Livre de Poche, 1999.
71. Méda (D.), *Le Travail, une valeur en voie de disparition*, Flammarion, réédition coll. « Champs », 1998.

Cet aller-retour de la « valeur travail » a eu pour effet d'éclipser la critique du travail comme travail aliéné qui était l'un des thèmes forts des années soixante. Si le travail est en train de disparaître, il est inutile de le critiquer, il faut seulement l'enterrer en grande pompe, et s'il redevient la valeur suprême, toute critique est mal venue. La critique du travail demeure, sous la forme de l'analyse des pathologies du travail. Mais il s'agit seulement d'améliorer les conditions de travail, de convaincre les patrons que le stress au travail est, tout compte fait, peu rentable et que le bonheur au travail est favorable à la productivité ! La critique radicale du travail se fait rare. Seuls quelques petits groupes, isolés de la masse des travailleurs, semblent en être les porteurs (par exemple, le groupe *Krisis* ou le courant de la *Wertkritik*).

Certes, dans la société actuelle, le « droit au travail » peut être revendiqué comme l'un des seuls droits sérieux puisqu'il s'identifie au droit de ne pas mourir de faim et au droit de bénéficier d'une existence sociale. Mais il s'agit précisément de la société actuelle, c'est-à-dire d'une société dont la crise patente ne peut être conjurée par les remèdes de la relance ou du néo-keynésianisme, car il s'agit d'une crise qui pousse à son acmé la contradiction entre « l'être générique » de l'homme et la situation qui lui est faite dans la société capitaliste, ou encore la contradiction insupportable entre producteur et travailleur. Il n'est pas de liberté possible tant que la plus grande partie du temps (et de très loin !) de l'immense majorité des humains est soumise à la tyrannie du travail.

Travail et production

Commençons par différencier ce qui doit l'être, autrement dit par sortir des confusions qui nous font prendre l'esclavage pour la liberté. Dans la Genèse, nous apprenons que le travail est la peine infligée à l'homme par suite de la faute (originelle) d'Adam et Ève. Travailler, c'est gagner sa vie à la sueur de son front, péniblement :

> « Il dit ensuite à l'homme : "Parce que tu as écouté la voix de ta femme et que tu as mangé du fruit de l'arbre que je t'avais défendu de

goûter, maudit soit le sol à cause de toi. C'est au prix d'un travail pénible que tu en tireras ta nourriture tous les jours de ta vie. Il te produira des épines et des chardons et tu mangeras de l'herbe des champs. C'est à la sueur de ton visage que tu mangeras le pain, jusqu'à ce que tu retournes à la terre dont tu as été tiré : car tu es poussière et tu retourneras dans la poussière"[72]. »

Il est une souffrance nécessaire et, par conséquent, nous devrions accepter cette fatalité et même, si possible, lui trouver de bons côtés. Si les hommes étaient restés au jardin d'Éden, ils se seraient ennuyés, soutient Kant, qui voit bien dans la chute non pas tant le mal que la ruse de la providence pour contraindre l'homme à déployer toutes les ressources qui sont en lui. Marx « raconte une histoire » bien différente. Pour lui, l'homme est producteur. Marx ne dit pas travailleur, mais producteur [73] et c'est par là que les hommes se distinguent des animaux, c'est par là qu'ils manifestent leur vie. La distinction n'est pas secondaire. D'un certain point de vue, les animaux eux aussi travaillent : ils dépensent de l'énergie pour obtenir les moyens de leur existence physique : ils construisent des nids, creusent des terriers, chassent, récoltent, etc. Mais jamais cette activité ne dépasse le strict cadre des besoins instinctifs et ils ne peuvent que reproduire leur propre vie. Les hommes produisent « indirectement leur vie matérielle » et, ce faisant, ils se transforment et transforment le donné naturel en produit de l'activité humaine.

Posons que la production est le genre d'activité par laquelle les hommes manifestent leur réalité et désignons maintenant par « travail » ce qui s'impose à l'homme, sans qu'il puisse faire autre chose que s'y plier. La production est caractéristique de toutes les sociétés humaines

---

72. *Genèse*, III, 17-19.
73. Quand il envisage l'organisation sociale qui devra succéder au mode de production capitaliste, il emploie la formule de l'« association des producteurs » ou encore des « producteurs associés » et jamais la terminologie qu'on trouvera ensuite dans les diverses variétés de marxisme qui parlent de pouvoir des travailleurs, de pouvoir ouvrier ou de contrôle ouvrier, toutes formules qu'on chercherait en vain chez Marx. Ce n'est pas par hasard !

connues. Les chasseurs-cueilleurs produisent les armes qui leur permettent de chasser, des bijoux, des œuvres d'art – les grottes peintes par exemple, les statuettes représentant principalement des femmes, des instruments de musique qui témoignent de l'existence d'un art musical, et donc de chants et de danses – et ils produisent aussi tout ce qui permet d'embellir leur propre corps : peintures sur le visage, scarifications, tatouages : par tous ces moyens les hommes cherchent à abolir le caractère radicalement étranger de la nature extérieure et à se reconnaître eux-mêmes, à rendre visible, audible, sensible, l'intériorité, c'est-à-dire l'auto-affectation de l'esprit. Dans toutes ces activités productives – et ici nous mêlons volontairement les activités orientées vers la satisfaction des besoins matériels et les activités orientées vers la satisfaction des besoins spirituels – l'homme se reconnaît comme un être libre, un être dont la nature est de n'être pas attaché à un ordre naturel immuable.

À l'inverse de la production qui manifeste l'essence humaine, le travail – et ici on doit prendre à la lettre la Genèse – est une condamnation. Le travail fait violence à l'individu, au lieu de l'élever, il l'abaisse et c'est pourquoi bientôt le travail va être la destinée de l'esclave alors que l'homme noble, l'homme véritablement humain, sera exempté de l'obligation de travailler et pourra consacrer sa vie aux activités qui sont à elles-mêmes leur propre fin. On trouve chez Simone Weil une condamnation radicale du travail, basée sur son expérience en usine.

> « Le travail physique est une mort quotidienne.
> « Travailler, c'est mettre son propre être, âme et chair, dans le circuit de la matière inerte, en faire un intermédiaire entre un état et un autre état d'un fragment de matière, en faire un instrument. Le travailleur fait de son corps et de son âme un appendice de l'outil qu'il manie. Les mouvements du corps et l'attention de l'esprit sont fonction des exigences de l'outil, qui lui-même est adapté à la matière du travail.
> « La mort et le travail sont choses de nécessité et non de choix. L'univers ne se donne à l'homme dans la nourriture et la chaleur que

si l'homme se donne à l'univers dans le travail. Mais la mort et le travail peuvent être subis avec révolte ou consentement. Ils peuvent être subis dans leur vérité nue ou enrobés de mensonge.

« Le travail fait violence à la nature humaine[74]. »

Il ne s'agit pas de reprendre l'opposition de Hannah Arendt entre travail et œuvre. En effet, en tant qu'organisation collective de la production, en tant qu'intellectuel collectif, l'industrie moderne est tout autant capable de produire des œuvres et un monde humain que l'artisanat ancien. Elle l'a même fait de façon spectaculaire à la grande époque des révolutions industrielles. Elle a élevé des bâtiments utilitaires que nous regardons aujourd'hui comme des cathédrales de l'âge de l'industrie. Le réseau des voies ferrées, des gares, des autoroutes et des aéroports, structure largement les paysages aussi bien urbains que ruraux. Les ports avec leur énorme matériel de transbordement, les usines sidérurgiques ou les raffineries illuminées jour et nuit par une activité qui ne peut jamais s'arrêter expriment l'effort prométhéen – peut-être fou – des hommes pour se poser comme « maîtres et possesseurs de la nature ». Mais ce qu'il faut souligner, c'est la contradiction insupportable existant entre cette apologie de la production et des capacités humaines exprimée par l'industrie moderne, et l'abaissement du travailleur, cette dépossession de soi, qui a été le prix à payer pour la prospérité capitaliste.

Travail et production forment une contradiction, dans laquelle il y a cependant une unité. Il n'y a pas de production sans que, d'une manière ou d'une autre, l'homme se soumette aux nécessités du travail, c'est-à-dire à la peine, à l'usure du corps, à l'occupation et à la tension de toutes les facultés, et c'est vrai de la création artistique, autant que de la production des biens de consommation et des objets d'usage. Ce qui donne au travail dans la société moderne son caractère si particulier, c'est le fait qu'il ne s'agit pas du travail en général, pris

---

74. WEIL (S.), *L'Enracinement*, Gallimard, 1949, édition électronique « Les classiques des sciences sociales », p. 197.

comme catégorie anhistorique, mais bien du travail dans le mode de production capitaliste. En suivant Marx, on peut comprendre exactement ce qui est en question : le mode de production capitaliste repose sur la transformation du travail vivant, expression de la puissance personnelle de l'ouvrier en travail abstrait, travail réduit à une pure quantité qui se coagule dans la marchandise. Cette transformation est encore la transformation d'une puissance personnelle, subjective ou matérielle (Marx emploie ces termes de manière presque interchangeable[75]) en la puissance objective du capital. C'est cela le moment clé. Il ne s'agit pas de savoir si l'esclave antique ou le serf sous le système féodal vivaient mieux ou plus mal que l'ouvrier moderne. Il s'agit de comprendre ce qu'on appelle aujourd'hui travail dans le mode de production capitaliste. Marx, qui n'est pas « historiciste », ne pense d'ailleurs pas le travail dans le mode de production capitaliste comme la continuation du servage antique ou féodal, mais comme la destruction du producteur indépendant.

Ce processus de soumission du producteur au capital s'exprime sous trois formes, étroitement liées :

– Exploitation : ce qui sous-tend le mécanisme de reproduction du capital A-M-A', c'est l'extorsion du travail gratis : le capitaliste achète la force de travail à sa valeur – c'est-à-dire à la somme des valeurs des marchandises incorporées socialement dans une force de travail moyenne à une époque donnée et dans une société donnée. Mais l'usage de cette force de travail produit non seulement une valeur équivalente à celle de la force de travail, mais encore et surtout une valeur additionnelle – *Mehrwert* – ou plus-value qui est accaparée par le capital. C'est cette dimension qui a surtout intéressé le marxisme traditionnel ;
– Aliénation : dans le procès du travail capitaliste, l'ouvrier est non seulement dépossédé des moyens de travail – le mode de production

---

75. Nous nous permettons ici de renvoyer à nos ouvrages *La Théorie de la connaissance chez Marx* et *Comprendre Marx* qui développent cette question.

capitaliste repose sur l'expropriation du producteur indépendant possesseur de ses moyens de travail – du produit de son travail (qui appartient au capitaliste), mais il est encore dépossédé de lui-même. Comme le dit Marx, sur le « marché du travail », l'ouvrier vend la seule chose qui lui appartienne, sa peau, et il doit s'attendre à être tanné ;
- Réification : le travail vivant, l'activité vitale, du producteur est transformé en abstraction, la valeur, indifférente à la vie. Ce qui est vie est transformé en chose dépourvue de vie (l'argent). Mais en même temps, ce qui n'a pas de vie semble prendre vie au fur et à mesure qu'il s'accapare le travail vivant. Marx compare le capital au vampire, qui se donne l'apparence de la vie en pompant le sang des vivants.

Il y a eu chez les marxistes de nombreuses polémiques assez stériles pour savoir si la catégorie d'aliénation est encore pertinente dans l'analyse scientifique du *Capital*, s'il ne vaut pas mieux s'en tenir à la théorie de l'exploitation, ou encore si l'on doit ou non accepter la catégorie de réification – qui avait été surtout popularisée par les marxistes non orthodoxes comme Lukacs dans les années vingt. Il nous semble inutile d'essayer de trancher. Les trois catégories ont l'avantage de décrire le même processus sous trois « attributs » différents, de donner trois formulations qui s'éclairent mutuellement et peuvent se prévaloir de parties différentes de l'œuvre de Marx.

Le plus important, c'est que le mode de production capitaliste, de quelque façon qu'on l'analyse, se présente comme un système de soumission totale des producteurs aux exigences du capital. On n'insistera jamais assez sur ce point : la soumission peut être formelle quand l'ouvrier, privé de la possession de ses outils, vient travailler comme salarié dans la manufacture. Mais quand la manufacture – qui n'est encore qu'une réunion côte à côte des anciens métiers – cède la place à l'usine capitaliste moderne, fondée sur la division et la parcellisation du travail et la mise en œuvre d'une unité de *process* (par exemple avec l'introduction des machines-outils dont l'énergie est fournie par une machine à vapeur), alors la soumission devient une « soumission réelle ».

On a commencé, ces dernières années, à s'interroger sur la souffrance au travail et le stress, induisant de nouvelles formes de pathologies[76]. Les suicides en série dans certaines grandes entreprises comme Renault ou France Télécom ont manifesté brutalement la réalité du travail non pas dans des pays « émergents » à bas salaires et horaires infernaux, mais dans des entreprises ultramodernes (chez Renault, c'est au centre de recherche qu'ont eu lieu les suicides), où les employés bénéficient de salaires assez nettement au-dessus de la moyenne et d'un régime de protection sociale solide. L'introduction d'un système de « management » surnommé « le management par la terreur[77] » est sans doute lié à une mode managériale née outre-Atlantique et dont la chaîne Wal-Mart est une bonne illustration. Son application à France Télécom par des hauts fonctionnaires des grands corps de l'État s'explique certainement par le désir ardent de ces bureaucrates hyperprotégés de montrer aux actionnaires qu'ils pouvaient devenir des capitalistes aussi cruels que les autres et qu'ils ne se laisseraient pas intimider par les vieilles traditions syndicales et politiques de l'entreprise vendue à l'encan par un gouvernement de gauche avec ministres communistes... Mais quelles que soient les explications avancées, elles se ramènent toutes à une seule : le management par la terreur est l'essence même du système capitaliste qui n'a pas d'autre fonction que l'extorsion de la plus-value par tous les moyens possibles. En ouvrant *Le Capital*, on apprend comment fonctionnait le *sweating system*[78], un système de salaire aux pièces qui pousse les salariés à s'exploiter eux-mêmes et à exploiter leurs camarades. Le système France Télécom avec la « PVV » (Part variable

---

76. Voir DEJOUR (C.), *Souffrance en France*, Seuil, 1998 et, avec BÈGUE (Florence), *Suicide et travail : que faire ?*, PUF, 2009.

77. Un spécialiste du management, Sylvain Cascarino, en a résumé les principes dans un bref texte, particulièrement cinglant, publié en 2002, *Le Management par la terreur en 10 leçons*, qu'on trouve sans difficulté sur Internet.

78. Voir MARX (K.), *Capital*, livre I, chap. XXI.

du vendeur) et de multiples autres primes ou sanctions n'est rien d'autre que ce bon vieux *sweating system*, ce qui prouve que la haute technologie s'accommode parfaitement des méthodes du capitalisme d'il y a deux siècles. Les méthodes du taylorisme ont également été décrites par le menu. À tous les nostalgiques des Trente Glorieuses et de la « régulation fordiste keynésienne » du capitalisme, on rappellera leur coût en matière de dégradation des conditions de travail : la grande grève ouvrière de mai-juin 1968 ne portait pas seulement sur les salaires, mais aussi et souvent bien plus sur les cadences et les conditions de travail.

Seuls ceux qui voient le système du bon côté, c'est-à-dire du côté de ceux qui en profitent, peuvent considérer que capitalisme et liberté vont ensemble. Pour l'immense majorité des travailleurs, la perte de la condition de travail indépendant a été perçue comme une régression vers la condition d'esclave. Il a fallu une longue domestication de la classe ouvrière, mais aussi l'instauration de protections minimales contre la tyrannie du capital pour que le travail salarié devienne une condition acceptable et même, parfois, une condition qu'on a essayé de rendre enviable. Les ouvriers se sont faits à l'idée qu'ils ne retrouveraient plus jamais leur liberté perdue – les prophètes marxistes y ont joué leur partition en dénonçant les « illusions petites-bourgeoises réactionnaires » de ceux qui rêvaient de retrouver la situation du petit producteur indépendant. Le salariat était présenté comme le passage nécessaire pour que s'accomplissent les lois de l'histoire et donc les prolétaires exploités par les capitalistes étaient transformés en soldats de l'armée du progrès historique... Mais ces compensations idéales à la misère réelle ne pouvaient suffire : les révoltes ouvrières (celle des canuts lyonnais de 1831, celle des tisserands de Silésie en 1844, etc.) conduisent à l'affirmation d'un mouvement organisé qui impose des réformes sociales limitant l'exploitation – et les plus importantes concernent la limitation de la journée de travail, l'interdiction du travail des enfants, et la mise en place des premières caisses de secours mutuel. Ce mouvement va avoir plusieurs effets :

– contraint de faire face à la limitation de la journée de travail, le mode de production capitaliste va s'organiser autour la chasse à la plus-value relative, c'est-à-dire intensification du travail, augmentation de la productivité, développement de la division du travail et essor de « l'organisation scientifique du travail ». Les luttes ouvrières ont joué comme un aiguillon pour accélérer le progrès technique ;
– les ouvriers vont chercher à stabiliser leur situation à l'intérieur du mode de production capitaliste et à faire du salariat une condition liée à des droits permettant de compenser (même très partiellement) la dissymétrie propre au contrat de travail, contrat de soumission de l'employé à son employeur ;
– les organisations ouvrières vont se développer et, devenant des interlocuteurs réguliers du patronat et de la classe dirigeante, elles prennent une orientation de plus en plus conservatrice.

Même si, officiellement, l'idée de l'émancipation des travailleurs par l'abolition du salariat et du patronat reste longtemps inscrite dans les statuts du syndicalisme français héritier du syndicalisme révolutionnaire et anarcho-syndicaliste, en pratique il ne s'agit plus du tout de cela, il ne s'agit plus de briser les chaînes du capitalisme, mais seulement de négocier la longueur de la chaîne. Reconnaissons que cette entreprise de domestication du potentiel révolutionnaire de la classe ouvrière a plutôt bien marché. Dès le début du XXᵉ siècle, les grandes utopies socialistes ou sociales-démocrates[79] envisageaient l'avenir radieux comme une société de salariat généralisé – à la place de l'abolition du salariat, on avait une transformation de toute la population en salariés dépendants de l'État. La catastrophe du « communisme du XXᵉ siècle » (le système stalinien) a rendu cette perspective peu attrayante et, finalement, il semble que l'immense majorité des ouvriers et des organisations qui s'en revendiquent se sont fait l'idée que le capitalisme était l'horizon historique indépassable.

---

79. Voir ANGENOT (Marc), *L'Utopie collectiviste. Le grand récit socialiste sous la deuxième internationale*, PUF, 1993.

Les producteurs ne sont plus aujourd'hui les travailleurs, mais les patrons et les « nouveaux producteurs de valeur », c'est-à-dire les spécialistes de la spéculation financière. Cette transformation des représentations et du langage est l'indicateur de la défaite historique qu'a subie le mouvement ouvrier et avec lui, une certaine idée de la liberté. En effet, ce qu'on appelle aujourd'hui « monde libre », ce sont des sociétés dans lesquelles, dans leur immense majorité, les individus sont placés dans une situation de dépendance à l'égard d'une minorité détentrice des moyens de production et donc est, de fait, non libre. De ce point de vue, la liberté dans le mode de production capitaliste est largement illusoire.

La cage d'acier

Max Weber, dans *L'Éthique protestante et l'esprit du capitalisme*, parlait de la « cage d'acier » (ou d'« habitacle d'acier », suivant les traductions) de la société moderne. Montrant comment « l'un des éléments constitutifs de l'esprit du capitalisme [moderne], et pas seulement le dernier, mais de la culture moderne elle-même, à savoir la conduite de la vie rationnelle sur la base de l'idée de *la profession-vocation (Beruf)*, est né de l'esprit de *l'ascèse chrétienne* », Weber poursuit en soulignant que l'ascèse chrétienne s'est transformée en « ascèse puritaine de la profession-vocation » qui donne naissance à l'idée moderne du travail professionnel.

> « Que la limitation à un travail spécialisé, avec le renoncement qu'elle comporte à l'universalité de l'homme de type faustien, soit dans le monde contemporain la condition absolue d'un agir ayant une valeur, que donc, aujourd'hui, "action" et "renoncement" se conditionnent inévitablement l'un l'autre. [...] Le puritain *voulait* être un homme de la profession-vocation ; nous sommes *contraints* de l'être. En effet, en passant des cellules monacales dans la vie professionnelle et en commençant à dominer la moralité intramondaine, l'ascèse a contribué [, pour sa part,] à édifier le puissant cosmos de l'ordre économique moderne qui, lié aux conditions techniques et économiques de la

production mécanique et machiniste, détermine aujourd'hui, avec une force contraignante irrésistible, le style de vie de tous les individus qui naissent au sein de cette machinerie – et *pas seulement* de ceux qui gagnent leur vie en exerçant directement une activité économique. Peut-être le déterminera-t-il, jusqu'à ce que le dernier quintal de carburant fossile soit consumé. Aux yeux de Baxter, le souci des biens extérieurs ne devait peser sur les épaules de ses saints que comme "un manteau léger que l'on pourrait rejeter à tout instant". Mais la fatalité a fait que ce manteau est devenu un habitacle dur comme l'acier (*stahlhartes Gehäuse*). Tandis que l'ascèse entreprenait de transformer le monde et d'y être agissante, les biens extérieurs de ce monde acquéraient sur les hommes une puissance croissante et finalement inexorable, comme jamais auparavant dans l'histoire. Aujourd'hui, l'esprit de cette ascèse s'est échappé de cette carapace – définitivement ? Le sait-on ? Dans tous les cas, depuis qu'il repose sur une base mécanique, le capitalisme vainqueur n'a plus besoin de cet étai[80]. »

Texte remarquable qui expose comment le développement même du capitalisme est un développement dialectique, transformant l'action sur le monde pour le modeler en une véritable prison : l'unité de l'action et du renoncement qui forme le principe ascétique du capitalisme naissant laisse la place à un développement mécanique que plus personne ne contrôle véritablement. Weber n'est pas le premier à montrer le lien entre protestantisme et capitalisme. Marx l'avait souligné à plusieurs reprises[81], lui pour qui « le protestantisme est une religion essentiellement bourgeoise[82] ». Mais les remarques de Marx sont insuffisantes pour comprendre ce qui s'est noué idéologiquement. À l'opposé des sociétés traditionnelles, antiques et médiévales, le protestantisme se présente d'abord comme une réhabilitation du travail. Loin d'être la marque d'une condition ignoble, il est perçu

---

80. WEBER (M.), *L'Éthique protestante et l'esprit du capitalisme*, p. 250-251.
81. Weber puise souvent ses analyses aux mêmes sources que Marx, Petty, Benjamin Franklin, etc.
82. MARX (K.), *Le Capital*, livre I, chap. XXVII, in *Œuvres I*, p. 1177.

maintenant comme la vocation de l'homme. Mais cette réévaluation du travailleur, loin d'être le point de départ de son émancipation, forge au contraire de nouvelles chaînes et l'un des intérêts de Weber est de nous aider à saisir ce retournement et les figures contradictoires qu'il a pu prendre.

On associe souvent le protestantisme aux progrès intellectuels qui conduisent aux Lumières et à la valeur qu'elles accordent à la liberté sous toutes ses formes. Ce n'est, cependant, pas tout à fait exact. Les fondateurs du protestantisme (Luther, Calvin, etc.) avaient peu de choses à voir avec l'idée de progrès et ils étaient en guerre contre de nombreux aspects de la société moderne. Weber fait remarquer :

> « Il faut prendre en compte le fait, souvent oublié aujourd'hui, que la Réforme n'a pas tant signifié *l'élimination* de la domination de la vie ecclésiale sur la vie en général, que surtout le remplacement de la forme de domination qui avait existé jusque-là par un autre [83]. »

D'où la question intrigante : comment se fait-il que la bourgeoisie, dans les régions économiquement développées, ait soutenu si souvent la Réforme ?

> « En effet, ce n'était pas un excès, mais une insuffisance de la domination ecclésio-religieuse de la vie que réprouvaient précisément les réformateurs qui surgirent dans les pays économiquement les plus développés. Or, comment se fait-il que ce furent justement ces pays alors économiquement les plus développés et que, à l'intérieur de ces pays [...] cela ait été justement les classes moyennes "bourgeoises" alors économiquement ascendantes qui, non contentes de subir cette tyrannie puritaine [encore inconnue d'elles], l'ont au contraire défendue avec un héroïsme que précisément les classes *bourgeoises comme telles* n'avaient que rarement développé avant et ne développèrent jamais après [...] [84] ? »

---

83. WEBER (M.), *op. cit.*, p. 7.
84. WEBER (M.), *op. cit.*, p. 8.

Analysant quelques textes fameux de Benjamin Franklin (« *time is money* »), il souligne que « l'esprit du capitalisme » n'est ni eudémoniste ni hédoniste, ni à la recherche du bonheur, ni jouisseur. Les vertus prônées par Franklin semblent toujours tournées vers l'utilité (il faut être honnête parce que c'est mieux en affaire), mais ce n'est qu'une apparence. L'éthique de Franklin (Weber met des guillemets à « éthique » tant le terme lui semble peu approprié) définit le « souverain bien » comme le fait « d'acquérir de l'argent et toujours plus d'argent en évitant de la manière la plus stricte toute jouissance ingénue » et dans cette conception :

> « C'est l'homme qui est rapporté au gain comme la finalité de sa vie et non plus le gain en l'homme en tant que moyen de satisfaction de ses besoins matériels vitaux [85]. »

« L'esprit du capitalisme » est fondamentalement cette inversion de la fin et des moyens que Marx expose quand il étudie la transformation de l'argent en capital. Dans l'économie échangiste élémentaire, le cycle fondamental est M-A-M : marchandise-argent-marchandise. Le producteur d'une marchandise la vend pour obtenir de l'argent qui lui permet d'acquérir les marchandises dont il a besoin et, dans ce cycle, l'argent n'est qu'un intermédiaire. Le cycle capitaliste s'écrit au contraire A-M-A', avec A' = A + dA, argent-marchandise-argent, et ici l'argent (ou plus exactement l'accumulation de l'argent) est la finalité. Cette inversion de la « téléologie vitale [86] » est ce qui caractérise proprement le mode de production capitaliste et nous permet de distinguer l'obsession de l'accumulation du capital de toutes les formes de cupidité et d'avarice qui n'épargnaient pas les sociétés antérieures.

Le protestantisme, selon Weber, a été la religion qui a rendu possible le développement de cet « esprit du capitalisme » parce que, notamment dans ses versions puritaines ou piétistes, il présuppose une

---

85. WEBER (M.), *op. cit.*, p. 27.
86. Pour prendre ici une expression de Michel HENRY dans son *Karl Marx*.

concentration mentale et un sentiment d'être tenu au travail par devoir qui font pleinement partie des attitudes exigées par le mode de production capitaliste, tant de la part des capitalistes que de celle des ouvriers. Weber souligne combien ce passage de l'*ethos* chrétien, qui valorise le désintéressement et condamne l'argent (« le crottin du diable »), à l'utilitarisme moderne peut sembler stupéfiant. Mais c'est précisément ce qui en fait tout l'intérêt théorique. Certes, le capitalisme s'est ensuite émancipé de cette « éthique » de ses débuts, mais il reste lié à une certaine conception du sens de ce à quoi l'on doit occuper sa vie. Tirons une leçon de ce que Weber explique : la transformation du capitalisme libéral (et qui parut un temps effectivement libérateur) en une machine d'oppression n'est nullement contingente, mais se produit au contraire par une sorte de « fatalité » dont le noyau dur est l'ascétisme du travail.

Au-delà des polémiques sur la validité des analyses de Weber, son travail sur *L'Éthique protestante* permet de faire le lien entre le christianisme et l'utilitarisme capitaliste moderne et de comprendre comment s'est imposée l'idée qu'il fallait transformer la vie en travail… Marx expliquant ensuite comment le travail dans sa diversité concrète peut-être réduit au travail abstrait et à l'équivalent général[87].

Weber aide à comprendre une des spécificités les plus intéressantes et les plus étranges de la société capitaliste comme société de classe. Les sociétés de classe antérieures – esclavagistes ou féodales – étaient des sociétés dans lesquelles la marque de la classe dominante était l'oisiveté. Être dispensé de l'obligation de travailler, c'était la distinction suprême. Le travail est réservé aux individus de statut inférieur : il est par nature servile. Quand elles n'étaient pas occupées à la guerre, les anciennes classes dominantes se livraient à toutes sortes

---

87. Il y a chez Weber une polémique contre le marxisme, c'est-à-dire contre le « matérialisme historique », idéologie de la social-démocratie allemande. En outre, Weber était plutôt un conservateur en politique. Mais il n'y a aucune incompatibilité théorique entre Marx et Weber : les meilleurs de ceux qui se sont mis à l'école de Marx au cours du siècle dernier étaient souvent des continuateurs de Weber. C'est le cas, notamment, de « l'école de Francfort ».

de jeux, à des réceptions, banquets, bals et autres rites sociaux par lesquels se maintenait l'unité de la classe dirigeante. Outre le clergé, on conviait aussi des non-membres de la classe dominante, admis à la rejoindre parce qu'eux aussi se livraient à des activités « libérales », des activités sans fins mercenaires : ce sont ceux qu'on finira par appeler « intellectuels », artistes en tout genre, philosophes, historiens, amuseurs publics... Plus rien de tel dans la société capitaliste : les dominants, eux aussi, sont dans l'obligation de travailler. Ils sont soumis à la presse des affaires, aux décisions à prendre, aux opérations à monter, aux négociations à mener. Le négociant est celui qui ne dispose pas de l'*otium*, du loisir, celui qui est soumis à l'urgence des affaires dont il faut s'occuper, qui concentrent l'attention et interdisent donc à l'esprit de baguenauder librement. Avec le capitalisme, celui qui dispose de l'*otium* va devenir un être méprisable, un parasite social – les moines et le clergé séculier, intermédiaires inutiles entre les hommes et Dieu entrent dans cette catégorie aux yeux des réformés. Dans le monde ancien, les mendiants sont des malheureux sur qui la charité peut s'exercer, permettant ainsi au chrétien d'accomplir des actes qui plaisent à Dieu et lui vaudront le paradis ; avec l'avènement du capitalisme, ils deviennent des réprouvés qui doivent être poursuivis et enfermés comme des criminels et mis de force au travail – on créa même des maisons à cet effet, les *workhouses*[88].

Ce qui vaut pour les classes laborieuses et pour les déshérités vaut aussi, *mutatis mutandis*, pour les classes dominantes. Le capitaliste considère le propriétaire foncier qui vit de ses rentes comme un

---

88. On se reportera à Marx, *Capital*, livre I, chap. XXVII et XXVIII consacrés à l'expropriation des paysans libres et aux lois sur les mendiants. Remarquons que le camp de travail moderne n'est que le prolongement des méthodes barbares par lesquelles le capitalisme a assuré sa domination. Leur utilisation massive en URSS et en Chine, mieux que toutes les subtiles analyses théoriques, signe la nature de classe de ces régimes, en dépit des discours apologétiques des marxistes. Rappelons aussi que le prétendu « communisme » en URSS s'est construit dès le début par le travail forcé – dont les « samedis communistes » étaient la forme la plus bénigne.

parasite et sa puissance comme un frein au développement de l'industrie. Sous la Restauration, la bourgeoisie industrielle était volontiers républicaine, hostile à un ordre social régressif qui privilégiait les titres hérités et les prébendes du pouvoir à l'activité productive. Chantre de l'union des classes laborieuses et des industriels, Saint-Simon défend même une alliance des producteurs – les disciples de Saint-Simon joueront d'ailleurs un rôle moteur dans l'industrialisation de la France, le développement des transports et des réseaux bancaires indispensables au capitalisme moderne.

Le capital, dit Marx, n'est pas une chose, mais un rapport social ; c'est ce rapport qui distribue aux deux pôles les fonctions sociales. C'est un rapport antagonique – rapport de domination et d'exploitation – qui oppose ouvrier et capitaliste. Mais le capitaliste est aussi dépendant de ce rapport et, à certains égards, il lui est même asservi. Quand Marx dit que le capitaliste est le fonctionnaire du capital, il indique par là cette relation de servitude. Certes, la servitude du capitaliste et celle du prolétaire ne sont pas symétriques. Le fonctionnaire du capital est un esclave grassement payé et qui peut jouir de la puissance particulière que lui donne sa position sociale. Mais la servitude luxueuse reste une servitude : le chef des eunuques au service d'un despote oriental jouissait lui aussi de privilèges sans commune mesure avec la situation du petit peuple. Il pouvait décider du sort d'un nombre important de serviteurs ou de solliciteurs ; il disposait d'une puissance dépendant de l'humeur du maître, certes, mais aussi de sa propre habileté dans les jeux complexes de la cour. Et pourtant, il restait un esclave dont la situation dépendait de la bonne marche de ses intrigues. *Mutatis mutandis*, le capitaliste n'est pas sans rapport avec ce chef des eunuques. Un revers de fortune peut lui être fatal. Un noble ruiné restait un noble ; un capitaliste ruiné n'est plus un capitaliste, mais un candidat à une place de SDF ou de RMIste. Certes, il est rare que le capitaliste bien installé devienne SDF. Mais il est déjà moins rare qu'il fasse un petit tour derrière les barreaux d'une prison (section des VIP)… Les années quatre-vingt-dix en ont donné quelques exemples.

Le capitaliste est un dominant dominé aussi par les conditions de sa domination. Quand il exploite « ses » ouvriers, il ne le fait pas par plaisir sadique ni seulement par appât du gain : la concurrence des autres capitaux l'oblige à produire au moins aux conditions moyennes de rentabilité du capital, sous peine de disparaître à plus ou moins brève échéance. Les propriétaires d'esclaves ou les seigneurs pouvaient être bons ou méchants, doux ou cruels, et il y a, là-dessus, toute une littérature. Le capitaliste, jusqu'à un certain point, n'a pas ce genre de choix. La dénonciation du capitaliste comme type humain cupide et un peu répugnant, un grand classique d'une certaine littérature et d'un certain type de militantisme, est, pour qui se place à l'école de Marx, une véritable stupidité. En garantissant la rentabilité du capital, en poursuivant les objectifs de l'accumulation, il fait son métier de capitaliste (il répond à sa profession-vocation) et rien d'autre. Certes, il y a autour de ces impératifs fonctionnels une certaine marge de manœuvre – un style de direction, si l'on veut, qui change le jugement moral ou les sentiments que l'on peut ressentir envers tel ou tel représentant de la classe capitaliste. Mais ces fluctuations se font toujours autour d'un pivot déterminé par les conditions générales de la reproduction du capital dans un pays et à une époque donnés.

La reproduction du capital est comme un mécanisme automatique qui utilise les individus comme ressources et les jette quand ils ne peuvent plus satisfaire aux exigences du taux de profit. L'évolution du capitalisme depuis le XIXe siècle a montré combien pertinentes étaient les intuitions de Marx. L'entreprise, propriété d'un capitaliste ou d'une famille de capitalistes (le capitalisme patrimonial), a cédé la place aux sociétés par actions. Celles-ci ont trouvé une certaine stabilité dans les décennies de l'immédiate après-seconde guerre mondiale. La firme est incarnée par une technobureaucratie et des équipes d'ingénieurs soucieux avant tout du développement à long terme de l'entreprise ou de la firme. Dans ce genre d'organisation, la séparation entre le capital, d'un côté, et, de l'autre, les fonctions d'organisation et de direction du processus de production est déjà clairement établie, mais les liens demeurent avec un actionnaire de référence qui continue d'intervenir dans la gestion de l'entreprise – c'est encore le cas dans les grandes entreprises comme Michelin ou PSA où les familles Michelin et Peugeot continuent de jouer leur rôle. Dans la phase suivante, celle dans laquelle nous sommes actuellement, l'entreprise, en tant qu'unité de production et de reproduction du capital, tend à n'être plus rien d'autre qu'une marchandise qu'on achète et qu'on revend sur un marché hautement spéculatif. Les propriétaires réels, ceux qui engagent leurs capitaux, ignorent le plus souvent où leur argent est passé : fonds d'investissements, fonds de pensions, FCP, etc., ce sont ces institutions qui tiennent lieu de capitalistes, mais elles ne possèdent pas les capitaux ; elles ne peuvent vivre et prospérer qu'en faisant adroitement fructifier les capitaux qui leur ont été confiés. La figure du capitaliste (bedonnant, haut-de-forme, cigare, comme dans les caricatures de *L'Assiette au beurre*) est une survivance. Il existe encore une classe bourgeoise, mais celle-ci ne doit pas être confondue avec la classe capitaliste. Les plus grosses fortunes de France ne représentent pas grand-chose à côté des fonds de pensions principalement américains qui sont en réalité la propriété des salariés qui y cotisent. Pour les principales firmes françaises cotées en Bourse – le fameux CAC 40 – on estime à 5 % la part de capitalisation appartenant aux grandes familles bourgeoises. Près de la moitié va aux fonds de placement, un petit quart aux investisseurs institutionnels, un quart aux actionnaires stratégiques (surtout d'autres firmes) et une poignée d'actions réparties dans le public des « petits porteurs ». La première fortune de France paraît monstrueuse pour qui tire le diable par la queue, mais elle est presque marginale comparée à la masse des capitaux investis.

Les penseurs libéraux voyaient et voient encore dans le capitalisme un système économique et social qui donne aux individus la liberté de leur choix et leur demande d'en assumer la responsabilité. Mais en vérité, la liberté y est réduite à l'accessoire. La logique systémique du capital s'impose aux « acteurs » économiques et laisse bien peu de place au libre arbitre et beaucoup à la prédestination ! L'extension de la bureaucratie et des contraintes qui pèsent sur les individus découle dès lors de cette logique même de l'économie. On peut répéter comme un mantra que « le capitalisme, c'est la liberté », c'est aussi convaincant que lorsque les foules abruties de *1984* psalmodient « la liberté, c'est l'esclavage ».

Le salariat

Prenons le problème encore autrement. Le rapport fondamental dans la société actuelle est le salariat. Il n'est pas né avec le mode de production capitaliste : il est presque aussi vieux que l'économie marchande. Si le salarié se distingue de l'esclave en ce qu'il est libre de se mettre au service d'un patron ou d'un autre, et libre également de le quitter (ou d'en être quitté !), sa situation a toujours été considérée comme une situation de dépendance, marque d'une infériorité sociale. Les soldats romains étaient des salariés : c'est généralement l'armée qui a été la première forme développée du salariat. On a aussi salarié les rameurs pendant le haut Moyen Âge. Le salarié est une sorte de mercenaire, celui qui est employé comme un simple moyen, indifférent aux fins et par là même dans une position de soumission absolue.

Il y a, cependant, une grande différence de contenu entre le centurion des légions de Rome et le prolétaire moderne. Ce dernier est pensé théoriquement comme producteur – un centurion n'était pas un producteur –, mais un producteur séparé de ses moyens de production. Le prolétariat moderne s'est formé à la suite de bouleversements sociaux d'une grande violence qui ont déraciné brutalement des millions de paysans ou d'artisans pour les soumettre au joug du capital. L'ouvrier moderne est un producteur exproprié, et ce en plusieurs sens.

Tout d'abord, il est un producteur sans moyens de production : les paysans chassés de leurs terres, les artisans ruinés et tous leurs enfants vont fournir la main-d'œuvre de l'accumulation primitive du capital. Privé de moyens de travail, le producteur n'est plus qu'un prolétaire au sens romain : il n'a pour toute richesse que sa progéniture qu'il fait entrer rapidement dans la fournaise de la production capitaliste. Privé des moyens de production, il est privé par la même occasion des moyens de subvenir par lui-même aux besoins de la vie et il perd sa liberté. Les premières constitutions républicaines ne défendaient pas le suffrage universel et les penseurs républicains faisaient tous, plus ou moins nettement, la différence entre le citoyen actif et le citoyen passif. Les libéraux y voient une nécessité qui découle de la protection du droit de propriété comme droit fondamental. Leur argument – on le retrouve chez Benjamin Constant – est le suivant : les individus sans propriété font la majorité du corps de la nation. Si on leur donne le droit de vote, ils seront tentés d'user du pouvoir politique dont ils disposeront pour exiger des réformes redistribuant la richesse (comme la plèbe romaine exigeait des réformes agraires) et par là le gouvernement sera amené à violer le droit de propriété, première condition de la « liberté des Modernes ». Le marxisme ne dit pas autre chose, mais cette fois en portant un jugement de valeur négatif : la distinction entre citoyen actif et citoyen passif exprime sans ambiguïté le caractère « bourgeois » des révolutions du XVIIIe siècle. Les bolcheviks en ont d'ailleurs tiré la conséquence en imposant un suffrage censitaire inversé : dans la Russie de Lénine, une voix d'ouvrier comptait pour dix voix de paysans et les bourgeois déchus étaient privés du droit de vote. Mais au-delà de ces deux argumentaires symétriques, il existe aussi des raisons raisonnables – même si aujourd'hui nous les rejetons à juste titre – d'opérer la distinction entre les deux catégories de citoyens. Dans *Oceana*, James Harrington, républicain « néo-romain » et machiavélien, théoricien de la révolution anglaise de 1641-1649, décrit le citoyen libre comme celui qui possède sa terre, sa charrue et son fusil. L'institution d'Oceana est claire :

> « Le premier ordre divise le peuple en hommes libres ou citoyens et en serviteurs ou réputés tels ; si ceux-ci parviennent à la liberté, c'est-à-dire subsistent par eux-mêmes, ils sont libres ou citoyens [89]. »

---

89. HARRINGTON (J.), *Oceana*, Belin, 1995, p. 298.

Être libre, c'est pouvoir subsister par soi-même, c'est-à-dire sans être dans la dépendance d'un autre – et Harrington se contente d'un seul argument, évident selon lui : « la servitude est par sa nature incompatible avec la liberté ou la participation dans le gouvernement d'une république ». C'est pour cette raison qu'il défend des lois agraires qui évitent la concentration de la propriété et permettent qu'un maximum d'individus jouissent des droits de citoyenneté en n'étant pas contraints de se mettre au service d'un autre. On voit que l'argumentation républicaniste n'a aucun rapport avec l'argumentation libérale, bien que, pratiquement, elles puissent dans une certaine mesure aboutir à une position commune, comme cela fut le cas pendant la Révolution française. Les républicanistes font de la propriété le moyen de la liberté politique alors que les libéraux en font la liberté elle-même. Les premiers défendent donc la dispersion maximale de la propriété de façon à ce que le nombre de citoyens libres augmente, alors que les libéraux admettent sans réserve qu'un grand nombre de citoyens soient privés de l'effectivité de leurs droits politiques.

La pertinence de l'argumentation républicaniste est confirmée largement par toute l'histoire du mouvement ouvrier. Les ouvriers forment d'abord une plèbe réduite à la condition la plus misérable et privée de toute liberté. C'est seulement quand, dans l'action collective, les ouvriers purent construire des institutions à eux, devenir en quelque sorte les copropriétaires de leurs mutuelles, de leurs syndicats et bientôt de leurs partis, qu'ils réussirent à imposer le suffrage universel et à se faire entendre, et même à participer au gouvernement de la république. Mais s'il est membre d'une mutuelle, d'un syndicat, d'une coopérative, l'ouvrier ne l'est pas en tant que salarié, il l'est en tant que citoyen et producteur qui cherche à regagner sous une autre forme la liberté perdue du producteur indépendant. Quand les marxistes voient dans la salarisation de la majorité de la population un progrès qui conduit vers le socialisme, ils commettent une confusion terrible : ce qui conduit au progrès social et historique – si l'on tient à conserver ce lexique très problématique – ce n'est pas le salariat, mais les actions que les individus entreprennent pour se protéger de ses conséquences les plus néfastes. Et quand Marx dit que le communisme est le mouvement réel (et non un plan d'ingénieurs sociaux), c'est encore cela qu'il a en vue : le mouvement par lequel les producteurs expropriés cherchent à combattre leur situation de salariés. Si donc, comme pour les républicanistes, la liberté se définit principalement à travers l'opposition *liber/servus*, liberté/servitude, la condition salariale est une négation de la liberté, elle est la condition du serviteur. Et on le rappelle encore couramment de nos jours : le salarié est au service de l'entreprise.

Mais être salarié, c'est encore perdre sa liberté dans un deuxième sens. En apparence, le rapport salarial est un contrat tout ce qu'il y a de plus normal. Je donne 1 euro au boulanger, le boulanger me donne du pain que je peux consommer à ma guise ou donner aux canards lors de ma promenade du dimanche. L'ouvrier se rend au marché (du travail) pour y vendre la seule chose dont il dispose : sa force de travail. La vendant, il empoche en bel argent la valeur de cette force de travail, c'est-à-dire son salaire. Le capitaliste qui a acquis une marchandise force de travail, à sa valeur, sans escroquerie, en jouit comme il l'entend, c'est-à-dire la fait travailler. Rien de plus normal : le contrat est un contrat entre deux personnes libres et il n'y a plus rien d'autre à en dire. Mais le marché du travail n'est pas l'échange simple de productions marchandes. Marx en donne une description plus précise :

> « Au moment où nous sortons de cette sphère de la circulation simple qui fournit au libre échangiste vulgaire ses notions, ses idées, sa manière de voir et le critérium de son jugement sur le capital et le salariat, nous voyons, à ce qu'il semble, s'opérer une certaine transformation dans la physionomie des personnages de notre drame. Notre ancien homme aux écus prend les devants et, en qualité de capitaliste, marche le premier ; le possesseur de la force de travail le suit par-derrière comme son travailleur à lui ; celui-là le regard narquois, l'air important et affairé ; celui-ci timide, hésitant, rétif,

comme quelqu'un qui a porté sa propre peau au marché, et ne peut plus s'attendre qu'à une chose : à être tanné [90]. »

Le travailleur salarié, à la différence du producteur indépendant, ne vend pas le produit de son travail, il vend sa peau ! Il devient, ainsi que le dit le vocabulaire imagé et un peu obscène du management moderne, une « ressource humaine », une chose à disposition de la production capitaliste, au même titre que les machines et les matières premières qu'il a également payées à leur valeur et dont il use comme bon lui semble. Pendant le temps pour lequel le contrat de travail est négocié, il semble que le travailleur procède à cette opération insensée consistant à se vendre soi-même.

Il ne s'agit pas seulement de la question de l'obéissance. Le compagnon était sous les ordres de son maître. Il s'agit surtout de la perte de ce qui fait du travailleur un producteur. Sa propre puissance personnelle est accaparée par le processus de production capitaliste. Engels décrit ainsi le travail des ouvriers :

> « Surveiller les machines, rattacher les fils cassés, ce ne sont pas là des activités qui exigent de l'ouvrier un effort de pensée, mais par ailleurs, elles l'empêchent d'occuper son esprit à d'autres pensées. Nous avons vu également que ce travail n'accorde non plus aucune place à l'activité physique, au jeu des muscles. Ainsi il ne s'agit pas là à proprement parler d'un travail mais d'un ennui absolu, l'ennui le plus paralysant, le plus déprimant qui soit – l'ouvrier d'usine est condamné à laisser dépérir toutes ses forces physiques et morales dans cet ennui, son métier consiste à s'ennuyer toute la journée depuis l'âge de 8 ans. Et avec cela, il ne saurait s'absenter un seul instant – la machine à vapeur fonctionne toute la journée, les engrenages, les courroies et les broches bourdonnent et cliquettent sans cesse à ses oreilles, et s'il veut se reposer ne serait-ce qu'un instant, le contremaître est aussitôt sur son dos, le registre des amendes à la main. Cette condamnation à être enseveli vivant dans l'usine, à surveiller sans cesse

---

90. MARX (K.), *Capital*, livre I, II, *Œuvres I*, p. 726.

l'infatigable machine, l'ouvrier sent bien que c'est la torture la plus pénible qui soit. Elle exerce d'ailleurs un effet extrêmement abrutissant tant sur l'organisme que sur les facultés mentales de l'ouvrier. On ne saurait imaginer meilleure méthode d'abêtissement que le travail en usine et si malgré tout les ouvriers ont non seulement sauvé leur intelligence, mais l'ont en outre développée et aiguisée plus que d'autres, ce n'a été possible que par la révolte contre leur sort et contre la bourgeoisie : cette révolte étant la seule pensée et le seul sentiment que leur permette leur travail. Et si cette indignation contre la bourgeoisie ne devient pas le sentiment prédominant chez eux, ils deviennent nécessairement la proie de l'alcoolisme et de tout ce qu'on appelle habituellement l'immoralité[91]. »

Engels ne met pas seulement en cause la fatigue physique ni l'intensité du travail, mais bien la transformation de la production en une activité qui occupe le corps sans l'exercer, qui occupe l'esprit en lui interdisant de penser. L'ouvrier dispose d'une puissance qui lui est propre, une puissance qui ne demande qu'à être actualisée à partir de ses déterminations subjectives. Mais dans le mode de production capitaliste, cette puissance personnelle lui est arrachée et convertie en une puissance objective du capital qui se dresse face à l'ouvrier, comme son ennemie implacable. Dans le processus de travail, l'ouvrier n'est pas lui-même, sa vie lui est devenue un processus étranger, mais un processus auquel il est rivé. C'est ce processus qui se nomme « aliénation » en français, mais qui correspond à deux termes différents dans l'allemand hégélien que parle Marx : *Entäußerung* et *Entfremdung*. *Entäußerung* peut se traduire littéralement par « extériorisation », mettre dehors, et c'est effectivement ce que fait le producteur, l'artisan autant que l'artiste : il extériorise sa propre puissance subjective en lui donnant, sous forme du produit de son activité, une existence objective. *Entfremdung*, c'est le fait de devenir étranger – Lefebvre, germaniste subtil, n'hésite pas à traduire ce terme chez Hegel par « étrangement »,

---

91. ENGELS (F.), *La Situation de la classe laborieuse en Angleterre*, traduction Gilbert Badia, Éditions sociales, 1961 – Source : MIA (www.marxists.org).

utilisé comme substantif, un terme dont usent également les psychanalystes. Le travail dans le mode de production capitaliste est donc à la fois extériorisation et « étrangement » : c'est d'ailleurs ce terme qu'emploie Marx dès sa première critique systématique du travail dans le mode de production capitaliste : *die entfremdete Arbeit*, que les traducteurs français rendent par « le travail aliéné ». Dans les *Manuscrits de 1844*, on peut lire ce texte qui, sur le plan descriptif, ne sera jamais renié dans les élaborations théoriques ultérieures de Marx :

« En quoi consiste l'aliénation du travail ?

« D'abord, dans le fait que le travail est extérieur à l'ouvrier, c'est-à-dire qu'il n'appartient pas à son essence, que donc, dans son travail, celui-ci ne s'affirme pas mais se nie, ne se sent pas à l'aise, mais malheureux ; il n'y déploie pas une libre activité physique et intellectuelle, mais mortifie son corps et ruine son esprit. En conséquence, l'ouvrier ne se sent lui-même qu'en dehors du travail et, dans le travail, il se sent extérieur à lui-même. Il est à l'aise, quand il ne travaille pas et, quand il travaille, il ne se sent pas à l'aise. Son travail n'est donc pas volontaire, mais contraint, c'est du travail forcé. Il n'est donc pas la satisfaction d'un besoin, mais seulement un moyen de satisfaire des besoins en dehors du travail. Le caractère du travail apparaît nettement dans le fait que, dès qu'il n'existe pas de contrainte physique ou autre, le travail est fui comme la peste. Le travail extérieur, dans lequel il se dépouille, est un travail de sacrifice de soi, de mortification. Enfin, le caractère extérieur à l'ouvrier du travail apparaît nettement dans le fait qu'il n'est pas son bien propre, mais celui d'un autre, qu'il ne lui appartient pas, que dans le travail l'ouvrier ne s'appartient pas lui-même, mais appartient à un autre. De même que, dans la religion, l'activité propre de l'imagination humaine, du cerveau humain et du cœur humain, agit sur l'individu indépendamment de lui, c'est-à-dire comme une activité étrangère divine ou diabolique, de même l'activité de l'ouvrier n'est pas son activité propre. Elle appartient à un autre, elle est la perte de soi-même.

« On en vient donc à ce résultat que l'homme (l'ouvrier) ne se sent agir librement que dans ses fonctions animales, manger, boire et procréer, ou encore tout au plus dans le choix de sa maison, de son habillement, etc. ; en revanche, il se sent animal dans ses fonctions proprement humaines. Ce qui est animal devient humain et ce qui est proprement humain devient animal [92]. »

« En quoi consiste l'aliénation du travail ? » pourrait se traduire ici par « En quoi consiste le devenir-extérieur du travail ? » (*Entäußerung*). En tout cas, c'est bien d'un processus qu'il s'agit : le mot allemand comme le mot français indique sans ambiguïté qu'on passe d'un état à un autre par l'intermédiaire d'une aliénation ou d'une *Entaüßerung*. Qu'est-ce qui est aliéné ? Le texte est clair : c'est le travail. Marx ne dit pas : « le travail en général est aliénant ». Le travail n'est pas aliénant, mais il y a une aliénation du travail. Cela veut dire que le travail n'était pas aliéné et le devient. S'il n'était pas aliéné, c'est qu'il était le propre de quelqu'un (le travailleur, l'homme producteur de ses conditions d'existence) et qu'il devient quelque chose d'étranger à cette personne, quelque chose d'extérieur. C'est la conséquence d'une transformation sociale-historique, pas l'essence même du travail.

Il s'agit donc de l'aliénation du travail dans les conditions modernes de la production et non de l'aliénation du travail en général. Et cette fois, la traduction française dit clairement de quelle sorte d'aliénation il s'agit : le travail devient extérieur à l'ouvrier. S'il est extérieur à l'ouvrier, le travail n'appartient pas à son essence. Curieux paradoxe : le travail n'est pas l'essence du travailleur ! Encore une fois, il faut être précis : Marx ne dit pas que le travail en général n'appartient pas à l'essence de l'homme. Au contraire, il affirme que le travail en tant que production par l'homme des conditions de la vie humaine appartient bien à son essence. Un peu plus loin dans le même texte, on peut lire ceci que « par la production pratique d'un monde objectif, l'élaboration de la nature non organique, l'homme

---

92. MARX (K.), *Manuscrits de 1844*, traduction de J.-P. Gougeon, GF-Flammarion, 1996, p. 112. Nous avons préféré cette traduction à celle de Malaquais pour le tome II des *Œuvres* dans l'édition de la Pléiade.

fait ses preuves en tant qu'être générique conscient, c'est-à-dire en tant qu'être qui se comporte à l'égard du genre comme à l'égard de sa propre essence, ou à l'égard de soi, comme être générique », et que c'est par cela que l'homme se distingue fondamentalement de l'animal. Donc si le travail de l'ouvrier n'appartient pas à l'essence de l'ouvrier, c'est que la vie de l'ouvrier au travail n'est pas une vie véritablement humaine ! Et c'est précisément ce que développe toute la suite du texte.

Ainsi l'ouvrier ne s'affirme pas dans le travail, mais s'y nie ; il n'y trouve pas son bien-être, mais son malheur, etc. S'affirmer, chercher son bien-être, développer une libre activité physique et intellectuelle, voilà ce qui constitue l'essence humaine. Or, l'ouvrier en est privé puisque le travail est mortification du corps et ruine de l'esprit. Donc le travail ouvrier fait violence à la nature de l'homme.

Conséquence : il est lui, chez lui, quand il ne travaille pas et il n'est pas chez lui quand il travaille : cela pourrait paraître trivial, l'homme au travail n'est pas à son domicile et inversement. En réalité, deux idées sont sous-entendues :

- l'artisan était chez lui quand il travaillait. La transformation de l'artisan en ouvrier est la séparation de l'homme d'avec son travail. C'est cela l'aliénation spécifique qu'a introduite le mode de production capitaliste ;
- l'homme devrait être chez lui quand il produit, mais le travailleur n'est pas chez lui quand il travaille. L'opposition chez lui/au travail reformule le thème de l'extériorisation du travail. Mais cela laisse deviner que cette séparation n'est pas naturelle, ne correspond pas à l'essence de l'homme et que, par conséquent, on doit se demander s'il n'est pas possible de réconcilier l'homme avec son travail.

Si le travail est extérieur au travailleur, le travail n'est donc pas volontaire, mais forcé. Pour Marx, le travail salarié est une forme de servitude. L'œuvre de Marx abonde d'ailleurs en comparaisons entre le travail salarié et l'esclavage. Mais l'esclavage du salarié moderne se manifeste d'une manière particulière. L'esclave antique ne travaillait pas pour satisfaire ses besoins ; il travaillait tout simplement parce qu'il était esclave, et le maître lui donnait à manger comme il donnait à manger à ses chevaux et à ses bœufs. Si l'esclave meurt de faim, le maître perd une partie de son capital ! L'ouvrier « libre » travaille parce qu'il n'a pas le choix s'il veut ne pas mourir de faim. Mais à proprement parler, il n'est pas plus libre. Le travail « n'est donc pas la satisfaction d'un besoin, mais seulement un moyen de satisfaire des besoins en dehors du travail. » Autrement dit, si le travail n'était pas aliéné, il serait, non le moyen de la satisfaction d'un besoin, mais le premier besoin de l'homme. Trente ans plus tard, Marx revient sur cette idée :

> « Dans une phase supérieure de la société communiste, quand auront disparu l'asservissante subordination des individus à la division du travail et, avec elle, l'opposition entre le travail intellectuel et le travail manuel ; quand le travail ne sera pas seulement un moyen de vivre, mais deviendra lui-même le premier besoin vital ; quand, avec le développement multiple des individus, les forces productives se seront accrues elles aussi et que toutes les sources de la richesse collective jailliront avec abondance, alors seulement l'horizon borné du droit bourgeois pourra être définitivement dépassé et la société pourra écrire sur ses drapeaux "De chacun selon ses capacités, à chacun selon ses besoins" [93] ! »

Le travail de l'ouvrier n'est pas libre parce qu'il est subordonné à une fin extérieure. Et c'est pourquoi, en dehors de cette contrainte, personne ne rechercherait ce genre de travail : le travail est « fui comme la peste ». C'est une constatation de simple bon sens, à condition de préciser qu'il s'agit bien du travail salarié, du travail contraint. Le même travailleur, tout heureux d'être en vacances, pourra en profiter... pour travailler, c'est-à-dire dépenser librement

---

93. MARX (K.), « Gloses marginales au programme du parti ouvrier allemand », *Œuvres*, tome I, édition de la Pléiade, 1875, p. 1420.

l'énergie de son corps et la puissance de son esprit en bricolant, en cultivant son jardin, etc. !

L'extériorité du travail pour l'ouvrier « apparaît dans le fait qu'il n'est pas son bien propre, mais celui d'un autre, qu'il ne lui appartient pas ». En effet, l'ouvrier ne peut travailler qu'à la condition de le faire sous les ordres d'un capitaliste qui s'appropriera le fruit de son travail. Cet argument qui vient « enfin » est en réalité l'explication de ce qui précède. Si l'ouvrier est extérieur à son travail, s'il n'est pas chez lui quand il travaille, c'est tout simplement parce que les moyens de travail appartiennent au capitaliste, que le travail est séparé des moyens de travail. Marx montrera par la suite que cette situation n'a rien d'éternel. Ce rapport social a cette conséquence que « dans le travail l'ouvrier ne s'appartient pas lui-même, mais appartient à un autre. » En effet, l'ouvrier ne vend pas comme l'artisan le produit de son travail. D'un certain point de vue et pour un temps plus ou moins limité, il se vend lui-même. Se vendant, il ne s'appartient plus. Il est donc aliéné ! Nous sommes partis de l'aliénation du travail et nous arrivons à l'aliénation de l'ouvrier lui-même. Suit une analogie : « De même que, dans la religion, l'activité propre de l'imagination humaine, du cerveau humain et du cœur humain, agit sur l'individu indépendamment de lui, c'est-à-dire comme une activité étrangère divine ou diabolique, de même l'activité de l'ouvrier n'est pas son activité propre. Elle appartient à un autre, elle est la perte de soi-même. »

La conclusion de cette première définition de l'aliénation concentre tout ce qui vient d'être exposé. L'aliénation, la perte de soi-même arrive ici à son comble ! Si l'homme ne se sent plus libre que dans ses « fonctions animales », il s'est vraiment perdu lui-même. L'homme produit sa propre vie et c'est cela le point de départ, ce qui le sépare des animaux. Mais si cette activité lui devient étrangère, c'est qu'il perd le sens de ce que c'est vraiment que d'être un homme. Et le renversement est total quand l'homme en arrive à prendre l'animalité pour sa propre essence. Et il ne s'agit pas ici de degré de pénibilité du travail ou de degré de confort et de consommation. L'homme qui travaille soumis à une contrainte en vue de consommer est aliéné pendant son temps de travail, mais il est tout aussi aliéné et peut-être même plus pendant son temps de non-travail consacré aux « loisirs » (cf. *infra*). Qu'on songe à ces foules qui, après une semaine de travail, déambulent dans les supermarchés... Ainsi dans le mode de production capitaliste, le temps du non-travail n'est pas un véritable loisir, mais un simple moment de récupération, destiné à la reconstitution de la force de travail et donc entièrement soumis aux déterminations aliénantes du mode de production capitaliste. Autrement dit, la seule liberté que laisse le salariat, la liberté au nom de laquelle on sacrifie l'essentiel de son temps se révèle le plus souvent parfaitement factice.

Comprendre que le salariat n'est pas seulement exploitation, mais surtout domination et aliénation est essentiel. L'exploitation est définie par Marx comme le temps de travail gratis que s'approprie le capitaliste sous forme de plus-value. Le taux d'exploitation mesure le rapport entre le travail payé et le travail gratis. Si l'ouvrier en quatre heures produit l'équivalent de son salaire (v), les quatre heures suivantes (pl) sont du travail dont le capitaliste jouit gratuitement bien qu'il ne vole nullement l'ouvrier dont il a acheté la force de travail. Le rapport pl/v mesure le taux d'exploitation. Imaginons maintenant que le patron ait été congédié et que l'entreprise soit une coopérative ouvrière. Elle est censée ne plus exploiter les ouvriers – et pour éviter les biais qu'introduit le marché, imaginons que la société tout entière soit une sorte de super-coopérative ouvrière : les ouvriers ne travailleront-ils plus que quatre heures par jour ? ou alors doubleront-ils leurs revenus ? – quelle qu'en soit la forme ? Marx répond catégoriquement que non. L'appropriation intégrale du produit du travail par les travailleurs (une revendication qui figurait dans le programme du congrès d'unification des socialistes allemands à Gotha en 1875) est une revendication dénuée de sens. Avant toute répartition individuelle de la production, il faut défalquer :

> « *Premièrement les frais généraux d'administration qui sont indépendants de la production.*
>
> « Comparativement à ce qui se passe dans la société actuelle, cette fraction se trouve d'emblée réduite au maximum et elle décroît à mesure que se développe la société nouvelle.
>
> « *Deuxièmement : ce qui est destiné à satisfaire les besoins de la communauté* : écoles, installations sanitaires, etc.
>
> « Cette fraction gagne d'emblée en importance, comparativement à ce qui se passe dans la société actuelle, et cette importance s'accroît à mesure que se développe la société nouvelle.
>
> « *Troisièmement* : le fonds nécessaire à l'entretien de ceux qui sont incapables de travailler, etc., bref ce qui relève de ce qu'on nomme aujourd'hui l'assistance publique officielle [94]. »

Tout d'abord, ce n'est pas parce qu'une partie des produits de son travail ne lui revient pas que le travailleur est exploité, et, par conséquent, l'exploitation ne saurait se définir par les formules simplistes que nous avons utilisées en première approximation. Ou alors on serait obligé de considérer que les retraités exploitent les actifs, que les chômeurs exploitent ceux qui travaillent, etc., et que tous les mécanismes de redistribution ne sont que des mécanismes d'exploitation déguisés – c'est d'ailleurs la position soutenue par Robert Nozick qui assimile à du travail forcé et à une forme de servitude toute forme de prélèvement opéré par l'État au détriment de ceux qui ont acquis légitimement leurs biens et au profit de ceux qui ne travaillent pas ou sont incapables de gagner leur vie. Ce qui définit l'exploitation comme telle, ce n'est donc pas simplement le travail gratis, mais le travail gratis extorqué par des mécanismes de domination et des processus d'aliénation d'autant plus violents qu'ils sont masqués puisque tout cela prend la forme de rapports monétaires, de rapports

---

94. MARX (K.), « Gloses marginales », in *Critique du programme du parti ouvrier allemand* (« Critique du programme de Gotha »), *Œuvres*, tome I, édition de la Pléiade, Gallimard, 1963, p. 1418.

entre les choses comme l'indiquent des expressions comme circulation des marchandises ou circulation du capital.

Nous trouvons ici le troisième aspect qui caractérise les rapports de travail dans la société capitaliste, à savoir la « réification », c'est-à-dire un processus qui prend un double aspect : les producteurs comparent leurs travaux individuels dans les rapports purement quantitatifs, abstraction faite de leurs caractères concrets, qui sont les rapports entre les valeurs des marchandises. Quand deux producteurs échangent leurs productions selon la proportion « x marchandise A = y marchandise B », les travaux vivants qui sont coagulés dans ces marchandises disparaissent pour laisser place à une mesure qui semble caractériser la marchandise elle-même. Et c'est aussi cette forme qui permet de dissimuler la véritable nature du contrat de travail salarié sous l'apparence respectable d'un accord entre individus libres et égaux, mus l'un et l'autre par le souci de leur intérêt dans le respect des lois. C'est ainsi que dans la production capitaliste, les rapports entre les hommes (le caractère social de la production) n'apparaissent que sous la forme de rapports entre les choses et qu'inversement les choses semblent maintenant douées de propriétés qu'on croyait réservées aux humains. Le capital n'est pas une chose, mais un rapport social ; mais ce rapport social apparaît comme une chose et, qui plus est, la chose la plus générale et la plus abstraite, l'argent doué de propriétés merveilleuses, comme celle de croître et de se multiplier de son propre mouvement dès lors qu'il est entré dans le royaume enchanté de la circulation des capitaux. Tant que le capitaliste est un entrepreneur qui convertit immédiatement et directement son argent en machines, matières premières et salaires à payer à des travailleurs, on garde un certain rapport avec le réel. Les industriels comparent leur efficacité en comptant en temps de travail : ils savent qu'une automobile, un ordinateur ou une chemise, ça peut se ramener à du travail et que le producteur A sera plus productif que B s'il produit sa chemise en moins de temps que B et que le profit ne vient que de là : de la sueur des travailleurs. Mais dans la sphère financière, les choses se passent différemment. L'investisseur qui met son argent dans un fonds de placement se dit qu'il va « faire travailler son argent ». Mais l'argent ne travaille pas ! L'intérêt ou le dividende ne tombera dans la poche de l'investisseur que si, à un moment, la circulation s'interrompt et le capital s'engloutit dans la fournaise de la production et en ressort régénéré et grandi, comme par miracle. Le spécialiste des placements croit qu'il a produit de la valeur, mais il n'a rien produit du tout, il a fait office d'entremetteur pour aiguiller le capital vers le bon marchand de chair fraîche. Marx le compare à Shylock, le personnage de la pièce de Shakespeare, *Le Marchand de Venise*. En tout cas, lui-même et ses commanditaires ne peuvent vivre qu'en prélevant au passage leur part sur l'activité de ceux qui mouillent leur chemise.

Alors que la domination des anciennes classes exploiteuses était ouverte, sans fard, et s'appuyait sur la crainte et sur les croyances superstitieuses des sociétés traditionnelles, la domination capitaliste qui s'exprime dans le rapport salarial (car c'est lui qui est l'essence même de cette relation que Marx écrit A-M-A') ne se maintient qu'en se déguisant ; elle n'a besoin que d'un minimum de force physique ouverte et parle non le langage de la superstition populaire, mais celui de la « science économique », afin d'en imposer au vulgaire. La domination a pris les apparences de la liberté. Et le dominant lui-même, pour des raisons que nous avons expliquées plus haut, devient de plus en plus impersonnel.

Puisque l'acte essentiel est celui de la vente de la force de travail, le salariat est le système dans lequel les vendeurs de force de travail se font concurrence auprès du capitaliste. Dans un fort intéressant documentaire diffusé par France 3 [95], on peut assister aux procédures de recrutement de « collaborateurs » pour l'entreprise Carglass (une chaîne d'ateliers de remplacement de pare-brise). Les candidats doivent défendre un projet (fictif) et ensuite les agents recruteurs les invitent à s'évaluer les uns les autres. Un seul osera se livrer à une critique virulente d'un autre candidat... et c'est lui qui sera embauché,

---

95. « La mise à mort du travail », 26 octobre 2009.

non pour les qualités intrinsèques qu'il a su manifester, mais parce qu'il s'est montré un « tueur » sans remords de conscience – on sait qu'un peu plus tard, ce sera à son tour d'être éliminé. Le salariat se résume dans cette scène, choquante pour ceux qui gardent quelques illusions ou qui font semblant de croire que le capitalisme reste compatible avec les valeurs fondamentales de la civilité. On ne saurait, au demeurant, condamner vraiment notre « tueur » : dès lors que le but est de prendre la place, qu'il n'y a qu'une place et beaucoup de candidats, tous les moyens sont bons pour survivre... Et, de fait, il ne s'agit pas de moraliser. Le système salarial est entièrement basé sur cette concurrence. La concurrence que les jeunes font aux seniors : en début de carrière, ils ont généralement des salaires plus faibles et sont plus dynamiques ; la concurrence que font les ouvriers des pays à bas coût salarial à ceux des pays plus riches ; la concurrence des travailleurs immigrés moins exigeants en matière de conditions de travail. Les syndicats réclament – sans aucun doute à juste titre – « à travail égal, salaire égal ». Mais le travail du manœuvre sans formation n'est pas égal au travail de l'ingénieur et, par conséquent, les inégalités salariales sont justifiées par le principe égalitaire du syndicalisme lui-même. Les aptitudes de chacun sont, pour l'essentiel, le produit de déterminismes naturels – le plus fort peut devenir un stakhanoviste de choc alors que l'homme malingre sera condamné à abattre moins d'ouvrage dans sa journée – et sociaux ou culturels. En outre, tout le monde ne peut pas faire les métiers les plus gratifiants et les mieux qualifiés. Et, par conséquent, la division du travail conduit à répartir les individus à des places différenciées en fonction des divers travaux socialement nécessaires à un moment donné. Nouvelles causes de rivalités, de jalousies, d'envie, qui aggravent la concurrence entre les salariés et les rendent encore plus dépendants.

Une remarque incidente, mais qui n'est pas sans rapport avec notre propos d'ensemble. Marx, pendant toute sa vie, s'est moqué des revendications « égalitaristes ». Ainsi :

> « L'égalité du salaire elle-même, telle que la revendique Proudhon, ne fait que transformer le rapport de l'ouvrier actuel à son travail en le rapport de tous les hommes au travail. La société est alors conçue comme un capitaliste abstrait [96]. »

Il s'en prend aussi au « communisme grossier » de ceux qui ne font qu'envier ceux qui ont une bourse mieux remplie. Et, dans la *Critique du programme de Gotha*, il soutient que l'égalité du genre « à travail égal, salaire égal » reste une égalité située entièrement sur le terrain du droit bourgeois qui est le droit égal.

Marx croyait que, des conditions du salariat, naissait spontanément une lutte qui commençait à abolir pratiquement le salariat. En s'unissant dans des syndicats en vue d'abolir la concurrence entre eux pour faire une concurrence générale au capital [97], il s'agirait de réaliser un pas pratique, un mouvement réel abolissant l'ordre existant, c'est-à-dire la condition salariée. Sans doute est-ce un premier pas nécessaire pour envisager la possibilité d'une alternative au mode de production capitaliste, mais en lui-même ce premier pas reste finalement entièrement à l'intérieur du carcan imposé par le capital. La solidarité à l'intérieur d'une entreprise face à la direction représentant le capital est relativement facile à obtenir : les liens du travail en commun facilitent le lien proprement politique qu'est l'organisation syndicale. Mais pour envisager qu'une communauté de destin unisse les ouvriers d'une entreprise à ceux d'une autre entreprise, c'est déjà beaucoup plus difficile. Après tout, si l'entreprise concurrente a des difficultés, les salariés de l'entreprise en bonne santé verront leur position renforcée dans les négociations vis-à-vis de leur propre patron… Considérer qu'à l'échelle d'une nation, il existe une communauté d'intérêt des salariés, c'est déjà faire un pas politique considérable, qui ne se fait pas spontanément si l'on reste sur le terrain

---

96. MARX (K.), *Manuscrits de 1844, op. cit.*, p. 121.
97. Voir MARX (K.), *Misère de la philosophie*, II, § 5 : Les grèves et les coalitions des ouvriers, in *Œuvres I*, p. 134.

du rapport salarial, mais exige que soit considéré l'intérêt de la nation tout entière. *A fortiori*, qu'il faille dépasser la concurrence que les nations se font entre elles, c'est encore plus difficile à saisir. Il existe sans doute, et c'est un des résultats de quelques siècles de mondialisation capitaliste, un sentiment internationaliste confus assez largement partagé. Il se combine d'ailleurs avec un arrière-plan d'universalisme chrétien (les hommes sont tous frères) ; mais cet internationalisme sentimental se heurte à la réalité de la division mondiale du travail. Par les délocalisations et les importations de produits à bas prix, les ouvriers des pays pauvres font directement concurrence aux plus riches et font sauter progressivement toutes les barrières que les luttes ouvrières avaient réussi à mettre contre la surexploitation de la main-d'œuvre. Et si, très naturellement, les salariés menacés exigent l'arrêt des délocalisations ou des mesures protectionnistes contre l'importation de marchandises fabriquées dans des conditions contraires aux prescriptions du BIT, pour ne prendre que les exemples de revendications sociales récentes, on oublie que ces industries délocalisées et ces productions *low cost* sont le principal moyen de survie pour des dizaines millions de travailleurs des pays « émergents » qui, au fond, ne font que suivre la voie qu'avaient suivie avant eux l'Angleterre, la France ou l'Allemagne.

De quelque manière que l'on pose le problème, à l'intérieur du cadre des rapports salariaux, il n'existe aucune issue durable. Les luttes ouvrières, paradoxalement, ont contribué à l'intégration de la classe ouvrière au système capitaliste et à enraciner l'idée qu'il n'existe aucune alternative au salariat et que, par conséquent, la seule action possible consiste à améliorer la position des salariés au sein même du mode de production capitaliste. Incontestablement, la cage est un peu plus vaste, un peu mieux chauffée, la pitance est meilleure qu'au XIXe siècle, mais c'est toujours une cage et ses barreaux paraissent plus solides qu'ils ne l'ont jamais été.

La critique du travail

La disparition des courants revendiquant l'abolition du salariat est patente. Socialistes et communistes (ce qu'il en reste) sont depuis longtemps des défenseurs du salariat. Ils se présentent comme les porte-parole des salariés et ne proposent, dans le meilleur des cas, que des améliorations de la condition salariale et nullement son abolition. Même le dernier venu dans la gauche française, le « Parti de Gauche », s'en tient à revendiquer une amélioration du « rapport de forces en faveur du salariat » ou à donner une « priorité aux plus pauvres », mais rien qui, d'une manière ou d'une autre, puisse faire penser que ce parti aurait quelques velléités de sortir du capitalisme (même s'il dit parfois vouloir le « dépasser »). Il en est exactement de même pour son pendant allemand, *Die Linke*. Les groupes qui se disent « révolutionnaires » ne vont pas plus loin – ils font simplement un peu de surenchère quant aux méthodes d'action et refusent tout accord de gouvernement avec les « réformistes », alors qu'ils s'en distinguent bien peu quant au contenu programmatique réel.

Divers courants se disent « alternatifs » ou « altermondialistes ». Mais dans les grandes lignes, ils se contentent de colorier en vert le bon vieux keynésianisme de gauche ou de « faire sécession [98] » en se réfugiant dans les niches écologiques que peut réserver le mode de production capitaliste. Les partisans de la société duale, il y a déjà quelques décennies, avaient dessiné quelques pistes : l'augmentation de la productivité du travail devait être utilisée non pas pour produire encore plus, mais pour permettre à ceux qui n'ont ni le goût ni les compétences pour le travail de ne pas travailler. En assurant à tous un revenu de subsistance prélevé sur les gains de productivité, on leur permettrait de mener une vie décente, bien que nécessairement frugale, pendant que les drogués du travail, ou ceux qui ne peuvent se contenter de la vie frugale et veulent gagner plus, pourraient continuer de travailler comme aujourd'hui.

---

98. C'est la position défendue par Antonio Negri et Michael Hardt dans leur livre à succès, *Empire*.

En effet, si l'on peut vivre sans travailler dans la société actuelle, ce n'est qu'en utilisant les possibilités même qu'offre le système. Il y a une minorité de chômeurs professionnels qui savent utiliser toutes les ruses pour bénéficier le plus longtemps possible des allocations chômage… Mais cela suppose que les assurances chômage existent toujours et cela suppose donc que la grande majorité des individus mènent une activité salariée et cotisent à l'UNEDIC ! Les « réfractaires au travail » prient secrètement pour que les autres ne les imitent pas. Ils font semblant de ne pas voir que le capitalisme est un système, c'est-à-dire que toutes les parties se tiennent et que ceux qui ne sont pas enrôlés directement dans la production capitaliste ne tiennent pourtant leur situation que de l'existence même de ce mode de production. Le « réfractaire » qui filme d'autres « réfractaires » oublie que sa caméra est le produit d'un procès de production complexe et qu'il n'a pu se la procurer que parce que ces engins coûteux ont été fabriqués en série dans des usines où l'on ne plaisante pas du tout avec la productivité. On a parfaitement le droit d'essayer de rompre avec la société, de trouver un coin de campagne et d'y vivre directement de son travail, mangeant les légumes de son jardin ou les œufs de ses poules. Mais on n'a pas le droit de prétendre que c'est là une proposition émancipatrice et on ne peut pas vouloir profiter par ailleurs des avantages de cette société qu'on prétend refuser, à moins d'ériger le cynisme en règle de vie.

La seule critique véritable du travail suppose la capacité de rompre, au moins intellectuellement pour commencer, avec le préjugé qui distingue radicalement le travail de l'activité libre conçue comme loisir. La véritable difficulté est de savoir ne pas tomber dans l'utopie. Dans une note de 1844, Marx donne un très bel exemple de cette utopie :

> « Supposons que nous produisions comme des êtres humains : chacun de nous s'affirmerait doublement dans sa production, soi-même et l'autre. 1° Dans ma production, je réaliserais mon individualité, ma particularité ; j'éprouverais, en travaillant, la

jouissance d'une manifestation individuelle de ma vie, et dans la contemplation de l'objet, j'aurais la joie individuelle de reconnaître ma personnalité comme une puissance réelle, concrètement saisissable et échappant à tout doute. 2º Dans ta jouissance ou ton emploi de mon produit, j'aurais la joie spirituelle immédiate se satisfaire par mon travail un besoin humain, de réaliser la nature humaine, et de fournir au besoin d'un autre l'objet de sa nécessité. 3º J'aurais conscience de servir de médiateur entre toi et le genre humain, d'être reconnu et ressenti par toi comme un complément à ton propre être et comme une partie nécessaire de toi-même, d'être accepté dans ton esprit comme dans ton amour. 4º J'aurais dans mes manifestations individuelles la joie de créer la manifestation de ta vie, c'est-à-dire de réaliser et d'affirmer dans mon activité individuelle ma vraie nature, ma sociabilité humaine [*Gemeinwesen*].

« Nos productions seraient autant de miroirs où nos êtres rayonneraient l'un vers l'autre [99]. »

Commentant ce texte, Maximilien Rubel écrit qu'il s'agit d'une « des plus belles pages de l'utopie marxienne inhérente au *Capital*[100]. » C'est effectivement un très beau texte, qui paraîtrait, aux positivistes et aux utilitaristes d'aujourd'hui, comme la manifestation d'un idéalisme échevelé. En donnant « la vision d'un monde où l'homme libéré de la propriété privée, travaille selon sa vocation [101] », Marx montre ce qu'est une critique vraiment radicale du travail dans le mode de production capitaliste. « Supposons… » : oui, que nous produisions comme des hommes, de manière vraiment humaine ; ce n'est pour l'heure qu'une supposition, car nous continuons, avec toute notre science et notre technique, à travailler comme des animaux.

Cependant Rubel a sans doute raison de classer la vision de Marx parmi les utopies. L'individualisme immédiatement uni à l'existence sociale, l'affirmation du je dans la reconnaissance du tu, il y a là une

---

99. MARX (K.), *Manuscrits parisiens*, note 22, in *Œuvres II*, p. 33.
100. M. Rubel, notes de l'édition de la Pléiade, *Œuvres II*, p. 1604.
101. M. Rubel, *ibid.*

vision du communisme profondément imprégnée du christianisme. Marx ne s'est jamais complètement défait de cette vision. On la retrouve plus de trente ans plus tard dans la *Critique du programme de Gotha* :

> « Dans une phase supérieure de la société communiste, quand auront disparu l'asservissante subordination des individus à la division du travail et, avec elle, l'opposition entre le travail intellectuel et le travail manuel ; quand le travail ne sera pas seulement un moyen de vivre, mais deviendra lui-même le premier besoin vital ; quand, avec le développement multiple des individus, les forces productives se seront accrues elles aussi et que toutes les sources de la richesse collective jailliront avec abondance, alors seulement l'horizon borné du droit bourgeois pourra être définitivement dépassé et la société pourra écrire sur ses drapeaux "De chacun selon ses capacités, à chacun selon ses besoins" [102] ! »

Mais on ne voit pas bien comment débarrasser totalement les individus de la subordination à la division du travail. Comme Marx considère que la plus grande des forces productives est la coopération qui suppose la division du travail, il faudrait admettre qu'il ne s'agit pas de faire disparaître la division du travail, mais de donner aux individus une instruction suffisamment polyvalente pour qu'ils puissent exercer des professions différentes, se livrer à des travaux variés et ne plus être abrutis par les tâches répétitives. Deux objections risquent cependant de ruiner ce bel idéal :

— un certain nombre de travaux nécessaires risquent bien de n'être jamais choisis par nos producteurs libres, parce qu'il s'agit de travaux peu gratifiants, trop fatigants, etc. ;
— la complexité des travaux dans la société contemporaine rend assez illusoire la polyvalence. Beaucoup de travaux ne peuvent être

---

102. MARX (K.), « Gloses marginales au programme du parti ouvrier allemand », *op. cit.*

correctement exécutés que s'ils sont exécutés fréquemment et si l'habitude ne s'en perd point. Un chirurgien peut sans doute faire un excellent jardinier du dimanche, mais un jardinier professionnel aura du mal à être un chirurgien du dimanche…

Dans l'utopie marxienne du travail, comme d'ailleurs dans l'utopie politique de la suppression de l'État, il entre une vision peu réaliste de la nature humaine et des limitations qui lui sont inhérentes. Cependant, l'utopie ne devrait peut-être pas être complètement abandonnée, car elle peut fixer une espèce d'idéal à partir duquel pourrait se concevoir l'instruction aussi bien que l'éducation morale. Néanmoins, Marx lui-même se montre plus prudent dans les manuscrits du *Capital*. Aux grandioses perspectives de l'utopie machiniste, il substitue l'idée de notre écartèlement irrémédiable entre le règne de la nécessité et celui de la liberté. Dans le texte qu'Engels a placé en conclusion du livre III du *Capital*, il écrit :

> « À la vérité, le règne de la liberté commence seulement à partir du moment où cesse le travail dicté par la nécessité et les fins extérieures ; il se situe donc, par sa nature même au-delà de la sphère de la production matérielle proprement dite [103]. »

L'homme ne peut donc ni se libérer par le travail, en général, ni se libérer du travail, dans ce qu'il a de nécessaire et donc de nécessairement contraignant par certains côtés. Car le travail apparaît bien comme une nécessité et une contrainte éternelles.

> « Tout comme l'homme primitif, l'homme civilisé est forcé de se mesurer avec la nature pour satisfaire ses besoins, conserver et reproduire sa vie ; cette contrainte existe pour l'homme dans toutes les formes de société et sous tous les types de production. Avec son développement cet empire de la nécessité naturelle s'élargit parce que

---

103. MARX (K.), *Capital*, livre III, Conclusion, *Œuvres II*, p. 1487-1488.

les besoins se multiplient ; mais en même temps se développe le processus productif pour les satisfaire [104]. »

C'est même une contrainte qui, sous un certain angle, ne peut aller qu'en s'élargissant. Marx, ici, ne semble pas faire la promotion du travail (le travail deviendrait un jeu !) puisque le travail reste du domaine de la nécessité – c'est-à-dire le contraire du jeu. Il cherche, au contraire, à établir une échelle des valeurs nouvelle. Cependant, on ne doit pas considérer le travail comme une malédiction – il ne s'agit nullement de revenir au mépris antique du travail tout juste bon pour les esclaves. Une certaine forme de liberté peut exister dans le cadre même du travail.

> « Dans ce domaine, la liberté ne peut consister qu'en ceci : les producteurs associés – l'homme socialisé – règlent de manière rationnelle leurs échanges organiques avec la nature et les soumettent à leur contrôle commun au lieu d'être dominés par la puissance aveugle de ces échanges ; et ils les accomplissent en dépensant le moins d'énergie possible, dans les conditions les plus dignes, les plus conformes à leur nature humaine. Mais l'empire de la nécessité n'en subsiste pas moins [105]. »

Dans la mesure où le travail reste nécessaire, il s'agit de penser la liberté sur le terrain de la nécessité. La liberté dont il s'agit est une liberté limitée, elle n'est pas le libre développement des potentialités qui sont en l'homme, qui ne peut s'accomplir qu'au-delà de la sphère de la production matérielle. C'est une liberté qui présente deux aspects :

– une compréhension de la nécessité suffisante pour éviter le gaspillage, rationaliser les rapports entre l'homme et la nature, préserver les deux sources de la richesse sociale que sont le travail et la terre. Par conséquent, quand le marxisme traditionnel voit le

---

104. *Ibid.*
105. *Ibid.*

communisme comme la libération des forces productives entravées par les rapports de propriété capitaliste, en interprétant cela comme le développement sans frein de la production et de la technique, il se trompe — une fois de plus, pourrait-on ajouter. Pour Marx, le capitalisme, en tant que système de la production pour la production (nécessaire à la poursuite de l'accumulation), est un système irrationnel et le but de l'humanité n'est pas de produire toujours plus, mais, au contraire, d'être économe ;
— si la nécessité du travail doit s'imposer éternellement, parce que l'homme demeure un être naturel, il reste que l'homme peut espérer abolir la domination que ses propres échanges exercent sur lui, et donc agir en tant qu'homme socialisé. Il ne s'agit donc pas seulement de transformer les rapports de propriété, mais de transformer les rapports que les individus ont avec leur propre travail social objectivé.

C'est donc du côté de la communication, c'est-à-dire des relations directes entre les hommes, et non du côté du travail, c'est-à-dire des relations des hommes aux choses, que la liberté humaine peut s'inscrire au cœur même de la nécessité. L'homme ne peut se débarrasser de la nécessité, il peut seulement en organiser les formes autrement, dans des conditions conformes à sa nature.

> « C'est au-delà que commence l'épanouissement de la puissance humaine qui est sa propre fin, le véritable règne de la liberté, qui cependant ne peut fleurir qu'en se fondant sur ce règne de la nécessité. La réduction de la journée de travail est la condition fondamentale de cette libération [106]. »

Conclusion prosaïque qui a le mérite de prendre en compte la réalité contradictoire du travail : il n'y a pas d'émancipation sans travail, c'est-à-dire sans production — puisque le travail est à la fois la nécessité naturelle et ce qui contraint l'homme à réveiller les facultés qui

---

106. *Ibid.*

sommeillent en lui[107] – et en même temps, il n'y a de véritable émancipation qu'en dehors du temps de travail nécessaire. D'où l'importance de la diminution de la journée de travail, une question qui figure aussi au centre du livre I du *Capital*. Alors que cette question occupait le devant des revendications sociales dans les années soixante-dix et quatre-vingt, elle a aujourd'hui presque totalement disparu. Les socialistes qui avaient institué la semaine de 35 heures, dans des conditions très discutables d'ailleurs, le regrettent presque et sont prêts à rallonger la durée de travail par l'augmentation de la durée de cotisations pour pouvoir bénéficier de la retraite. Quant aux autres partis (en France et ailleurs), ils font de l'augmentation de la durée du travail leur cheval de bataille. « Travailler plus ! », voilà le mot d'ordre. Mot d'ordre qui apparaît complètement absurde : pourquoi faudrait-il travailler plus au fur et à mesure que les progrès techniques, notamment l'automatisation, mais aussi le développement de la coopération par une division du travail mondiale, augmentent considérablement la productivité du travail ? Pourquoi faut-il travailler plus, alors même qu'on demande par ailleurs de devenir économe pour « sauver la planète » ? Travailler plus, alors que le chômage, ouvert ou camouflé, concerne entre un quart et un tiers de la population active potentielle, notamment en Europe[108] ? Cette absurdité manifeste découle de la logique contradictoire du développement du mode de production capitaliste.

Ainsi, les discussions sur le travail en général ne doivent pas faire oublier la réalité du travail salarié dans notre société, une réalité certes multiforme, mais, pour l'immense majorité des travailleurs des pays

---

107. Voir MARX (K.), *Capital*, livre I, section III, chap. VII, *Œuvres I*, édition de la Pléiade, p. 728.

108. Les statistiques officielles dans ce domaine sont encore plus « bidonnées » que celles de l'ex-Union soviétique. Les 10 % annoncés en France (mais près de 25 % en Espagne) à l'heure où nous écrivons résultent d'artifices qui permettent de sortir des chômeurs quelqu'un qui a travaillé un jour dans le dernier mois. On pourrait ajouter le nombre de femmes qui voudraient travailler ou travailler à plein temps et qui y renoncent, les jeunes qui font des études plus ou moins factices, des stages de formation qui ne forment pas, les seniors dispensés d'emploi et on verrait qu'on est très loin des données officielles.

où maintenant se concentre la production, marquée par des conditions qui sont encore celles que Marx décrit dans le *Capital*, et, pour les travailleurs des pays les plus riches, soumise au stress, à l'intensification de la production, au contrôle des esprits par les méthodes du management moderne, et par l'angoisse de perdre son travail. Dans ces conditions, les tartufferies sur la « valeur travail » ont quelque chose d'assez répugnant.

Chapitre IV
Aliénation et société de consommation

Selon les thuriféraires de la modernité, l'immense accumulation de marchandises par quoi s'annonce la richesse dans nos sociétés serait en elle-même l'expression d'un progrès prodigieux de la liberté. Les défenseurs de la mondialisation n'ont même pas hésité à faire valoir que la possibilité de choisir entre une dizaine de marques de céréales pour son petit-déjeuner constituait en elle-même une expression adéquate des progrès de la liberté et de la démocratie[109]. Si la liberté réside dans le choix, les hypermarchés sont alors effectivement les lieux de la liberté comme libre arbitre. Devant l'immense rayon des lessives, l'âne de Buridan resterait coi jusqu'à l'heure de fermeture du magasin alors que l'homme moderne, sujet souverain, peut se décider librement entre toutes ces lessives qui lavent plus blanc que blanc... La multiplication des objets techniques offerts à nos désirs est aussi la promesse d'une puissance d'action toujours plus grande : les télécommunications et les moyens de transport modernes nous affranchissent de notre condition d'hommes enracinés dans l'ici et maintenant. Métaphore de la toute-puissance promise à l'homme

---

109. On doit cette contribution essentielle à la philosophie de la liberté à Peter Martin qui était rédacteur en chef de l'édition internationale du *Financial Times* à la fin des années quatre-vingt-dix. Voir sur ce point notre ouvrage, *La Fin du travail et la mondialisation*.

technologique : la télécommande qui ouvre les portes ou zappe le réel représenté sur des petits écrans de moins en moins petits. Toute une tradition philosophique faisait de la recherche de la possession des biens matériels une tyrannie qui soumettait l'individu ; la société de consommation moderne répond pratiquement en exhibant chaque jour l'immense liberté que procurent ces biens disponibles à profusion – on se souvient du slogan : « Moulinex libère la femme ».

L'homme riche en besoins est l'homme civilisé

Commençons par le commencement : la critique de la société de consommation a mauvaise presse. Elle fut, dit-on, le fait d'étudiants petit-bourgeois soixante-huitards gâtés et non des ouvriers qui aspiraient, eux, à pouvoir jouir des bienfaits de la consommation. Aujourd'hui encore, sous le nom de « décroissance », ne trouvons-nous pas une idéologie portée par une classe moyenne satisfaite de son sort et qui se propose de délivrer des leçons de morale à la terre entière ? Le mépris du « matérialisme sordide des masses » fut longtemps la marque distinctive de l'aristocratie la plus réactionnaire : ne risque-t-on pas de voir une certaine critique d'extrême gauche radicale rejoindre le discours des sectateurs de Charles Maurras ? De fait, les raisons de se méfier des contempteurs de la société de consommation ne manquent pas. Si l'on ne veut pas ajouter un discours de la déploration des temps et des mœurs à une litanie déjà bien longue, il faut essayer de comprendre ce qu'a apporté la pensée des temps modernes comme pensée du développement économique et de la civilisation industrielle et commerciale, et pourquoi elle a gagné les esprits et les cœurs.

La modernité, depuis la Réforme et le XVIIe siècle, a opéré un renversement complet des valeurs morales. La pauvreté n'est plus vertueuse et la richesse n'est plus honteuse. L'accumulation des richesses matérielles pour le protestantisme n'est pas à rechercher en vue de la jouissance, mais témoigne du travail justement récompensé. Les hommes des Lumières glorifient « le bon luxe » dont les vertus pacificatrices et civilisatrices semblent évidentes. C'est sans doute

Hegel qui fait la théorie la plus subtile de ce monde moderne que les « choses » (Georges Perec) vont envahir. Dans le passage des *Linéaments de la philosophie du droit*, Hegel expose magistralement la dialectique des besoins et ses vertus civilisatrices. On nous permettra d'en donner un commentaire détaillé tant ce texte saisit l'essence même de la société bourgeoise. Loin d'être la marque de l'asservissement aux besoins matériels, la poursuite du confort, la naissance d'un « homme riche en besoins » (comme le dira Marx) est l'expression objective d'un véritable progrès de la liberté.

Le moment décisif est celui de l'analyse du « système des besoins ». Parce qu'il parle de la société moderne, Hegel commence par les individus.

> « § 189. Dans un premier temps, la particularité en tant que ce qui est déterminé face à l'universalité du vouloir en général est *besoin subjectif*, lequel parvient à son objectivité, c'est-à-dire sa satisfaction, par le moyen α) de choses extérieures qui sont tout aussi bien la *propriété* et le produit d'autres besoins et volontés, et β) par l'activité et le travail, en tant que ce qui fait la médiation entre les deux côtés. »

Le vocabulaire, un peu abrupt, de Hegel permet de comprendre avec précision les réalités les plus concrètes. L'individu – la particularité – est déterminé « face à l'universalité », c'est-à-dire face à la société qui impose ses exigences. L'individu n'est pas englobé dans l'universalité, il n'est pas simplement une partie d'un tout, il existe « déterminé face » à la société. Et comment l'individu existe-t-il face à l'universalité ? En manifestant un « besoin subjectif ». Que l'individu pense avoir besoin de quelque chose ou ressente le besoin de quelque chose – d'un morceau de pain, d'un mets luxueux, d'un gadget informatique… – c'est là le point de départ du système des besoins qui contient en germe toute la « société civile bourgeoise ».

Poursuivons. Le besoin subjectif parvient à son objectif, « c'est-à-dire sa satisfaction ». C'est clair : objectivité = satisfaction. Les Anciens distinguaient les vrais et les faux besoins – ou plutôt, pour parler comme Épicure, les besoins naturels et nécessaires et les désirs vains – ce que l'on retrouve dans toutes les critiques contemporaines de la consommation ou chez les défenseurs de la « frugalité volontaire ». Mais rien de tel chez Hegel. Le besoin – tout besoin – commence par être subjectif et trouve son objectivité dans sa satisfaction. Mais le passage du subjectif à l'objectif ne s'opère pas par miracle. Il lui faut une médiation ou plutôt une double médiation. La satisfaction exige des choses extérieures qui appartiennent ou non au sujet et qui sont (ou non) les choses nécessaires à la satisfaction d'un autre et ce qui permet d'obtenir ces choses extérieures, ce qui fait « la médiation entre les deux côtés », c'est tout simplement le travail : le travail qui permet au sujet de produire ce dont il a besoin ou qui permettra d'obtenir d'un autre (par l'échange) ces « extérieures » quand elles sont la propriété d'un autre.

De là, Hegel montre que le besoin subjectif est au point de départ de la sphère de l'échange, « la sphère de la finitude », dont la rationalité est « l'entendement » : il s'agit en effet de la capacité qu'ont les individus de calculer où est leur intérêt, compte tenu de leurs besoins subjectifs et cette capacité permet la « réconciliation » à l'intérieur même de cette sphère : chacun comprend qu'il a besoin des autres et chacun est ainsi conduit à respecter les règles communes. Même s'il s'agit d'une société rationnelle minimale, on voit que le besoin a déjà des effets civilisateurs.

Dans un additif au § 189, Hegel note encore ceci :

> « Il y a certains besoins universels, comme manger, boire, se vêtir, etc., et la façon dont ils sont satisfaits dépend entièrement de circonstances contingentes. Le terrain est, ici ou là, plus ou moins fertile, les années de récolte se suivent et ne se ressemblent pas. Tel homme est courageux, tel autre fainéant ; mais ce fourmillement d'arbitraire engendre à partir de lui-même des déterminations universelles, et cette apparente dispersion et absence d'idée conductrice est tenue par une nécessité qui intervient spontanément. Découvrir ici cette nécessité est l'objet de l'économie d'État, science qui fait honneur

à la pensée parce qu'elle trouve les lois qui rendent compte d'une masse de contingences. C'est un spectacle intéressant de voir comment toutes les connexions ont ici un effet rétroactif, comment les sphères particulières se regroupent, ont une influence sur les autres et rencontrent en elles quelque chose qui les favorise ou leur est un obstacle. Ce passage de l'un dans l'autre, auquel on ne croit pas tout d'abord parce que tout semble être abandonné à l'arbitraire de l'individu singulier, est tout particulièrement remarquable et présente une ressemblance avec le système planétaire qui ne montre jamais aux yeux que des mouvements irréguliers, mais dont les lois pourtant peuvent être connues. »

Passage remarquable qui semble tout droit sorti d'Adam Smith ! La satisfaction des besoins (« la maximisation de l'utilité » diraient les économistes d'aujourd'hui) agit en quelque sorte à la manière de la gravitation universelle newtonienne ; elle est en quelque sorte la « loi de Newton » de la société. Elle ordonne spontanément ce qui semble n'appartenir qu'aux volontés arbitraires des individus et à la contingence des circonstances. L'ordre naît spontanément de la liberté des individus. Une idée que développera Hayek avec la notion de *catallexie*. Mais la différence est que chez Hegel, cette spontanéité ne l'est jamais vraiment tout à fait. Le contingent exprime le nécessaire et c'est un mouvement dialectique qu'il faut saisir ici : ce qui est étroitement borné doit se nier lui-même pour devenir universel et ce qui est imposé (le besoin) se nie pour que la liberté devienne en soi et pour soi.

Chez les philosophes antiques, principalement les Stoïciens mais pas seulement, l'homme devait se libérer du besoin en apprenant à limiter ses désirs, en apprenant à se contenter de peu – du pain et de l'eau fraîche suffisent au plaisir affirme Épicure ! Chez Hegel, au contraire, il n'y a pas à se libérer des besoins, mais plutôt à se libérer du besoin dans l'abondance des besoins qui permet à l'homme de choisir et de dépasser sa condition animale. Ainsi :

> « § 190 – L'animal a un cercle limité de moyens et de façons de satisfaire ses besoins, qui sont eux-mêmes également limités ; l'homme, même dans cette dépendance, prouve en même temps qu'il en sort et qu'il la dépasse, d'abord par la multiplication des besoins et des moyens, puis par la décomposition et la différenciation du besoin concret en parties et en côtés singuliers, qui deviennent autant de besoins divers particularisés, et de ce fait plus abstraits. »

Être humain, ce n'est donc pas, selon Hegel, s'astreindre à limiter la sphère des besoins – ce qui est le propre de l'animal –, mais bien plutôt multiplier les besoins. Ici, Hegel expose de manière très condensée ce processus de multiplication des besoins, même en partant des besoins les plus proches des besoins naturels. Comme tout animal, l'homme doit se nourrir – il est de ce point de vue dans la même dépendance que les animaux. Mais il dépasse cette dépendance par la décomposition et la différenciation du besoin concret : pour se nourrir, l'homme a besoin d'instruments lui permettant, de tuer l'animal, découper la chair ; il apprend aussi à préparer sa nourriture – en la faisant cuire, étape décisive savons-nous maintenant dans le processus d'hominisation qui conduit à *homo sapiens*. Il prend aussi l'habitude des manières de table. L'individu n'a pas seulement besoin de manger ou de boire, il a besoin d'une chaise, d'une nappe, d'une assiette, de plats, de fourchettes, etc. Le besoin se différencie aussi : besoin de nourritures variées, raffinées, etc. Cette décomposition et cette différenciation font précisément entrer dans le monde de l'esprit.

> « Additif au § 190 – […] Le besoin de se loger et de s'habiller, la nécessité de ne plus laisser la nourriture à l'état brut, mais de se la rendre adéquate et de détruire son immédiateté naturelle, font que l'homme n'a pas la partie si facile que l'animal ; d'ailleurs, en tant qu'esprit, il ne lui est pas permis de l'avoir si facile. L'entendement, qui saisit les différences, introduit la multiplication dans ces besoins, et, dans la mesure où le goût et l'utilité deviennent des critères d'appréciation, les besoins en sont également affectés. En fin de compte, ce n'est plus tant le besoin (réel comme manque) mais

l'opinion qui doit être satisfaite, et c'est justement à la culture qu'il revient de décomposer le concret en ses particularités. Il y a précisément dans la multiplication des besoins un blocage du désir, car, quand les hommes consomment beaucoup, la force qui les pousse vers ce qui leur manquerait n'est pas très forte ; c'est un signe que la misère n'est pas du tout si violente que cela. »

Le besoin à satisfaire n'est pas tant le « besoin réel » que « l'opinion ». C'est ce qu'on voit aisément dans la mode, mais au fond dans tout le développement de la consommation des sociétés modernes. La distinction entre besoins naturels et besoins artificiels est de ce point de vue à peu près vide. Nous n'avons aucun véritable besoin de moyens de transport rapides, ni de télécommunications, ni de tout ce qu'a apporté la technique moderne : on peut parfaitement vivre en dehors de toute cette technologie, comme font les amish, mais leurs robustes maisons en bois et leur agriculture ne sont pas plus naturelles. On peut aussi vivre sans livres, sans arts, etc. Mais finalement une telle vie n'aurait plus rien d'une vie humaine. C'est donc bien dans la logique du développement (de la multiplication) des besoins que s'enracine, ainsi que l'affirme encore Hegel, la culture. Et la culture en général est inséparable du raffinement.

« § 191 – De la même façon se *partagent* et se *multiplient* les *moyens* correspondant aux besoins particularisés ainsi que, par ailleurs, les façons de les satisfaire, lesquelles deviennent à leur tour des fins relatives et des besoins abstraits. Cette multiplication qui se poursuit à l'infini est précisément dans cette proportion une *différenciation* de ces déterminations et une *appréciation* de l'adéquation des moyens à leurs fins : c'est le *raffinement*. »

Et il est impossible de fixer un terme à ce développement du raffinement.

> « Additif au § 191 – Ce que les Anglais désignent par *comfortable* est quelque chose d'absolument inépuisable qui se poursuit à l'infini, étant donné que chaque confort atteint finit à son tour par faire la preuve de son inconfort, si bien que ces inventions n'ont pas de fin. C'est pourquoi un besoin est produit non pas tant par ceux qui l'éprouvent de manière immédiate que, bien plutôt, par les gens qui cherchent à réaliser un gain en le faisant naître. »

Là encore, Hegel se montre un fidèle commentateur de l'économie politique classique. Ce n'est pas le besoin qui est premier, mais l'offre de nouveautés qui créent le besoin. Ce qui motive cette offre, c'est l'appât du gain, un mobile en lui-même peu recommandable : on ne peut fonder aucune morale sur ce simple principe de l'appât du gain, mise à part la morale du Mandeville de la fable des abeilles. Cependant, par une ruse de la raison, ce sont ces mauvais penchants des hommes qui en font les agents actifs du processus de développement de la culture, c'est-à-dire du processus de civilisation.

Hegel, pourtant, n'est pas un apologiste béat de la nouvelle économie politique. Au contraire, il saisit clairement les limites de cette logique du développement des besoins.

> « § 195 – Cette libération est formelle en ceci que la particularité des buts demeure le contenu de base. Quand la situation sociale s'oriente vers la multiplication et la spécification indéterminées des besoins, moyens, et jouissances qui, comme la différence entre besoins naturels et besoins non formés par la culture, n'ont pas de limite, bref dans le luxe, il y a une augmentation tout aussi infinie de la dépendance et du manque... »

La libération du besoin est aussi une augmentation de la dépendance : celle-ci peut être vue comme la multiplication des liens sociaux et, sous cet angle, une augmentation de la liberté, mais aussi comme une limitation de cette même liberté en ce sens qu'il y a aussi une augmentation infinie du manque. C'est en outre une libération qui reste enfermée dans la particularité et n'est donc que purement formelle : l'individu qui satisfait ses besoins les plus raffinés est libre d'un certain point de vue, mais cette liberté n'est pas la liberté en soi et pour soi.

Vrais besoins, faux besoins ?

Nous nous sommes attardés un moment sur l'analyse de Hegel parce qu'elle nous semble incontournable et inspirera Marx. L'un et l'autre considèrent que l'homme civilisé est l'homme « riche en besoins ». La critique qu'il nous semble nécessaire d'adresser à la « société de consommation » ne portera donc pas sur le fait qu'elle développerait des besoins factices, précisément parce qu'il nous semble impossible de séparer le nécessaire du superflu ou le besoin réel du besoin artificiel. Pour celui qui ne lit pas, n'aime pas lire, et trouve que la lecture est une occupation stérile, le besoin de livres est un besoin parfaitement superflu… Celui qui se nourrit de pain de mie graissé à la viande hachée considère que la gastronomie est un luxe pour les snobs. Si l'on pense, comme Pascal, que tout le malheur de l'homme vient de ce qu'il est incapable de se tenir en repos dans sa chambre, le commencement de la sagesse sera de renoncer à tous les voyages – et d'ailleurs voyager fatigue ! Si le besoin est d'abord subjectif, s'il correspond d'abord à ce que le sujet éprouve, on voit tout de suite qu'il est impossible de se faire une idée commune de ces besoins. Et il est parfaitement légitime que chacun dans ce domaine juge selon sa propre complexion. Vouloir décider socialement quels sont les besoins réels et quels sont les besoins factices, c'est nécessairement établir une « dictature sur les besoins », formule qui caractérise très précisément ce que fut le « socialisme réel », selon les analyses éclairantes de Ferenc Feher et Agnes Heller[110].

---

110. Voir notamment, « La dictature sur les besoins » par Ferenc FEHER in HELLER (Agnes) et FEHER (Ferenc), *Marxisme & démocratie, au-delà du socialisme réel*, Maspero, « Petite Collection », 1981.

Dans une brève contribution, Agnes Heller fait un sort à la distinction entre « vrais » et « faux » besoins, une distinction selon elle privée de sens, sauf si l'on s'imagine être une sorte de dieu, surplombant la société et capable de déterminer extérieurement ce que doit être le système des besoins correspondant à cette société. Ceux qui décident quels sont les vrais et quels sont les faux besoins ne font que reconduire une figure très classique, celle de la masse aliénée incapable de savoir ce qui est bon pour elle, opposée à une minorité qui, pour des raisons mystérieuses, est « désaliénée » et donc capable d'avoir une connaissance vraie. Cette distinction a toujours servi de justification aux églises, porteuses de la vérité et chargée d'éclairer le vulgaire. On y inclura « l'église » léniniste qui repose sur le même genre de préjugé en faveur des minorités éclairées.

Cette tentation de la « dictature sur les besoins » se retrouve très nettement dans les politiques prônées par les écologistes. Parmi les plus remarqués, le député vert français Yves Cochet, qui a fait diverses propositions, comme celles visant à décourager les familles d'avoir un troisième enfant – une idée qu'il reprenait au père de l'écologie politique française, René Dumont – ou à supprimer la nourriture carnée en proposant une journée végétarienne obligatoire au restaurant de l'Assemblée nationale, une mesure symbolique refusée même par ses propres amis, sans doute effrayés de ce qu'elle révélait quant au mépris des libertés individuelles les plus élémentaires. Il est vrai que si l'on pense comme Hans Jonas, inspirateur philosophique de l'écologie la plus dure, que les hommes doivent être traités comme des enfants en vue de préserver les générations futures, il est assez cohérent de leur dicter ce qu'ils doivent ou non manger, s'ils ont ou non le droit de faire des enfants et ainsi de suite.

Sans aller jusqu'à ces prises de positions caricaturales qui ont parfois justifié l'appellation de « khmers verts », même une tentative raisonnable de limiter la consommation, par exemple en fonction d'impératifs environnementaux, se heurte à de nombreuses difficultés. Pour un citadin, disposant d'un réseau de transports en commun dense, la condamnation de l'automobile individuelle est aisée. Mais en la généralisant, elle suppose que le mode de vie citadin devient le seul « politiquement correct », car il est exclu pour des raisons économiques évidentes de faire passer un bus toutes les dix minutes ou même toutes les heures dans le moindre hameau de campagne. Il est d'ailleurs remarquable que les écologistes soient souvent des urbains, partisans du mode de vie urbain, qui ne conçoivent la campagne que comme une nature reposante pour les vacances ou des réserves naturelles pour la biodiversité. Si donc on veut absolument faire triompher les transports en commun sur l'automobile individuelle, il faut terminer le travail engagé depuis plusieurs siècles consistant à vider les campagnes. On sait que ce fut une des grandes ambitions du régime de Ceausescu... Sans aucun doute, la crise des transports est-elle une vraie crise qui demande des solutions radicales[111], mais il faut constater la remarquable propension des « ingénieurs sociaux » en tout genre à militer pour des solutions qui conduisent immanquablement à limiter la liberté élémentaire de choisir son propre mode de vie.

Certains partisans de la décroissance, refusant l'autoritarisme, ne demandent pas qu'on limite par l'intervention politique la consommation. Ils défendent l'idée de « frugalité volontaire ». Ils prônent dans une tradition qui pourrait remonter à Tolstoï un appel à la conscience individuelle et à l'action par l'exemple. *A priori*, on ne peut rien objecter à cette démarche, sinon qu'elle n'est pas une politique.

---

111. La relocalisation de l'économie réduirait drastiquement les transports. Si la règle du « zéro stock » n'était pas devenue un dogme sacré, le stock ne serait pas en train de circuler sur les camions. Si on n'avait pas sciemment détruit le commerce de proximité au profit des quelques firmes oligopolistiques des hypermarchés, les gens ne seraient pas contraints de prendre leur voiture pour aller faire leurs courses dans ces hideuses zones commerciales, toutes identiques, qui défigurent le paysage urbain. Sans les délocalisations perpétuelles et une politique de ségrégation sociale par l'habitat, les travailleurs des grandes villes n'auraient pas à passer plusieurs heures par jour dans les transports : tout le monde sait que les ouvriers et employés qui travaillent à Paris ne peuvent pas se loger à Paris en raison des loyers prohibitifs. Voilà quelques pistes qui permettraient d'agir de manière sérieuse sur la question des transports sans culpabiliser l'automobiliste et sans attenter à la liberté de quiconque – sauf peut-être à la liberté de quelques groupes d'imposer leur loi à toute la population.

Il y a une première dimension évidente. Que chacun prenne sur lui-même de ne pas gaspiller les ressources naturelles non renouvelables et, plus généralement, de prendre soin du monde dans lequel il vit, voilà une démarche qui devrait faire partie de *l'ethos* commun. Au fond, c'est du même ordre que respecter les règles de politesse, porter le cabas des vieilles dames dans l'escalier, ou aider les aveugles à traverser au carrefour. Que l'on soit obligé de faire des campagnes politiques pour promouvoir ces évidences, cela ne fait qu'illustrer un des aspects de la « dé-civilisation » dont nous avons parlé plus haut.

La deuxième dimension est nettement plus problématique. La notion de frugalité est bien documentée dans les éthiques antiques ou chrétiennes parce qu'elle y renvoie à une doctrine de la vie bonne ou du salut. Mais déconnectée de ces contextes, on voit mal de quoi il s'agit. Il n'y a pas de valeur morale, en soi, au fait de ne pas prendre une douche tous les matins, de prendre l'escalier et non l'ascenseur, de ne pas manger du caviar à chaque repas ou de refuser le lave-vaisselle et les couches-bébé jetables. Si l'on s'en tient aux raisons écologiques et non morales, on pourra s'amuser à relever les contradictions et les discussions interminables auxquelles tout cela pourrait donner lieu : le lave-vaisselle est certes un horrible symbole de la société de consommation, mais il économise l'eau dans de grandes proportions. Le vrai frugal n'est donc pas celui qui fait la vaisselle à la main, mais celui qui se passe de vaisselle : on mange avec ses doigts et une seule écuelle pour toute la famille ! Quant au bilan écologique du lavage des couches en tissu pour les bébés, il mériterait d'être fait…

Sans doute faudrait-il, pour des raisons liées aux capacités de nourrir 10 milliards d'humains avant la fin de siècle, décourager l'excès d'alimentation carnée et revaloriser d'autres modes de consommation. Mais alors là, on n'est plus dans l'appel à la conscience morale de chacun, mais dans l'action publique. L'État, des collectifs de citoyens, des associations paysannes, etc., pourraient prendre en charge une telle transformation socio-économique. Mais alors il ne s'agit plus de frugalité et la volonté est redevenue collective.

On essaie d'enfermer les citoyens dans un débat piégé : d'un côté, les technophiles fanatiques pensent que la technique peut résoudre tous les problèmes de l'humanité – et en particulier ceux de l'alimentation grâce aux OGM et aux progrès de la chimie[112] – d'un autre côté les technophobes qui n'ont pas d'autre solution à proposer que de nous serrer la ceinture. Plus généralement, il semblerait donc que nous soyons devant l'alternative suivante : soit on admet que la multiplication infinie des besoins est la seule voie conforme à la nature humaine et à sa liberté, et on espère que les progrès techniques et scientifiques donneront une solution aux graves questions qu'a fait naître la crise écologique ; soit on pense qu'il faut organiser une autolimitation drastique des besoins et du développement technique de l'humanité, une sorte de *global downsizing* dont les conséquences seraient sans doute très éloignées de l'idéal de convivialité et de simplicité heureuse que font miroiter les défenseurs de cette position. Mais présenté ainsi, ce débat est faussé parce qu'il est anhistorique et n'explore pas les tendances réelles de la société contemporaine.

En premier lieu, tout en admettant que l'homme civilisé est l'homme riche en besoins, on observera que le capitalisme ne repose pas sur le développement de cette richesse en besoins, mais sur une espèce de gloutonnerie visant des besoins spécifiques qui correspondent aux champs d'accumulation du capital intéressants. Sur cette question, on trouve un développement intéressant dans les *Manuscrits de 1844*. Marx constate tout d'abord que, dans le mode de production capitaliste, « chacun s'applique à susciter chez autrui un besoin nouveau pour le contraindre à un nouveau sacrifice, pour le placer dans une nouvelle dépendance[113]. » Le marché de la drogue est, de ce point de vue, paradigmatique. Les *dealers* commencent à donner la drogue, notamment aux jeunes, pour susciter la dépendance qui remplira leurs caisses, ou plutôt celles du fournisseur en gros. Mais

---

112. On travaille sur la culture artificielle de tissu musculaire ce qui permettrait de manger du steak (?) sans avoir à élever des vaches...
113. MARX (K.), *Manuscrits de 1844, op. cit.*, p. 185.

pratiquement tout le marché fonctionne de cette manière, la publicité jouant un rôle fondamental dans sa capacité à manipuler l'imagination et à susciter le désir. Dans les cohues des « croyants » qui se pressent dans les magasins spécialisés à l'annonce de la console de jeu dernier cri ou du téléphone portable capable de tout faire sauf balayer la chambre et griller le pain, il y a quelque chose d'étrange. On trouve les mêmes phénomènes de transes que dans les grandes manifestations religieuses ou, de façon plus profane, chez les groupies des vedettes de la chanson, mais cette fois, c'est pour une chose. Le fétichisme de la marchandise atteint ici sa pleine extension.

Il reste à analyser complètement les mécanismes de ce rapport quasi religieux aux marchandises.

On l'a dit plus haut : dans une société où la coopération sociale s'exprime sous la forme de l'échange marchand, les individus, spontanément, perçoivent les rapports entre eux, entre leurs travaux concrets, vivants, comme des rapports entre les qualités abstraites des choses qui se mesurent les unes dans les autres. Cette explication générale doit être affinée. Les besoins sont toujours conditionnés socialement et ce n'est pas propre au mode de production capitaliste. Mais la société capitaliste est la première dans laquelle les hommes semblent aussi radicalement soumis aux choses. Le maître domine ses esclaves ès qualité et il en va de même pour le rapport entre le seigneur et le serf. Dans le mode de production capitaliste, le patron n'est pas là en tant qu'individu humain possédant des qualités spéciales – comme les nobles qui se prétendaient d'une race à part – mais en tant que possesseur de capital et voué à sa mise en œuvre. Si dans le rapport salarial, règne un certain genre d'égalité (cf. chapitre précédent), c'est seulement dans la mesure où le possesseur de capital et l'homme aux écus se présentent comme également soumis au besoin d'argent.

Dans la *Phénoménologie de l'esprit*, Hegel invente cette scène originaire de la reconnaissance qu'est le conflit entre maîtrise et servitude (*Herrschaft und Knechschaft*), ce que l'on désigne sous le nom de dialectique du maître et de l'esclave. Tout commence par la lutte à mort :

« L'individu qui n'a pas mis sa vie en jeu peut certes être reconnu comme *personne* ; mais il n'est pas parvenu à la vérité de cette reconnaissance, comme étant celle d'une conscience de soi autonome [114]. »

La soumission du valet au maître est, dans le combat, la soumission de celui qui préfère la vie. Le valet est l'incarnation de la conscience non autonome, « l'être pour un autre ». Le désir du maître obtient sa jouissance par l'intermédiaire du valet. Le valet est l'intermédiaire entre le maître et la chose. Hegel montre le caractère contradictoire et le développement de cette relation qui doit être dépassée. Mais ce qu'il est important de noter, ici, c'est que dans le rapport salarial, il n'y a rien de tel. Les deux contractants (qui ne se combattent pas, mais s'accordent à titre d'être humains abstraits libres et égaux) sont également soumis au besoin de l'équivalent général. Le capitaliste apparaît au contraire simplement comme du capital ayant pris allure vivante et l'ouvrier n'est pas le moyen du capitaliste, mais celui du capital. C'est d'ailleurs pourquoi on ne retrouve pas dans le rapport salarial moderne les rapports maîtres-valets qui caractérisent les périodes antérieures et encore très souvent le vieux capitalisme patrimonial et familial. Chez Hegel, le maître a besoin d'un valet parce que ce valet est aussi une conscience de soi (non autonome). Le représentant d'un fonds de placement n'a pas besoin de consciences non autonomes, car il n'a pas de relation du tout avec les ouvriers employés de ce qui n'est pas « son entreprise », mais un placement.

Le caractère totalement abstrait et complètement déshumanisé du capitalisme moderne [115] explique ce poids qu'ont pris les choses dans

---

114. HEGEL (GWF), *Phénoménologie de l'esprit*, IV, traduction de J.-P. Lefebvre, Aubier, 1991.
115. Longtemps critiqué – et à juste titre – le vieux capitalisme paternaliste apparaît maintenant sous des couleurs presque plus flatteuses. Le patron était un homme qui rencontrait d'autres hommes et devait éventuellement affronter au moins leurs regards dans les périodes de conflit. Il y avait encore quelque chose d'une relation d'homme à homme, même s'il s'agissait d'une relation inégale et souvent perverse.

les phénomènes d'identification. Comme le Dieu abstrait de la Bible a besoin de figurations diverses pour le rendre accessible à la sensibilité, aux affects, de même le dieu Argent est trop abstrait pour être l'objet comme tel de vénération. Dans le rapport religieux au monde des choses, au lieu que l'argent représente toute richesse équivalente, c'est-à-dire fonctionne comme équivalent général, comme représentant de la valeur, les marchandises particulières deviennent des représentants de leur représentant. Du point de vue de l'économie politique, une certaine somme libellée en dollars est l'équivalent d'un gadget électronique à la mode. Mais du point de vue de la religion de notre époque, le gadget en question n'est pas une marchandise, ni même une valeur d'usage, mais la matérialisation de cette somme en dollars. L'Apple Store est le temple où l'on fête la théophanie du dieu Argent. Que nous soyons alors dans un monde religieux et non plus dans le monde de l'économie marchande ordinaire prouve assez le fait que les règles de base de la maximisation de l'utilité ne jouent pas. On achète la marque pour la marque et non la marchandise parce qu'elle offre le meilleur rapport qualité-prix. Et on a d'abord d'autant plus d'engouement pour cette chose qu'elle est plus inutile – la folie pour les consoles de jeux après lesquelles courent maintenant des hommes d'âge mur devrait suffire pour réfuter l'idée que les hommes sont des êtres agissant rationnellement par finalité.

Ainsi « le besoin d'argent est le vrai et unique besoin suscité par l'économie [116]. » Ce que développe le capitalisme, ce n'est donc pas tant la richesse en besoins que la pénurie d'argent.

> « La quantité devient de plus en plus l'unique et puissante propriété de l'argent. De même qu'il réduit tout être à une abstraction, de même il se réduit lui-même, dans son propre mouvement, à un être quantitatif. La démesure, l'excès devient sa véritable mesure [117]. »

---

116. MARX (K.), *op. cit.*, p. 186.
117. *Ibid.*

L'avidité de nouveautés, la recherche frénétique d'achats à faire, l'empilement de choses qui ne servent à rien et finissent dans les « foires à tout » – lieux sacrés où l'on pratique les mystères de la résurrection des idoles déchues – tout cela n'est que la conséquence de cette soumission des hommes au monde social qu'ils ont créé et reproduisent avec enthousiasme, le monde où domine la valeur.

> « Sur le plan subjectif même, cela se manifeste d'une part en ceci que l'extension des produits et des besoins devient l'esclave inventif et rusé d'appétits inhumains, contraires à la nature et imaginaires [118]. »

Ici se manifeste encore l'inversion de la téléologie vitale. Les produits ne sont plus créés pour satisfaire des besoins, mais pour produire des besoins imaginaires, « pour exciter ses facultés émoussées de jouissance ». On pourrait discuter cette distinction entre les besoins imaginaires et les autres puisque le besoin est toujours ressenti subjectivement comme désir et que le désir n'est autre chose que l'appétit lié à l'imagination. Cependant, c'est bien l'imaginaire – l'image publicitaire, par exemple – qui organise le besoin. Mais dans le même temps, le besoin est réduit au besoin de choses matérielles que peut produire le mode de production capitaliste. Le besoin de beauté ne peut pas être satisfait par l'industrie qui ne sait pas produire des chefs-d'œuvre en série. Mais l'industrie sait parfaitement produire des reproductions sur les foulards, sur des agendas ou des porte-clés, d'images des chefs-d'œuvre de l'art universel. On a ainsi l'envahissement des musées par les marchands de pacotille qui finissent par submerger les œuvres elles-mêmes. L'homme ne vit pas que de pain, il vit aussi d'idéaux : comme le capitalisme ne peut pas produire d'idéaux, il enseigne que les seuls idéaux valables résident dans les marchandises (ou les services) qu'on peut se procurer contre argent. Le paradis se vend dans les agences de voyage. L'homme a besoin d'amour. Le capital lui offre du sexe fabriqué en série, de la pornographie industrielle. Il a besoin de communauté – les relations

---

118. *Ibid.*

avec les autres sont aussi vitales que le pain et l'eau. Le capital lui offre des outils de communication qui servent à se parler à soi-même.

Même si la distinction entre les « vrais » et les « faux » besoins est très problématique, il est possible de cerner en quoi le mode de production capitaliste produit son propre système de besoins et en quoi ces besoins ne sont pas des besoins que l'homme développerait naturellement dans n'importe quel type de société, mais correspondent uniquement à une phase historique déterminée.

À ce premier aspect, on peut ajouter que le capitalisme, en même temps qu'il semble développer les besoins de manière illimitée, les restreint de l'autre. Les individus en tant que consommateurs doivent toujours désirer plus, mais en tant que travailleurs, ils doivent apprendre à se retreindre. Marx, entreprenant la critique de l'économie politique, faisait cette remarque :

> « D'après ses calculs [ceux de l'économiste], la vie la plus indigente possible est la norme universelle valable pour la masse des hommes ; il faut donc de l'ouvrier un être dépourvu de sens et de besoins, comme il faut de son activité une pure abstraction de toute activité. Le moindre luxe chez l'ouvrier lui paraît condamnable et tout ce qui dépasse le besoin le plus abstrait – fût-ce une jouissance passive ou une quelconque manifestation d'activité – lui semble un luxe. L'économie politique, science de la richesse est donc, en même temps, science du renoncement, des privations, de l'épargne [...]. Cette science de la merveilleuse industrie est en même temps la science de l'ascétisme, et son véritable idéal est l'avare ascétique, mais usurier, et l'esclave ascétique, mais producteur [119]. »

À l'homme qui se promène le dimanche dans les supermarchés, la publicité dit « laisse-toi tenter », « donne vie à ton désir », « achète : le luxe, il n'y a rien de tel ». Mais dans la semaine, le capitaliste, le même qui se paie ces publicités aguicheuses, ces images tentatrices, ces voix

---

119. MARX (K.), *Manuscrits de 1844*, op. cit., p. 188.

de sirènes standardisées, dit à son employé : « tu me coûtes déjà trop cher ! Ton salaire est une charge insupportable pour l'entreprise ! Contente-toi de vivre chichement. » Le même gouvernement, au même moment, fait des campagnes pour inciter les gens à consommer en vue de relancer l'économie et à épargner en vue de leurs retraites. Les psychologues nomment cette double injonction contradictoire *double bind*, « double lien » ou « double contrainte », une situation redoutablement pathogène. Quand on éduque des enfants sous cette double injonction, ils deviennent souvent très agressifs et violents. Cette violation du principe d'identité rend fou.

Enfin, de nouveaux besoins apparaissent sans cesse qui ne sont que les besoins pour réparer les dégâts provoqués par la satisfaction d'autres besoins ou par les modes de satisfaction de ces besoins. Il faut, certes, faire des distinctions : l'augmentation de la durée moyenne de la vie – qui correspond tout simplement à l'effort de chaque être pour persévérer dans son être – implique l'augmentation des besoins en soins aux personnes âgées. Mais comme personne ne pourrait raisonnablement vouloir faire le choix de raccourcir la vie et de renoncer aux efforts de la médecine, on doit accepter cette multiplication des besoins qui fait partie du processus même de civilisation. En revanche, le développement de la consommation de masse dans le cadre capitaliste ne vise pas à développer la satisfaction, mais plutôt l'accoutumance et l'addiction. Celles-ci à leur tour font naître de nouveaux besoins – l'industrie alimentaire développe, entretient et encourage l'obésité et elle produit à son tour une industrie et des services de lutte contre l'obésité. Le comportement global des sociétés riches ressemble à celui de ces ivrognes qui se font vomir pour continuer à ingurgiter leur alcool favori. La logique du besoin que Hegel peint de manière plutôt positive est ici totalement inversée. Les choses ne sont pas produites pour satisfaire les besoins humains, ce sont au contraire les besoins humains qui sont conditionnés et façonnés pour permettre la consommation et donc la production à flux continu.

Essayer de comprendre le système sans questionner le système des besoins, c'est se condamner à n'y rien comprendre. Les besoins sont insérés dans un système dont ils forment des sous-systèmes. À Henri Lefebvre, on doit quelques-unes des analyses les plus pertinentes de la manière dont ces sous-systèmes programment les comportements quotidiens des individus dans la société de consommation. Lefebvre définit un sous-système comme une activité sociale spécialisée avec des objets et des acteurs, des organisations et des institutions et des textes. Selon cette définition, la mode forme un sous-système, mais « dans la perspective de la quotidienneté programmée », c'est, selon Lefebvre, l'automobile qui forme le meilleur exemple de sous-système. L'Auto (la majuscule s'impose !) est bien l'objet-roi – c'est peut-être un peu moins vrai aujourd'hui qu'au moment où Lefebvre écrivait, mais cela le reste largement. L'Auto régit les comportements, impose sa loi à la ville (« la ville se défend mal » devant le « système », écrit Lefebvre [120]). En imaginant les contraintes de la circulation portées à l'absolu, il poursuit :

> « L'espace se conçoit selon les contraintes de l'automobile. Le Circuler se substitue à l'Habiter et cela dans la prétendue rationalité technicienne. Il est vrai que pour beaucoup de gens, leur voiture est un morceau de leur « habiter » voire le fragment essentiel. Peut-être y aurait-il lieu d'insister sur quelques faits curieux. Dans la circulation automobile, les gens et les choses s'accumulent, se mêlent sans se rencontrer. C'est un cas surprenant de simultanéité sans échange, chaque élément restant dans sa boîte, bien clos dans sa carapace. Ce qui contribue aussi à dégrader la vie urbaine et à créer la psychologie ou plutôt la psychose du conducteur [121]. »

L'objet « Auto » peut être considéré comme un simple moyen destiné à la satisfaction d'un besoin (qu'il s'agisse du besoin de se déplacer, d'épater les filles ou de témoigner de sa réussite sociale). En ce sens, on pourrait le considérer comme un outil d'une plus grande liberté (sans chipoter plus sur l'idée que l'on se fait de la liberté).

---

120. LEFEBVRE (H.), *La Vie quotidienne dans le monde moderne*, p. 191.
121. *Op. cit.*, p. 192.

L'analyse de Lefebvre nous montre que ce serait s'aveugler. Si l'Auto est bien un sous-système, ce sous-système fait partie des moyens par lesquels les individus sont disciplinés en vue d'agir conformément aux besoins... du système lui-même. Certes, le système et ses sous-systèmes sont des produits de l'activité humaine. Mais nous ne faisons que retrouver là, à partir d'une autre perspective, le problème classique de l'aliénation.

Ce que Lefebvre dit de l'Auto pourrait sans trop de difficultés être étendu aux sous-systèmes qui se sont développés depuis les années soixante. Beaucoup de choses ont été écrites sur l'objet « téléphone portable » et ses significations. Il existe même une « ontologie du téléphone mobile[122] ». Le téléphone mobile structure l'homme mobile. Il est ce qui rend possible la mobilité universelle et ce qui la prescrit. Il donne l'illusion de la liberté – je ne suis plus cloué à la maison ou au bureau à attendre que le téléphone sonne –, mais en même temps, il est la forme la plus radicale d'asservissement des individus qu'ait pu inventer la société contemporaine. Je suis toujours joignable ! Le téléphone sans fil est un gros fil à la patte.

On peut étendre à toutes les techniques de communication basées sur la révolution du numérique ce genre d'analyses. Peut-être faut-il vraiment payer d'une nouvelle servitude les avantages (réels !) que nous apportent ces techniques. Peut-être faut-il admettre qu'il n'y a pas de progrès sans perte. Mais il vaut mieux le savoir : savoir quelles chaînes on porte au lieu de prendre ces chaînes pour les fleurs de la liberté, c'est déjà commencer à s'en libérer.

Le « temps libre » ou l'aliénation suprême

Les sociétés traditionnelles justifiaient l'exploitation du travail des esclaves ou des manants par le loisir que cette exploitation offrait aux classes supérieures, qui, débarrassées du souci des besoins de la vie ordinaire, pouvaient se consacrer aux activités les plus élevées, celles

---

122. FERRARIS (M.), *T'es où ? Ontologie du téléphone mobile*, Albin Michel, 2006, « Bibliothèque des idées », avec une introduction d'Umberto Eco.

qui demandent des vertus qui ne peuvent exister que si elles ont été cultivées avec soin. La guerre n'a pas seulement la fonction utilitaire de protéger un territoire ou d'en conquérir d'autres : elle est l'occasion pour les nobles de montrer leur valeur, leur courage et leur habileté dans les arts du combat. Mais le loisir doit être aussi consacré aux arts et à la pensée. Même les dirigeants politiques qui considèrent la politique comme un métier se gardent bien d'y passer tout leur temps. Par exemple, Louis XIV, pénétré des charges de son métier, n'omet jamais de se réserver de larges de plages de temps consacrées au loisir et à la protection des arts et des lettres.

Au XVe siècle, l'introduction des armes à feu a rendu la guerre chevaleresque obsolète. La bravoure et les qualités individuelles des héros devaient céder la place à la toute-puissance de la technique. Le combat n'était plus un loisir, une activité digne des hommes les meilleurs (les aristocrates), mais un métier comme un autre, un sale métier le plus souvent. Restait la culture, apanage des clercs qui devait bientôt devenir la spécialité des philosophes, des littérateurs, de toute cette classe « d'intellectuels » avant la lettre. Le protestantisme a fait la théorie du monde en train de changer en dévalorisant le loisir et en valorisant le travail[123]. Sur ce plan, le capitalisme est égalitariste : personne n'est dispensé de travailler, le capitaliste comme l'ouvrier doivent se vouer à leur métier.

Le capitalisme se donne pour mission de mettre l'humanité au travail, au travail contrôlé, rationalisé, mesuré. Les paysans chassés de

---

123. Dans l'éthique protestante, surtout calviniste, qui considère l'homme sous un angle radicalement pessimiste, le travail reste la seule activité qui puisse occuper l'homme de la manière la moins mauvaise possible. Voir encore WEBER (M.), *L'Éthique protestante...* Henri Lefebvre écrivait de son côté : « Le modèle de la société sur-répressive, c'est celle qui eut pour idéologie dominante le *protestantisme*. Beaucoup plus fine et plus rationnelle que le catholicisme en tant que théologie et philosophie, beaucoup moins répressive par l'appareil, les dogmes et les rites, la religion protestante accomplit plus subtilement les fonctions répressives de la religion. Chacun porte en soi son Dieu et sa raison. Chacun devient son prêtre. Chacun se charge de réprimer les désirs, de contenir les besoins. Ce qui donne un ascétisme sans dogme ascétique, sans autorité qui ordonne l'ascétisme. » (*La Vie quotidienne dans le monde moderne*, p. 272).

leur terre préfèrent souvent devenir des mendiants ou des bandits plutôt que devenir des salariés. Qu'à cela ne tienne : on fera des lois contre les mendiants, on les arrêtera et on les mettra de force au travail (cf. *supra*). Le capitalisme traque les loisirs, comme autant de temps gaspillé pour la production. On a beaucoup étudié l'obsession des médecins et pédagogues du XVIIIe et du XIXe siècles pour la question de la masturbation des enfants et des adolescents. Les manuels du célèbre Tissot ont été abondamment commentés – Tissot qui avait été influencé sur ce sujet par Rousseau. On ne peut cependant pas éviter de mettre en parallèle la transformation de la masturbation en problème central et la lutte contre la paresse. La masturbation est une dépense de temps et d'énergie qui serait ainsi soustraite à l'exigence du travail.

En même temps, la dynamique même du mode de production capitaliste implique la croissance continue de la productivité du travail, à la fois par la division du travail, la rationalisation de toute l'activité laborieuse – avec ce qui va devenir l'OST (Organisation scientifique du travail) et le taylorisme – et par la mécanisation et l'automatisation. L'effet de ce processus est, du point de vue du capital, extrêmement paradoxal. Dans un passage souvent commenté de l'ébauche de 1857-1858 du *Capital*, Marx expose le problème dans toute son acuité :

> « Le capital est une contradiction en acte : il tend à réduire au minimum le temps de travail, tout en en faisant l'unique source et la mesure de la richesse. Aussi le diminue-t-il dans sa forme nécessaire pour l'augmenter dans sa forme inutile, faisant du temps de travail superflu la condition – *question de vie ou de mort* – du temps de travail nécessaire[124]. »

---

124. MARX (K.), *Ébauche d'une critique de l'économie politique*, manuscrits de 1857-1858, in *Œuvres II*, p. 306.

Mais ce qui est contenu dans cette contradiction, c'est que le capital, dans son propre procès, tend à abolir le travail :

> « La *création*, en dehors du temps de travail nécessaire, *de nombreux loisirs* au profit de la société en général et de chaque individu en particulier pour le plein développement de ses facultés créatrices, apparaît dans le système capitaliste et précapitaliste comme temps de non-travail, comme loisir pour quelques-uns. Ce qu'il y a de nouveau dans le capital, c'est qu'il augmente le temps du surtravail des masses par tous les moyens de l'art et de la science, puisque aussi bien il a pour *but immédiat* non la valeur d'usage, mais la *valeur en soi*, qu'il ne peut réaliser sans l'appropriation directe du surtravail, qui constitue sa richesse. Ainsi, réduisant à son minimum le temps du travail, le capital contribue malgré lui à créer du temps social disponible au service de tous pour l'épanouissement de chacun [125]. »

C'est donc la contradiction qui gît au cœur du processus de formation de la valeur (« la valeur en soi »), par opposition à la valeur d'usage, qui produit son propre dépassement, et ce dépassement n'est pas la « libération du travail », mais son abolition ou, au moins, sa réduction au strict minimum. Ce que le capital rend possible, c'est non le loisir pour quelques-uns, comme dans les sociétés antiques ou féodales, mais le loisir pour tous et la libre créativité de chacun. Que cette société de loisir pour tous et de libre créativité de chacun ne soit pas réalisée, c'est une chose : dans les prétendus pays socialistes, c'est au contraire le travail qui est valorisé. Mais la tendance analysée par Marx se manifeste néanmoins à l'intérieur même du mode de production capitaliste et de manière souvent contradictoire. Sous la pression des conflits sociaux, il a dû concéder des baisses substantielles de la durée du travail, des congés payés, le droit à la retraite, concessions le plus souvent faites par peur de tout perdre, concessions souvent remises en cause (comme dans la période qui s'est ouverte

---

125. MARX (K.), *op. cit.*, p. 307.

dans les années quatre-vingt du XXe siècle et qui se poursuit aujourd'hui), mais concessions sérieuses et réelles tout de même. Pour autant, ce temps de loisirs concédé ne constitue pas à proprement parler du temps libre. Il s'agit d'un temps lui aussi soumis à la logique du mode de production capitaliste.

Cette soumission s'opère sous différents plans. Le premier, si important qu'on l'oublie trop souvent, c'est que l'homme moderne ne décide presque plus jamais du temps qui sera son temps libre. Il doit planifier son travail, ses rendez-vous ; il est soumis aux décisions et aux demandes des individus avec lesquels il est en relation professionnelle. S'il est salarié, il lui faut négocier ses horaires, ses vacances, etc. Même quand les horaires sont flexibles, il y a une pointeuse pour rappeler que le temps libre n'est que le complément du temps de travail et que c'est ce dernier qui a le dernier mot. Encore une fois, nous sommes si habitués à cela que nous n'y faisons pas attention. Il est normal de demander à son chef de sortir une heure plus tôt pour aller à un rendez-vous chez le médecin. Pratiquement plus personne ne ressent à quel point cela signifie que nous avons perdu tout sens de la liberté. Le paysan au bout de son champ peut s'arrêter quand il lui plaît pour discuter avec un passant, avec un voisin ; il peut même, si cela lui chante, rentrer chez lui et remettre au lendemain ce qu'il n'a plus le courage de faire le jour même. Il ne doit de comptes à personne. Le coiffeur, installé sur la place du village, encore dans les années soixante, sortait boire un verre au bistrot avec chaque nouveau client, laissant en plan le client qu'il avait commencé à tondre... à la fin de la journée, la coupe de cheveux n'était pas toujours très droite, le client pouvait compter passer sa matinée chez le coiffeur et le coiffeur n'est pas mort très vieux, mais personne ne comptait son temps, chacun semblait en disposer selon sa fantaisie. Tout cela est devenu à peu près impossible. Le principe de rentabilité a aujourd'hui établi sa tyrannie jusque chez ce coiffeur. Pour prendre un verre avec un ami, il faut maintenant consulter les agendas, constater qu'on est *surbooké* et trouver, par chance, un tout petit intervalle de temps qui ne soit pas encore planifié, programmé et définitivement occupé. Et, comme on le sait bien, sous le régime de l'Occupation, on n'est pas libre et la seule liberté est de résister.

La programmation du temps libre, c'est-à-dire sa transformation en occupation, commence dès l'enfance. Le modèle éducatif des classes supérieures s'est généralisé dans les classes moyennes et en partie dans la classe ouvrière : le temps hors école de l'enfant doit être occupé. Il faut suivre le conservatoire pour tenter de jouer d'un instrument, faire du sport, aller au cours de danse, etc. Le contrôle des activités enfantines n'a sans doute jamais été aussi prégnant. Les vacances sont elles aussi très programmées. Le club de vacances (exemple paradigmatique, le Club Med), ce sont des vacances sans vacance, des vacances clé en main et sans inattendu – sauf, éventuellement météorologique.

Jean Chesneaux parlait du « despotisme du temps » comme une des caractéristiques essentielles de la modernité.

> « Programmer le temps, c'est poser en principe que ni l'ordre productif ni l'ordre social ne peuvent évoluer autrement que le long d'un axe temporel univoque. Cette vision unilinéaire du progrès procède d'une philosophie de l'inéluctable et de l'irréversible à laquelle se réfèrent constamment les partisans de l'ordinateur et du nucléaire : "On n'arrête pas le progrès…" Discours qui se ramène pourtant à une soumission docile envers le fait accompli [126]. »

Ce despotisme du temps envahit tout l'espace de la vie personnelle jusqu'à la boucher complètement.

> « La fonction traditionnelle du progrès technique était de "gagner du temps" : ainsi la machine à laver. Aujourd'hui ce progrès multiplie les contraintes du temps et l'encombre jusqu'à la congestion : ainsi le magnétoscope [127]. »

---

126. CHESNEAUX (J.), *De la modernité*, p. 36.
127. CHESNEAUX (J.), *op. cit.*, p. 40.

On vend des appareils pour enregistrer des émissions et des films sur les dizaines de chaînes de télévision auxquelles n'importe qui peut avoir accès. Sur les disques durs des ordinateurs, c'est moins encombrant que les cassettes vidéo qui s'entassaient sur les rayonnages et qu'on n'avait jamais le temps de regarder... jusqu'au moment où l'on s'est aperçu que le magnétoscope était un matériel obsolète qu'il ne restait plus qu'à jeter ces précieux enregistrements à la poubelle. Mais le fond de l'affaire est le même : pour « rentabiliser » l'achat de tout ce fatras électronique, il nous faudrait disposer d'une machine à regarder la télévision à notre place...

Le temps dit libre est encore soumis au principe de rentabilité et à la logique du mode de production capitaliste sous un autre angle : le loisir, qui a cédé la place aux loisirs n'est, en fait, qu'une organisation sociale de la consommation nécessaire pour faire tourner la machine de production. Le loisir fait partie intégrante du monde de la marchandise. Faire du tourisme, ce n'est pas voyager, c'est se déplacer en empruntant des transports qu'il faut réserver à l'avance (l'avion, le train) et faire appel à toutes sortes de sociétés de service spécialisées dans le tourisme. Les lieux touristiques sont entièrement conçus pour accueillir le touriste : billetterie, boutiques, restaurants pour touristes... Si la publicité est le « langage de la marchandise », ainsi que l'affirme Henri Lefebvre[128], on doit en tirer quelques conséquences :

> « Dans la deuxième moitié du XXe siècle, en Europe, en France, *rien* (un objet, un individu, un groupe social) ne *vaut* que par son double, son image publicitaire qui l'auréole. Cette image *double* non seulement la matérialité sensible de l'objet, mais le désir, le plaisir. En même temps, elle rend fictifs le désir et le plaisir. Elle les situe dans l'imaginaire. C'est elle qui apporte le "bonheur", c'est-à-dire la satisfaction dans l'état de consommateur[129]. »

---

128. Lefebvre (H.), *op. cit.*, p. 198.
129. Lefebvre (H.), *op. cit.*, p. 200.

C'est pourquoi « la publicité fait fonction d'idéologie ». Elle définit un bonheur normal, le bonheur consistant dans la consommation, le bonheur identifié à la saturation. Extrait d'une conversation avec une jeune fille : « tu vas à Paris demain, mais c'est dimanche, les magasins sont fermés ! » C'est le cri du cœur : que pourrait-on faire à Paris si les magasins sont fermés ? Que peut-on faire n'importe où si les magasins sont fermés ? C'est pourquoi il faut à tout prix ouvrir les magasins le dimanche, afin de permettre à tous les individus ravalés au rang de consommateur anonyme de communier dans les allées des hypermarchés et autres centres commerciaux. Mais il faut bien comprendre que la publicité n'indique pas simplement des biens offerts à la jouissance de tous. Elle est prescriptive. Comme la religion ne vous promet le bonheur éternel qu'en récompense de l'observation de ses commandements et rituels, la publicité ordonne les actions à accomplir pour atteindre le paradis du consommateur. L'impératif est son mode privilégié (Achetez ! Inscrivez-vous ! Restez connecté ! Laissez parler vos désirs ! etc.). Elle fournit également des modèles, des idéaux. On a suffisamment parlé de l'image de la femme véhiculée par la publicité.

Enfin, le temps libre n'échappe pas à l'extension du processus de rationalisation technique et de bureaucratisation de la société (pour suivre ici encore les analyses de Max Weber). La création en 1981 d'un « ministère du temps libre » reprenait sans le savoir l'*Opera Nazionale Dopolavoro* (OND) de l'Italie fasciste... C'est que le temps libre est une affaire sérieuse ! Créé le 1er mai 1925 – le jour précisément de cette fête de lutte des ouvriers décidée par l'Internationale – l'OND s'inscrivait dans la politique mussolinienne visant à forger un « homme nouveau ». L'article 1er de ses statuts précisait : « l'après-travail a pour objectif de promouvoir un emploi sain et profitable des heures libres des travailleurs avec des institutions et des initiatives dirigées vers le développement des capacités morales, intellectuelles et physiques dans le climat spirituel de la Révolution Fasciste. » Il s'agissait d'organiser toutes sortes d'initiatives sportives, culturelles, artistiques, pour supplanter les formes populaires spontanées de la fête. En 1935, le régime instituait les samedis fascistes : le travail devait s'arrêter à 3 heures de l'après-midi pour laisser place à des activités sportives orientées vers l'entraînement militaire. Le ministère éphémère de Michel Henry en 1981 n'avait pas de semblables ambitions ; sa fonction essentielle était de donner un hochet à un « bonze » syndical du PS tout juste arrivé au pouvoir. Ses initiatives dans le domaine de l'encadrement des loisirs sont restées très limitées. Mais l'idée que la fête doit être liée à l'organisation étatique s'est, quant à elle, bien implantée. La Fête de la musique, la Nuit des musées, et d'autres encore, expriment clairement cette organisation étatique du temps libre. Les bals populaires ont cédé la place à de gigantesques opérations festives commerciales qui mobilisent d'importantes forces de police, une organisation bureaucratique et des dispositifs sanitaires tout à fait impressionnants : *gay pride, techno-parade, love-parade*, on est ici dans un domaine cogéré par l'État et des entrepreneurs privés en vue d'organiser les loisirs des masses. Le sport de compétition est, lui aussi, clairement une sorte « d'appareil idéologique d'État », pour parler le langage des althussériens. Pour tous les États, le sport de compétition est un enjeu politique et idéologique considérable. Reprenant une vieille recette qui date de l'Empire romain (*panem et circenses*, « du pain et des jeux du cirque »), les États modernes l'ont perfectionnée et développées avec les moyens de la technique la plus sophistiquée. On se reportera sur ce point aux travaux de Jean-Marie Brohm. En 1968, avec le numéro 43 de la revue *Partisan* intitulé « Sport, culture et répression », s'engage une critique radicale du sport comme système étatique capitaliste d'embrigadement. Brohm affirme que « le pouvoir politique s'appuie partout sur la *mobilisation sportive de masse* » :

> « Cette mobilisation sportive – sport d'État, sport professionnel, sport amateur, sport de masse, sport pour tous, sport scolaire, sport ouvrier – s'appuie à son tour sur une politique globale de contrôle et d'assujettissement des corps (incorporation des habitus dominants, régulation des pulsions et des émotions, répression

sexuelle, normalisation des techniques corporelles, imposition d'un ordre corporel) [130]. »

L'opposition entre le travail soumis et le temps libre est très confuse. Dans les *Manuscrits de 1844*, Marx réfutait cette opposition en soutenant que l'ouvrier ne peut pas être libre pendant le temps de non-travail puisque ce temps est consacré à des activités « animales », manger, dormir, procréer et qu'inversement, si pendant le temps de travail il se consacre à des activités humaines (produire), c'est d'une manière inhumaine. Ce que nous soulignons ici, c'est autre chose. On doit admettre que le capitalisme a créé les conditions d'une généralisation du loisir et qu'il l'a permise en partie, mais dans des conditions et sous des formes qui en font un temps où s'étend le contrôle, la mise sous surveillance et la conformation des individus aux besoins du capital. Il ne s'agit pas de se faire le contempteur de l'avidité des masses, mais de comprendre au contraire les mécanismes d'une domination qui n'est pas seulement la contrainte violente, mais la fabrication d'habitudes de consentement à l'ordre capitaliste.

La désublimation répressive

Dans un ouvrage fameux en son temps, *L'Homme unidimensionnel*, Marcuse développe le concept de « désublimation répressive ». Le concept de sublimation est emprunté à Freud qui désigne par ce terme le processus de « désexualisation » de l'énergie sexuelle qui se fixe alors des buts idéaux. Ce processus permettrait, selon Freud, de rendre compte d'activités humaines apparemment sans rapport avec la sexualité, mais qui trouveraient leur ressort dans la force de la pulsion sexuelle, principalement l'activité artistique et l'investigation intellectuelle. « La pulsion est dite sublimée dans la mesure où elle est dérivée vers un nouveau but non sexuel et où elle vise des objets socialement

---

[130]. BROHM (J.-M.), « Corps et pouvoir : à propos du fascisme ordinaire » in revue *Mortibus*, 6/7, printemps 2008. La citation est extraite de l'introduction de l'auteur à une réédition d'un texte de 1976, publié alors par la revue *Quel corps ?*

valorisés », disent Laplanche et Pontalis[131]. Plus généralement, selon la théorie analytique, aucune civilisation et, pour tout dire, aucune société humaine n'est possible sans la répression/canalisation de la pulsion sexuelle[132]. Il pourrait donc sembler que la diminution de la répression sexuelle et la désublimation soient deux processus corrélés. Nous n'aurions finalement pas beaucoup de choix : renoncer à la répression reviendrait à renoncer à la culture dans ses manifestations les plus élevées. Marcuse montre que la société avancée, c'est-à-dire la nôtre, modifie considérablement les données du problème. Après avoir montré que la productivité technologique croissante et la conquête de l'homme et de la nature ont produit une intégration politique à la société avancée, il montre qu'il y a un phénomène analogue dans le domaine de la culture. Il y a un processus de désublimation qui prévaut dans certains secteurs de la société et qui conduit à la liquidation de nombreux éléments de la « grande culture » ou de ce que Marcuse appelle « culture supérieure », non parce que la « grande culture » se vulgariserait et dégénérerait, mais tout simplement parce qu'il n'y a plus de place pour elle dans la société avancée.

> « Le culte de la personnalité, de l'autonomie, de l'humanisme, de l'amour tragique et romantique, c'est l'idéal d'une époque révolue. [...] Aujourd'hui, l'homme peut faire plus que les héros ou les demi-dieux que sa culture a mis à l'honneur ; il a résolu beaucoup de problèmes qui paraissaient insolubles. Mais il a aussi trahi l'espoir et détruit la vérité que les sublimations de la culture supérieure protégeaient[133]. »

---

131. Laplanche (J.) et Pontalis (J.-B.), *Vocabulaire de la psychanalyse*, PUF, coll. « Quadrige ». Le concept est cependant très antérieur à Freud. On peut en trouver les premières esquisses chez Platon (dans *Le Banquet*) et chez Aristote dans sa théorie du génie.
132. Ce thème est largement développé dans deux importants essais de Freud, *L'Avenir d'une illusion* et *Malaise dans la civilisation*.
133. Marcuse (H.), *L'Homme unidimensionnel*, p. 89.

Cela ne signifie pas qu'il n'y a plus de culture : on produit des livres en quantités jamais atteintes auparavant, il y a des universités, des étudiants – et là aussi bien plus qu'il n'y en a jamais eu. Mais, ce que dit Marcuse est un peu différent : il soutient que la culture qui demeure et prospère est *unidimensionnelle*. La « grande culture », fondée sur la sublimation, suppose une mise à distance des intérêts quotidiens, des réalités matérielles immédiates. Elle constitue ainsi une autre dimension de la réalité. La société moderne rabat cette deuxième dimension sur la première. Elle ne détruit pas cette deuxième dimension dont elle peut faire usage en cas de besoin – par exemple, pendant la guerre froide. Elle lui ôte seulement tout ce qui manifeste le processus de sublimation, et c'est une des conséquences directes de l'extension de la domination de la marchandise :

> « Si les communications de masse confondent harmonieusement, et souvent de manière subreptice, l'art, la politique, la religion, la philosophie et le commerce, elles n'en réduisent pas moins ces domaines culturels à un dénominateur commun : la forme marchande [134]. »

Ici, peu importent le contenu des œuvres d'art, le sens de la pensée philosophique dès lors qu'elles sont réduites à des marchandises, des objets commercialisables et tous commensurables. Le diagnostic que Marcuse porte au début des années soixante – son livre paraît en 1964 aux États-Unis – s'est révélé parfaitement exact et confirmé par les nouveaux développements survenus depuis un demi-siècle. Les films publicitaires sont considérés à l'égal des œuvres d'art et les œuvres d'art elles-mêmes deviennent des objets publicitaires.

> « La distanciation artistique est sublimation. Elle crée des images de situations qui sont inconciliables avec le principe de réalité établi ; mais en tant qu'images culturelles, elles deviennent tolérables, instructives même et utiles. Cette imagerie a perdu son efficacité. Le

---

134. MARCUSE (H.), *op. cit.*, p. 90.

fait qu'elle prend place dans la cuisine, le bureau, le magasin, qu'elle est mise en circulation dans un but commercial, pour les loisirs est en un sens une désublimation – il remplace une satisfaction médiatisée par une satisfaction immédiate. Mais cette désublimation se fait à partir d'une "position de force" de la société qui peut se permettre de donner plus qu'auparavant parce que ses intérêts ont été pris en charge par ses citoyens au plus profond de leur être et parce que les satisfactions qu'elle procure sont des éléments de cohésion sociale et de contentement [135]. »

La « grande culture » ne pouvait exister et n'existait que comme une critique du règne de la bourgeoisie. Elle était, certes, portée par la bourgeoisie qui en faisait son supplément d'âme et un facteur de cohésion (respect des maîtres, respect du savoir, respect de ce qui dépasse l'homme ordinaire). Mais en même temps, elle valorisait le désintéressement, critiquait la vénalité, exaltait les valeurs les plus élevées, elle était spiritualiste par essence – même, si elle récitait Lucrèce ou les grands philosophes matérialistes. La culture de la « société avancée » n'a plus rien de critique : elle s'insère dans les industries culturelles et produit selon les normes de l'industrie. Là où la « grande culture » s'évertuait à instituer des hiérarchies, la culture « désublimée » méprise ces hiérarchies. Elle est radicalement démocratique. Tout se vaut. Tout le monde a le droit d'être un artiste et, pour tout dire, tout le monde est artiste et tout est art. Avec la désublimation, il n'y a plus de place pour le sublime ni pour le tragique. Place à la fête ! Place à la foire ! La « grande culture » était la mauvaise conscience de la bourgeoisie : de Balzac à Thomas Mann. Sous le règne de la désublimation, il n'y a plus de place pour la mauvaise conscience. La littérature est normalisée – les États-Unis, toujours en avance, montrent la voie avec les écoles d'écriture : on peut devenir un bon romancier comme on devenait un bon tourneur-ajusteur. Cette désacralisation de la culture, cette perte de

---

135. MARCUSE (H.), *op. cit.*, p. 105.

l'aura de l'œuvre d'art dont parlait Walter Benjamin, a pu être vécue comme une libération des anciennes disciplines – tout le mouvement de l'art moderne se présente comme un effort d'émancipation de la tyrannie des règles de l'art. Mais c'est aussi une conséquence du poids croissant de la techno-science dans la vie de tous les jours, qui participe du « désenchantement du monde » et des tendances les plus profondes de « l'esprit du capitalisme », ses tendances égalisatrices dès lors que l'unique mesure devient l'équivalent général, l'argent. Mais, dans le même temps, cette tendance égalisatrice produit, comme l'avait déjà soutenu Tocqueville, un conformisme étouffant. Ironique et décalé sur son époque, Régis Debray écrit :

> « Aujourd'hui, la vérité des sentiments personnels l'emporte sur les statuts et les convenances, l'authenticité a fait reculer les faux-semblants. Tant mieux. Mais on ne peut pas être anticonformiste en tout ; chaque époque fait sa part du feu. Dans celle qui s'ouvre l'originalité des mœurs est recommandée, celle des pensées, des goûts artistiques et des choix politiques déconseillée. L'amidon n'empèse plus la vie privée, il décolore l'espace public. Il prendra la forme d'un américanisme bon teint, tempéré par l'humanitaire et diplomatiquement docile [136]. »

Debray va cependant trop vite à propos de l'originalité des mœurs. Au cœur de ce processus, on trouve le bouleversement radical du rapport des instances sociales dominantes avec la sexualité. Si « le principe de plaisir absorbe le principe de réalité », il est possible non pas de libérer, mais de libéraliser la sexualité sous des formes directement utilisables par les instances chargées de produire du consensus et de la soumission à la domination. Analyste fin de cette « libération sexuelle » annoncée dans les années soixante et qui explosera après 1968, Marcuse y voit une « désublimation très efficace », rendue possible par le développement des contrôles sociaux de la technologie qui « généralisent la liberté tout en intensifiant la

---

136. DEBRAY (R.), *Dégagements*, Gallimard, NRF, 2010, p. 19.

répression [137] ». La libération de l'énergie sexuelle va de pair avec une dés-érotisation du monde – par exemple de la nature – et un asservissement croissant de la sexualité à des dispositifs techniques normalisés. L'industrie pornographique, largement démocratisée par Internet en donne un premier exemple. Mais, alors qu'on fait pas mal de bruit autour de ce phénomène, on oublie que l'essentiel se joue ailleurs. Quand la sexualité « épanouie » figure dans les magazines entre les recettes de cuisine diététique et l'apologie de l'activité sportive, c'est bien que le sexe n'a plus rien à voir avec l'érotisme, mais devient une des sous-disciplines de la gymnastique. L'éducation « victorienne » réprimait les manifestations de la sexualité juvénile et confinait aux maisons closes les extras du fantasme. Mais il se pourrait bien que l'éducation libérale, qui initie tôt les jeunes gens aux affaires sexuelles, en leur prodiguant conseils d'hygiène et de prudence, ait finalement des effets répressifs tout aussi ravageurs. La jouissance transformée en obligation de jouir, en impératif orgastique, crée de nouvelles frustrations. On a repoussé les barrières de la transgression beaucoup plus loin sans doute qu'elles ne l'ont jamais été, du moins à une échelle de masse, et du même coup on rend celle-ci plus violente, plus dangereuse. La frontière entre le fantasme (ou sa représentation) et le réel devient souvent très mince. Tous les « psys » s'accordent sur ce point : la difficulté de vivre de nombreux jeunes (et en particulier des jeunes garçons) est largement liée à la consommation massive d'images pornos qui deviennent la norme pour s'affirmer comme un « homme », un « vrai ».

La consommation de masse ne se contente pas des biens de consommation et d'usage ordinaires : alimentation, vêtements, appareils ménagers. Elle tend à envahir tous les champs de la vie et singulièrement ceux qui, jadis, étaient réservés à l'intimité. Il ne s'agit pas seulement du traitement médiatique de la sexualité ou de la sexualité des jeunes. De manière très emblématique, la « téléréalité », ainsi nommée parce qu'elle est l'empire du faux, met en scène

---

137. MARCUSE (H.), *op. cit.*, p. 106.

l'intimité sous l'œil du voyeur. Les multiples « shows-psy » convient vedettes et quidams à venir parler de ce dont on ne parlait pas. On peut demander à un ancien ministre ce qu'il pense de la fellation. La surabondance du discours sexuel dans l'espace public vise à régler l'espace intime, à le soumettre aux disciplines du corps exigées par la « société avancée ». Jusqu'au point où l'on demande une sanction (ou plutôt une sanctification) étatique et juridique des diverses pratiques et orientations sexuelles (cf. *supra*).

Enfin, alors que Hegel fait de la dialectique des besoins le principe de la civilisation par le raffinement, la désublimation dans la « société de consommation » uniformise les goûts et promeut la grossièreté comme une de ses valeurs importantes. Est-il besoin d'en donner des preuves ? Là encore, on y peut voir, et on doit y voir, l'affaissement des distinctions sociales et les effets niveleurs du capitalisme. Un président en short, faisant, « comme tout le monde », son jogging dans les rues de New York, est forcément un président démocratique. L'abandon, en voie de généralisation, du port de la cravate abolit les distances sociales entre les cadres, les professions libérales et les ouvriers. La généralisation du tutoiement, l'uniformisation des registres du langage, la banalisation des « gros mots » et des expressions vulgaires dans le discours public, la violation de la syntaxe par les plus hauts personnages de l'État s'inscrivent dans cet effacement des marques de distinction qui caractérisaient la société d'hier. On disait : « il parle comme un charretier » ! Mais le président d'aujourd'hui parle comme le charretier d'hier.

Les marques de distinction se retrouvent ailleurs : dans ce que l'homme distingué peut acheter. Il n'est nul besoin d'être riche à millions pour employer correctement l'imparfait du subjonctif ou pour construire correctement les phrases négatives... La correction et la civilité et même le port de la cravate le dimanche ou dans les rassemblements et manifestations[138] sont à la portée de tous. En

---

138. Le mouvement ouvrier à ses origines cherchait souvent à se présenter comme aussi respectable que les classes bourgeoises. Dans les congrès ouvriers, on mettait ses « habits du

revanche, les grosses berlines et montres de luxe sont des signes visibles et directement mesurables que les clivages sociaux demeurent. Mais ils s'expriment sous des formes que les générations antérieures auraient trouvées des plus vulgaires.

Il n'est pas question de nourrir le regret du « bon vieux temps ». La discipline par laquelle on inculquait à quelques privilégiés les beautés de la « grande culture » était épouvantable : le raffinement n'allait point sans les formes les pires de la cruauté et de la barbarie et les grandes écoles britanniques avec la pratique du fouet et un mépris total de la souffrance des jeunes gens sont restées des archétypes de ce qui a conduit à la révolte des jeunes générations contre l'éducation à l'ancienne. Il n'est pas question non plus de faire l'apologie de la répression sexuelle sur le modèle victorien dont Freud a montré suffisamment les effets pathogènes. Il s'agit seulement de lever le voile sur les prétendues libérations de notre époque afin de se demander si, à la désublimation répressive, il ne serait pas possible d'opposer une sublimation non répressive.

Plus généralement, la société contemporaine n'est pas « post-capitaliste ». Bien au contraire, elle déploie tout ce que le capitalisme contient comme potentialités. Si le terme de « société de consommation » est critiquable, car la société de consommation est loin de l'être pour tous, la manière dont le capitalisme étend son contrôle dans la vie quotidienne et à travers les éléments de confort qu'il offre mérite d'être analysée. Les œuvres d'un Marcuse ou d'un Lefebvre contiennent un potentiel d'intelligibilité de notre présent qui mériterait d'être cultivé avant de tomber dans le débat douteux opposant les tenants de la frugalité aux apologètes de la consommation.

---

dimanche » et les photos des manifestations ne nous montrent jamais de foules débraillées. Si le « tu » des camarades s'est imposé, les bolcheviks tenaient au voussoiement, le tutoiement étant considéré comme la marque de la brutalité des classes dominantes à l'égard des dominés.

Chapitre V

La fabrique du post-humain ou la fin d'une encombrante liberté

Cet avant-dernier chapitre nous amène à des questions à la fois plus angoissantes – parce que s'y trouvent concentrées quelques-unes des grandes terreurs de notre époque, nées de la puissance technologique humaine, avec le cortège de mythes qui s'y rattachent – et les plus difficiles à résoudre parce que nous sommes immédiatement entraînés dans la métaphysique et qu'on risque fort de sombrer dans des développements assez abscons. Il s'agira de savoir si les progrès techniques et l'évolution des sociétés au début du IIIe millénaire ne conduisent pas à une remise en cause radicale de l'idée que nous nous faisons de l'homme et de la liberté humaine.

Position de la question

Derrière toutes les revendications portant sur la liberté (la liberté politique, les libertés personnelles, la liberté de choisir sa vie, etc.), devons-nous supposer une liberté métaphysique ? La question est un de ces labyrinthes de la philosophie, dans lesquels la raison se trouve régulièrement en contradiction avec elle-même. Le dilemme est assez simple : soit l'homme est libre et alors il échappe – au moins partiellement – à l'ordre de la nature, soit il est un être naturel, une partie de la nature dont il suit le cours, et il n'est pas libre. Mais si l'homme échappe à l'ordre naturel, alors il faut supposer un Dieu créateur transcendant à l'ordre naturel, ce qui pose à nouveau, sous une autre forme, la question de la liberté – une partie des querelles théologiques porte là-dessus. Sans entrer dans ce nœud de difficultés, il est tout de même possible de donner quelques acceptions minimales de la liberté :

- l'homme est libre en ce sens que son destin n'est pas écrit à l'avance, mais dépend pour une partie plus ou moins grande de sa propre activité ;
- l'homme est libre parce qu'il n'est pas le résultat du projet d'un autre homme ou d'un être, quel qu'il soit, capable de faire des projets.

La première définition permet de comprendre qu'on puisse à la fois soutenir que l'homme est simplement un être naturel et qu'il est libre. Ainsi, Spinoza nie la liberté humaine au sens du libre arbitre, mais conçoit la liberté comme déploiement de la puissance d'agir humaine, c'est-à-dire d'être la cause adéquate de ses propres actions. Le déterminisme spinoziste n'est donc pas un fatalisme, car il laisse l'avenir ouvert – rien à voir avec la doctrine augustinienne et protestante de la prédestination qui fait l'homme libre tout en affirmant que les damnés le sont de toute éternité. Mais la conception spinoziste s'oppose également aux conceptions scientistes qui font de l'individu un simple assemblage de parties entièrement soumises à des lois extérieures : l'homme spinoziste n'est pas un homme machine.

La deuxième définition explique apparemment la liberté par la contingence de l'existence humaine. Elle est compatible avec les conceptions existentialistes, par exemple, mais pas seulement. En elle-même, l'existence d'un individu humain est le résultat de plusieurs séries causales. Les parents sont la cause des enfants puisqu'il a bien fallu que les parents décident de coucher ensemble et que ça tombe le bon jour, pour que les gamètes mâles se mettent à la recherche de la gamète femelle, que l'œuf ne soit pas rejeté spontanément, etc. On peut bien supposer un déterminisme dans tout cela, et même on doit le supposer quand on veut comprendre scientifiquement les mécanismes de la procréation, mais l'enfant, dans ses caractéristiques essentielles, n'est pas le résultat d'un « projet parental », cette expression étrange qui fait pénétrer le vocabulaire managérial dans les méandres de l'amour humain. Les parents peuvent vouloir avoir un enfant, l'enfant est toujours au-delà de leur volonté. « Faire un enfant », cela n'a rien à voir avec « faire un gâteau au chocolat », ni même avec « faire pousser des radis » et encore moins avec « faire construire une maison ». On définira donc la liberté négativement comme le fait de n'être pas essentiellement pour un autre. L'homme est en soi comme les choses de la nature, dit Hegel, mais il est aussi « pour soi » et donc essentiellement libre.

Ces deux définitions de la liberté ne sont pas contradictoires entre elles et sont compatibles avec un grand nombre de doctrines philosophiques. Elles sont, en tout cas, supposées au minimum dans les autres concepts de la liberté dont nous avons examiné le destin à notre époque au cours des chapitres précédents. Inversement, on voit de façon assez évidente que si ni l'une ni l'autre n'est admise, alors l'idée de liberté humaine n'existe tout simplement plus.

Menaces réelles ou terreurs irrationnelles

Peter Sloterdijk a fait scandale il y a quelques années avec une conférence devenue un petit livre, *Règles pour le Parc humain*. Il parlait – bien que cela ne constituât point le centre de son propos – des biotechnologies et tentait d'explorer quelques-unes des questions angoissantes qui se posent à nous sous l'impulsion des nouvelles possibilités ouvertes.

> « L'un des traits caractéristiques de la condition humaine, dit Sloterdijk, est de placer les hommes devant des problèmes trop lourds pour eux, sans qu'ils puissent décider de ne pas y toucher en raison de leur poids. »

Sloterdijk évoquait « un processus de civilisation au sein duquel déferle, d'une manière apparemment irréversible, une vague de désinhibition sans précédent ». Il ajoutait une question trop mal comprise :

> « Mais l'évolution à long terme mènera-t-elle à une réforme génétique des propriétés de l'espèce – une anthropo-technologie future atteindra-t-elle le stade d'une planification explicite des caractéristiques ? L'humanité pourra-t-elle accomplir, dans toute son espèce, un passage du fatalisme des naissances à la naissance optionnelle et à la sélection prénatale ? »

Les interrogations de Sloterdijk (et de pas mal d'autres philosophes ou moralistes) ont quelque chose de paradoxal. Le progrès technique augmente non seulement notre maîtrise sur la nature, mais promet même de ne plus laisser la génération des humains au hasard des rencontres et à la loterie de la méiose. Il apparaît donc comme un progrès de la liberté, si la liberté est la possibilité de maîtriser son propre destin, d'être moins soumis à des causes qui ne dépendent pas de nous. Pourtant, la maîtrise biologique de l'humain pourrait apparaître bientôt comme le prélude d'une transformation radicale de la condition humaine, dans laquelle l'idée de liberté n'aura plus de sens.

Car, bien sûr, les questions environnementales (effet de serre, préservation de la biodiversité, OGM, etc.) n'ont, en elles-mêmes, qu'une importance très relative, puisque ce sont des questions posées relativement à l'utile et au nuisible. L'humanité a survécu à des profonds changements climatiques ; les OGM peuvent faire des dégâts importants, mais comme d'autres âneries industrielles, ils finiront par disparaître après avoir fait quelques ravages sanitaires – comme l'amiante, en son temps déclaré sans danger par les experts et les académies scientifiques. Mais l'application des techniques de manipulation génétique aux humains, le développement de l'ingénierie neuronale avec la possibilité de greffer sur l'appareil neuronal humain des prothèses électroniques ou les possibilités ouvertes par les nanotechnologies, tout cela nous place maintenant au bord de l'abîme.

Les nouvelles technologies qui posent des problèmes éthiques graves peuvent schématiquement se diviser en trois groupes.

1. Les procédés qui permettent de choisir les humains à naître : cela va de l'utilisation de la FIVETE avec tri sélectif des embryons aux travaux sur la modification du génome. C'est la question que soulève Sloterdijk et c'est également ce à quoi s'attaque Habermas dans son livre sur *L'Avenir de la nature humaine* ;
2. Les procédés qui permettent de prendre le contrôle des cerveaux humains – en particulier tout ce qui tourne autour de la chimie du cerveau ;
3. Les procédés qui permettent de modifier directement la nature humaine elle-même, avec l'introduction de prothèses électroniques en tant que prolongements du cerveau et comme moyens de contrôle des humains.

Dans tous les cas de figure, nous avons de bonnes raisons de développer ces techniques et leurs avantages sont difficilement contestables. Elles s'inscrivent, en outre, dans la continuité stricte de la conception de la science qui s'est esquissée au début des temps modernes et qu'on trouve si clairement résumée chez Descartes. Nul ne voudrait avoir un enfant souffrant d'un handicap congénital dès lors qu'existent les moyens techniques de l'éviter. Le « tri sélectif » des enfants à naître existe du reste depuis un certain temps. Le dépistage de la trisomie 21 aboutit dans 99 % des cas à un avortement… Il y a bien longtemps que nous avons admis que nous pouvons modifier nos états cérébraux et mentaux au moyen de molécules chimiques. L'acide acétylsalicylique en fluidifiant le sang peut éliminer la douleur. Les médications chimiques de la dépression (Prozac, par exemple) ou de la schizophrénie sont d'usage courant et indiscutable. Si l'on est malheureux, la stimulation de production de sérotonine fera l'affaire… Dans *Paradis pour tous* (1982) – le dernier film tourné par

Patrick Dewaere – Alain Jessua invente un professeur de médecine qui a mis au point un procédé de « flashage du cerveau » permettant de rendre le patient heureux : finalement le héros joué par Dewaere se retrouve handicapé moteur, sa femme est la maîtresse du médecin, mais il est heureux. Nous ne sommes peut-être pas très éloignés de la fiction.

Les prothèses ont rendu d'inappréciables services aux humains, victimes d'accidents, de guerre ou de maladies. Personne ne pense qu'il y a le moindre problème éthique à porter des lunettes ou un appareil auditif ! Si l'on peut réellement mettre au point une « puce » qui permettrait aux paraplégiques de diriger par la pensée un robot, où est le mal ? Après tout la technique imite la nature ou la supplée là où elle n'est pas assez forte, disait déjà Aristote.

Ce qui nous amène à accepter et même à appeler de nos vœux les progrès illimités de la maîtrise technique sur l'humain, c'est l'illusion de la continuité. Au fond, l'argument classique est celui-ci : si vous ne voulez pas des modifications programmées du génome humain, il ne fallait inventer ni le feu ni la roue ! Retournez donc marcher à quatre pattes. C'était déjà en somme la réponse de Voltaire contre Rousseau. Mais cet argument de « bon sens » apparent est fallacieux. Il oublie simplement que, comme le disaient les vieux marxistes qui croyaient avoir lu cela chez Marx, « la quantité se transforme en qualité. »

Il y a au fond de la science moderne une contradiction fondamentale et il serait vain de la nier en se contentant de dénoncer la perversion de la science par les apprentis sorciers ou en réclamant une science avec conscience. Depuis Descartes, pour prendre un point de repère, on considère qu'il n'y a pas de différence essentielle entre la matière objet de la physique et de la chimie et le vivant. Les propriétés des êtres vivants (capacité de maintenir, relativement, l'unité de l'individu, capacité de reproduction et d'autoréparation) sont considérées comme des propriétés qui apparaissent à un certain niveau d'organisation de la matière, mais dont on devrait pouvoir rendre compte complètement en y prenant le temps. Le développement et les succès de la biologie moléculaire et de la génétique ont validé très largement cette démarche réductionniste.

On conviendra aisément que la question de la liberté humaine a un rapport étroit avec celle de la nature de cette science particulière qu'on appelle psychologie et dont le statut scientifique reste très problématique. Il en va de même, plus généralement, de toutes ces « sciences concrètes de l'esprit » qu'on essaie de faire rentrer dans le schéma positiviste des « sciences de faits ». Pour Husserl, il s'agit de soumettre à la critique la scientificité de toutes les sciences.

> « Au cours de cette tâche nous ne tarderons pas à nous apercevoir que le caractère douteux de la psychologie, cette sorte de maladie dont elle souffre non seulement de nos jours mais déjà depuis des siècles – bref la « crise » qui lui est propre – possède une signification centrale pour la mise au jour d'un certain nombre d'obscurités énigmatiques et sans solution dans les sciences modernes, y compris les sciences mathématiques, et corrélativement qu'elle est importante aussi pour faire apparaître une sorte d'énigme du Monde inconnue aux époques antérieures. Toutes ces obscurités nous ramènent en effet à *l'énigme de la subjectivité* et forment par conséquent un ensemble avec *l'énigme de la thématique et de la méthode de la psychologie*[139]. »

Que la question de la liberté ait quelque chose à voir, et même l'essentiel, avec la question de la subjectivité, cela paraît incontestable. Si nous étudions les activités humaines extérieurement, comme un sujet connaissant s'intéresse à un objet, si donc nous les considérons comme des faits, elles sont à l'évidence non libres. Nous les considérons comme nous considérons tous les phénomènes de la nature, comme des phénomènes qui se lient les uns aux autres selon des enchaînements réguliers entre causes et effets. Mais si nous considérons nos propres activités, nos décisions, nos cogitations, nous ne pouvons pas faire autrement que de présupposer cette causalité un peu mystérieuse que

---

139. HUSSERL (E.), *La Crise des sciences européennes et la phénoménologie transcendantale*, p. 9-10.

Kant appelle causalité par liberté. Nous pouvons poser la question, la même question, encore autrement : les sciences constituées, les sciences de la nature, n'ont rien à dire d'autre que le constat qu'il existe des lois régulières unissant les phénomènes dans un tout explicable. Par conséquent, elles sont neutres du point de vue axiologique. La science peut dire pourquoi telle molécule peut soigner un patient de telle maladie, mais elle est incapable de dire pourquoi cet individu s'appelle patient et pour quelles raisons il faudrait le soigner – quand le médecin soigne son malade au lieu de l'achever, c'est parce qu'il obéit à un impératif moral que toute la biologie du monde est incapable de produire comme une de ses lois. Laissons encore la parole à Husserl :

> « En ce qui concerne les sciences de l'esprit, qui pourtant dans toutes leurs disciplines particulières ou générales traitent de l'homme dans son existence spirituelle, c'est-à-dire dans l'horizon de son historicité, il se trouve, dit-on, que leur scientificité rigoureuse exige du chercheur qu'il mette scrupuleusement hors circuit toute prise de position axiologique, toute question sur la raison ou la déraison de l'humanité et des formes de culture de cette humanité qui fait son thème. La vérité scientifique, objective, est exclusivement la constatation de ce que le monde – qu'il s'agisse du monde physique ou du monde spirituel – est, en fait. Mais est-il possible que le Monde et l'être humain en lui aient véritablement un sens si les sciences ne laissent valoir comme vrai que ce qui est constatable dans une objectivité de ce type, si l'histoire n'a rien de plus à nous apprendre que le fait que toutes les formes du monde de l'esprit, toutes les règles de vie, toutes les normes qui donnent à chaque époque aux hommes leur tenue, se forment comme des ondes fugitives et, comme elles, à nouveau se défont, qu'il en a toujours été ainsi et qu'il en sera toujours ainsi, que toujours à nouveau la raison se changera en déraison et les bienfaits en fléaux ? Pouvons-nous trouver là notre repos ? Pouvons-nous vivre dans ce monde dont l'événement historique n'est rien d'autre qu'un enchaînement incessant d'élans illusoires et d'amères déceptions [140] ? »

---

140. HUSSERL (E.), *op. cit.*, p. 11.

La science moderne est liée à un monde désenchanté dont Weber avait déjà montré la propension à devenir une cage d'acier. Dès lors que règne la science (ou du moins ce qu'on dénomme ainsi), il n'existe plus aucune possibilité d'en limiter les applications. Cela nourrit d'ailleurs, en retour, le scepticisme et le relativisme, c'est-à-dire le nihilisme à l'égard de la raison.

Une seconde difficulté tient aux contradictions même du cartésianisme : comment contenir le mécanisme au vivant sans toucher, d'une manière ou d'une autre, à l'esprit ? Toute l'œuvre de Descartes consiste à tenter d'établir cette délimitation entre l'âme pensante immatérielle et le corps étendu soumis aux lois de conservation de la physique. Et pourtant, personne plus que Descartes n'aura finalement œuvré pour abattre cette séparation. Il suffit de citer cet étonnant passage du *Discours de la méthode* pour le comprendre. Le développement des sciences et de leurs applications techniques

> « ... n'est pas seulement à désirer pour l'invention d'une infinité d'artifices, qui feraient qu'on jouirait sans aucune peine des fruits de la terre et de toutes les commodités qui s'y trouvent, mais principalement aussi pour la conservation de la santé, laquelle est sans doute le premier bien et le fondement de tous les autres biens de cette vie ; car même l'esprit dépend si fort du tempérament et de la disposition des organes du corps, que, s'il est possible de trouver quelque moyen qui rende communément les hommes plus sages et plus habiles qu'ils n'ont été jusques ici, je crois que c'est dans la médecine qu'on doit le chercher. »

Autrement dit, la médecine permettra non seulement de soigner les maladies et de prolonger la vie, mais encore, en modifiant l'organisation du corps, elle permettra de rendre l'homme plus sage ! On ne peut plus clairement faire dépendre les propriétés de l'esprit des propriétés physiques du corps. Ce passage étonnant est souvent laissé de côté par les commentateurs de Descartes, mais il est vraiment à l'origine de toutes les idées modernes, qui gouvernent dans leur grande majorité les chercheurs contemporains en neurophysiologie. Soyons juste : ce projet n'est pas seulement celui de Descartes. On peut le trouver, un peu avant, chez Francis Bacon qui fixe ainsi quelques-uns des objectifs des sciences :

> « Prolonger la vie ; rendre la jeunesse ; retarder le vieillissement ; guérir des maladies réputées incurables ; amoindrir la douleur ; des purges plus aisées et moins répugnantes ; augmenter la force et l'activité ; augmenter la capacité à supporter la torture et la douleur ; transformer le tempérament, l'embonpoint et la maigreur ; augmenter et élever le cérébral ; fabriquer de nouvelles espèces ; transplanter une espèce dans une autre ; rendre les esprits joyeux et les mettre dans une bonne disposition, etc. [141] »

On remarque la convergence. Dans les deux cas, il ne s'agit pas seulement d'améliorer la vie humaine, de la rendre plus douce, mais bien d'améliorer l'homme lui-même, de le transformer spirituellement et d'en faire une machine plus performante ! Avant les temps modernes, on pensait que le seul moyen de rendre l'homme meilleur était de l'éduquer, c'est-à-dire de faire fond sur cette « nature humaine » qui semblait intangible. C'est encore la position de Rousseau ou de Kant : les hommes sont éducables et c'est la tâche de la philosophie et/ou de la politique que de déterminer les conditions justes de cette éducation. Mais ces deux grands philosophes des Lumières n'ont pas remarqué qu'ils étaient déjà « ringards », dépassés par ce qu'avait posé une certaine philosophie rationaliste. Car si la médecine peut rendre l'homme plus sage ou peut « augmenter et élever le cérébral », alors la philosophie n'est plus d'aucune utilité, pas plus que la réflexion sur l'art de gouverner les hommes ou sur la constitution la plus juste. Il faut faire place aux scientifiques et aux techniciens. Auguste Comte le dira avec audace : il faut une physique

---

141. BACON (F.), *La Nouvelle Atlantide*, trad. de M. Le Dœuff et M. Llasera, GF-Flammarion, 1955, p. 133.

sociale pour que le gouvernement devienne véritablement un gouvernement scientifique. Mais un gouvernement scientifique a besoin de lois lui permettant de prévoir les comportements humains et de moyens techniques d'agir pour contraindre les hommes à se comporter selon les règles définies scientifiquement. De ce point de vue, les « contre-utopies » dont le siècle passé n'a pas été avare expriment clairement, à leur manière, la compréhension de ce qui se joue dans la domination scientifique et technique sur l'humanité qui est le projet le plus constant des derniers siècles. D'Aldous Huxley à George Orwell, de Zamiatine à Ira Levin, tous disent la même chose : ce qui se prépare ou ce que veulent préparer un certain nombre de cercles des classes dirigeantes, c'est ce que Günther Anders a nommé « l'obsolescence de l'homme[142] ».

Lutter contre la maladie, la souffrance, soigner les blessures et prolonger la durée de la vie, ce sont là des sortes d'impulsions primaires que l'on retrouve dans tous les temps et toutes les sociétés. Mais aujourd'hui, il s'agit d'autre chose et il faut se demander pourquoi tant d'argent est dépensé, tant d'espoirs sont mis dans des recherches qui, au fond, si elles avaient une chance d'aboutir, nous apprendraient que la liberté humaine n'est qu'une illusion, une illusion pénible dont il est bon de se défaire en raison des innombrables souffrances qu'elle engendre.

L'homme se produit-il lui-même ?

Un des lieux communs de la pensée moderne est d'affirmer que l'homme est libre parce qu'il se fait lui-même. C'est peut-être vrai si l'on entend par « se faire soi-même » la capacité de l'homme à transformer son environnement, à créer une culture, à s'éduquer, bref à « être pour soi ». Mais si l'on entend « se faire soi-même » au sens de « se fabriquer », c'est une tout autre affaire. On pourrait schématiser en ramenant cette distinction à celle qu'effectue Aristote entre *praxis*

---

142. Voir ANDERS G., *Obsolescence de l'homme*, Éditions de l'Encyclopédie des Nuisances-Ivrea, 2005, traduit de l'allemand par Christophe David.

et *poiesis*, entre l'action qui est sa propre fin et la production qui s'éteint dans une chose extérieure à l'agent. La domination de la « forme valeur », c'est-à-dire la transformation de tous les rapports sociaux en rapports entre les valeurs des choses, tend naturellement à ramener toutes les activités humaines à des productions dont on peut mesurer les résultats et déterminer rationnellement les moyens. Conformément aux principes généraux qui gouvernent la vie sociale sous le mode de production capitaliste, ce qui concerne la naissance, la formation et le développement d'un être humain doit tomber sous le coup des méthodes générales de la production, et notamment de cette application technique de la « science des faits », d'une science neutre quant aux valeurs.

De ce point de vue, le processus est bien engagé, et depuis longtemps, qui vise à rationaliser la production des êtres humains. Comme toujours, cette rationalisation est légitimée par de bonnes raisons, « humanistes ». Aussi la PMI (Prévention maternelle et infantile) vise-t-elle à assurer les conditions de santé de la mère et de l'enfant à naître. Mais en même temps sont mises en place des procédures techniques de contrôle, avec des étapes obligatoires, des tests de conformité qui permettent la prédiction et l'organisation du système de santé qui en découle. Jusqu'au point où ce sont les services d'obstétrique qui déterminent la date de l'accouchement par déclenchement artificiel du travail, une technique qui a l'avantage insigne de permettre une rationalisation de l'emploi du temps des praticiens. C'est le même mouvement qui aboutit à la naissance de tous les enfants (sauf « accident ») en maternité, c'est-à-dire en milieu hospitalier, technicisé et soumis à des routines et procédures très détaillées et très encadrées. Toutes ces procédures ont joué un rôle décisif dans la diminution radicale de la mortalité infantile au cours du siècle dernier et personne ne peut regretter le « bon vieux temps » où les femmes mouraient en couches et les enfants dans leur première année. Il est cependant nécessaire de comprendre comment, dans le même temps, est transformée radicalement la venue au monde des petits hommes. Hannah Arendt, prenant en quelque sorte le contre-pied des

Grecs qui désignent l'homme comme « le mortel », faisait de la natalité la caractéristique fondamentale de la condition humaine[143]. Si l'on accepte cette idée, il s'ensuit que la manière même dont sont accueillis les nouveau-nés dans ce monde déjà ancien a une importance décisive, et ne peut être réduite à l'énoncé de techniques, prétendument neutres. Le gouvernement des corps commence à ce moment et les « disciplines » de la société moderne s'y concentrent. Même le contrôle des naissances qui fut vécu par les individus comme un outil de libération est aussi un outil de contrôle des populations et notamment de leur nombre.

Mais là encore, un pas qualitatif, rendu possible par tous les développements antérieurs, est en cours, qui engage l'humanité dans une voie nouvelle. La technologie de l'époque moderne se contentait d'organiser et de canaliser un être humain procréé encore au hasard, selon les lois mystérieuses de *Deus seu Natura*. La technique restait dans le schéma aristotélicien d'accompagnement de la nature. L'homme commence, depuis la fin des années soixante-dix et la naissance des premiers « bébés éprouvettes », à être conçu comme un produit de la production humaine et plus exactement comme un produit de la technoscience. Le cas de la FIV (Fécondation *in vitro* et transfert d'embryon) est exemplaire. La FIV vise à remédier à certains cas d'infertilité féminine en procédant à la fécondation « en éprouvette » et à la réimplantation dans l'utérus maternel de l'embryon ainsi produit. La raison première légitimant l'intervention de l'artifice en lieu et place de la bonne vieille méthode naturelle peut donc être considérée comme une « bonne raison ». Mais très vite, il est apparu que la technique disponible permettait de faire beaucoup d'autres choses sans rapport avec l'objectif initial. C'est ce qui a motivé le refus de Jacques Testard d'aller plus loin dans cette voie. Voici par exemple ce que l'on peut lire dans un grand quotidien français :

---

143. Voir en particulier « La crise de l'éducation », p. 237-239, in *La Crise de la culture*, Gallimard, Folio, 1972, trad. Patrick Lévy.

« Encino, une banlieue aisée de Los Angeles. Le *Fertility Institute* est installé dans un petit immeuble moderne sur l'avenue principale de la ville. À l'intérieur, tout est neuf, confortable et multicolore : les salles de soin, le bloc opératoire et surtout le laboratoire de diagnostic génétique, doté d'équipements ultrasophistiqués. À première vue, il s'agit d'une clinique privée de fécondation in vitro (FIV) comme il en existe dans toutes les grandes villes des États-Unis.

« En réalité, sous l'impulsion de son patron, le docteur Jeffrey Steinberg, le Fertility Institute est devenu un lieu bien particulier : sur les 800 femmes ayant subi ici une FIV l'an dernier, 700 étaient en parfaite santé et auraient pu avoir un enfant de façon naturelle. Elles ont décidé de subir cette intervention coûteuse, contraignante et peut-être risquée dans un seul but : choisir le sexe de leur bébé.

« Aux États-Unis, contrairement à la plupart des pays du monde, le diagnostic génétique des embryons réalisé à l'occasion d'une FIV est légal quelles que soient les motivations des futurs parents. Trois jours après la fécondation de l'ovule, on prélève une cellule de l'embryon pour examiner son code génétique.

« Comme beaucoup de ses collègues américains, le docteur Steinberg effectue systématiquement un diagnostic sur les embryons avant de les implanter, afin d'éliminer ceux qui sont porteurs d'une maladie génétique identifiable. Puis le laboratoire procède à un second type de test : le tri entre les embryons masculins et féminins [144]. »

Il existe d'autres techniques plus frustes pour choisir le sexe de l'enfant : en Inde, par exemple, on utilise assez massivement l'échographie pour déterminer le sexe en vue de l'avortement du fœtus de sexe féminin. Mais cette méthode déjà scientifique n'est pas très différente du très antique infanticide : la nature fait son travail et ensuite on élimine ce qui ne correspond pas aux objectifs. Le choix du sexe par la FIV implique au contraire une programmation pratiquement dès la conception, mais il faut encore pratiquer le tri des embryons. L'idéal serait de pouvoir piloter la méiose... ou encore de

---

144. *Le Monde*, 31/07/2010.

programmer directement le « code génétique ». C'est-à-dire faire sur les embryons humains ce que l'on fait sur les semences ou sur certains animaux. Après les OGM, les HGM, les Humains génétiquement modifiés ?

Nous ne sommes qu'aux débuts encore tâtonnants de la fabrication des humains. S'y appliqueront les normes de qualité imposées dans les chaînes de production industrielle. Le choix du sexe paraît en lui-même une revendication sans grandes conséquences. Certes, dans les pays comme l'Inde où les normes traditionnelles font de la naissance des filles une calamité, le déséquilibre démographique entre garçons et filles est déjà assez fort dans certains États avec cette conséquence ennuyeuse que les garçons ne trouvent plus d'épouses et que ceux des castes supérieures sont obligés de se marier dans les castes inférieures – ainsi l'utilisation des techniques modernes au service des traditions et des préjugés les plus arriérés conduit à de nouvelles contradictions. Cependant, dans les sociétés où le capitalisme a balayé la tradition, on peut faire l'hypothèse raisonnable que si les parents pouvaient choisir le sexe de leurs enfants, au total, la répartition ne serait pas très différente de la répartition résultant des aléas de la méiose. Cependant, même si le ratio reste inchangé (105 garçons pour 100 filles en moyenne), la situation ontologique des hommes serait radicalement différente, puisque chacun serait au moins par un trait important, le produit d'un projet parental conçu sur le mode de la fabrication à la demande, comme lorsqu'on commande une automobile en choisissant la marque, le type et la peinture !

Nous n'en sommes pas encore là, mais ce n'est plus de la science-fiction. Puisqu'on peut introduire des gènes de résistance au froid ou aux pesticides dans les plantes, puisqu'on peut modifier génétiquement les porcs[145], rien n'interdit qu'on puisse en faire autant

---

145. On a créé des porcs génétiquement modifiés dont la salive est riche en phytase, ce qui leur permet de digérer le phosphore et donc de réduire le taux de phosphore dans les lisiers de porcs, qui sont une des grandes sources de pollution. Le génie génétique vient ainsi au secours des préoccupations écologiques.

pour les humains dans un avenir proche. Bien sûr, la programmation génétique humaine est un fantasme : on ne programmera pas à l'avance les caractéristiques de bébés à naître comme on choisit son automobile. Il y a, à cela, une raison majeure : la métaphore de la programmation et du « code génétique » est fausse et les relations entre génotype et phénotype sont bien plus complexes que ne le laissait penser la génétique de la fin du XXe siècle. Mais l'idée de modifier l'ADN humain en vue d'obtenir certaines propriétés phénotypiques est bien ancrée dans les esprits et pourra obtenir des résultats partiels qui peuvent intéresser les futurs parents, les laboratoires, les spécialistes en biotechnologies ou encore les responsables des politiques de santé.

On a longtemps affirmé qu'il y avait là un tabou qu'il ne faudrait jamais violer. Le clonage était présenté comme le comble de la barbarie technoscientifique – la secte Raël, partisane de la reproduction par clonage sert d'utile épouvantail à moineaux. Le clonage reproductif en lui-même n'a aucun intérêt – non seulement chez l'homme, mais aussi chez les animaux – puisqu'il ne permet qu'une reproduction à peu près à l'identique de l'être cloné alors que tout éleveur sérieux cherche en permanence l'amélioration des races. Mais le clonage thérapeutique ou reproductif sert de champ d'expérience pour des interventions décisives sur les animaux et demain sur les hommes. Car, comme le notent de nombreux observateurs, toutes les barrières que l'on opposait tant au clonage reproductif qu'aux modifications du génome humain sont en train de tomber. Jeremy Rifkin, Francis Fukuyama et bien d'autres essayistes à succès annoncent la production de bébés génétiquement modifiés aux alentours de 2030.

Le pas suivant a été détaillé dans un petit livre d'Henri Atlan consacré à « l'utérus artificiel [146] ». L'auteur y prévoit que la technique permettant de concevoir entièrement un enfant hors d'un ventre maternel pourrait voir le jour dans les cinquante prochaines années.

---

146. ATLAN (H.), *L'Utérus artificiel*, Seuil, 2005.

Là aussi, comme pour le clonage ou la transformation génétique humaine, il est devenu presque inutile de protester : les réticences ne seraient que le fait d'esprits religieux attardés. On nous invite à faire confiance à la « raison critique » qui permettra de déterminer le bon usage qui peut être fait de ces nouvelles techniques.

Le problème pourtant n'est pas là. Il est de savoir si un être produit selon les méthodes de la planification technique dans des dispositifs de culture industrielle – analogues aux cultures hors sols – pourra encore s'appeler « être humain ». Nous n'avons aucune attitude morale à l'égard des choses produites par notre industrie. Les choses, comme le disait Kant, ont un prix, mais pas de valeur. Nous ne leur attachons de la valeur qu'en tant qu'elles servent de signe manifestant la puissance de l'esprit humain (par exemple, les œuvres d'art). Inversement, les êtres humains sont l'objet du respect parce qu'en chacun d'eux, dans sa spécificité même, s'incarne cette chose mystérieuse que l'on continue d'appeler humanité ou nature humaine, laquelle n'est pas réductible à ses caractéristiques physiques observables. Les produits de l'activité humaine sont en quelque sorte sans profondeur : que nous les ayons faits suffit pour nous assurer que rien en eux ne nous échappe et leurs imperfections relativement à nos attentes ne peuvent être mise qu'au compte d'un défaut dans notre technique ou d'un défaut de conception qui peut être corrigé. Rien de tel avec les humains dans le sens que nous donnons à ce terme, encore aujourd'hui, mais peut-être plus pour très longtemps. Le respect dû à tout être humain tient précisément au fait qu'il n'est pas nôtre, que nous ne pouvons nous l'approprier puisqu'il procède de Dieu ou de la nature et qu'il est face à nous dans une contingence irréductible. Les anticléricaux méprisent souvent la tradition religieuse parce qu'ils en ignorent le contenu moral : quand la Genèse dit que Dieu a fait l'homme à son image et à sa ressemblance, on peut prendre l'expression au pied de la lettre et faire le malin en montrant que la théorie de Darwin a réfuté le créationnisme biblique, que l'hypothèse de Dieu est une hypothèse dont nous n'avons pas besoin. Tout cela est incontestable sur le plan des « sciences de fait ». Il est tout aussi incontestable que les vivants sur Terre sont tous constitués des mêmes matériaux de base (l'universalité de l'ADN en témoigne) et que ces matériaux eux-mêmes ne sont pas organisés par un mystérieux « principe vital », mais selon des processus physico-chimiques qui, finalement, suivent les lois ordinaires de la physique et de la chimie et ne nécessitent aucun concours divin. Pourtant, aussi importantes soient ces vérités – et elles sont importantes et méritent d'être défendues contre l'obscurantisme – elles ne sont encore que la moitié de la vérité. Car l'autre moitié est contenue dans la Genèse (et dans tous les « livres », même non écrits sur lesquels sont fondées les civilisations) : s'il a fallu un Dieu pour créer le monde et les hommes, c'est que les hommes et leur monde ont quelque chose de sacré, quelque chose auquel il ne faut pas toucher, quelque chose qu'il faut respecter absolument. Si l'homme a des droits inaliénables par naissance – ainsi que l'affirme la Déclaration française de 1789 (ou son homologue américaine) – c'est qu'il doit être tenu pour sacré, ou encore, pour le dire comme Spinoza, que « l'homme est un dieu pour l'homme ». Il est un dieu parce qu'il procède de son mouvement propre et pas de mes projets, de mes actions ou de mes intentions. Un homme fabriqué industriellement en serait le complet opposé.

Admettons qu'un tel être voie le jour (comme le pensent de nombreux scientifiques) ; il pourrait avoir le même équipement cérébral que celui dont disposent les humains d'aujourd'hui ; mais subjectivement, il serait fondamentalement différent, non pour des raisons neurologiques, mais parce que la subjectivité se forme dans un rapport intersubjectif et que ce rapport intersubjectif serait fondamentalement différent de ce qu'il est quand il s'est formé entre une mère et son enfant. Habermas cerne le problème en se plaçant directement sur le plan moral :

> « À travers la décision irréversible que constitue l'intervention d'une personne dans l'équipement "naturel" d'une autre personne, naît une forme de relation interpersonnelle jusqu'ici inconnue. Ce nouveau type de relation choque notre sensibilité morale parce qu'il représente un corps étranger dans les relations de reconnaissance

juridiquement institutionnalisées dans les sociétés modernes. Si une personne prend pour une autre personne une décision irréversible, touchant profondément à l'appareil organique de cette dernière, alors la symétrie de responsabilité qui existe par principe entre des personnes libres et égales se trouve nécessairement limitée [147]. »

Cela pourrait modifier profondément l'idée couramment admise de ce qu'est une personne et des raisons pour lesquelles nous devons la considérer comme digne de respect. Affirmer le contraire, c'est penser que l'esprit n'a aucun rapport avec les processus de formation du corps, avec les rapports entre les corps, avec ce que chacun peut percevoir des attitudes des autres à son égard.

Le projet délirant de la fabrication de l'homme n'est pas simplement – ce qui serait rassurant – le fait de quelques cerveaux dérangés et bénéficiant du soutien de spécialistes de la provocation publicitaire. Il s'agit d'un projet sérieux qui pourrait devenir un champ d'investissement de capitaux dans les décennies qui viennent. Il bénéficie de soutiens nombreux et puissants, et il est parfaitement dans « l'air du temps ». Ce qui est inquiétant, ce n'est pas son côté délirant, mais plutôt son côté « raisonnable », en tout cas rationnel par finalité dans un monde désenchanté où seules ont valeur normative les sciences naturelles. Même si le projet dans son extension maximale s'avère irréalisable (mais il commence d'être réalisé en partie dès aujourd'hui), l'essentiel est la vision de l'homme dont il est le porteur et les conséquences qui déjà s'en tirent. Partant simplement de la situation actuelle et sans envisager tous les scénarios, Anne-Laure Boch constate que les techniques de procréation médicalement assistée n'occupent qu'une place très restreinte et provoquent cependant des débats passionnés. Il en est ainsi parce que :

---

147. HABERMAS (J.), *L'Avenir de la nature humaine, Vers un eugénisme libéral ?*, Gallimard, Nrf Essais, 2002, traduit de l'allemand par Christian Bouchindhomme. p. 27.

> « L'important est la portée symbolique de ces quelques cas, portée qui dépasse largement leur faible nombre. L'atteinte à l'idée de filiation, de liberté, de gratuité, de déterminisme, de hasard, etc. n'attend pas la généralisation de ces pratiques pour pénétrer les esprits[148]. »

La technoscience « désymbolise » dit encore Anne-Laure Boch. Or la symbolisation est le propre de la subjectivité : j'ai quelque chose devant moi et cette chose physique « veut dire » une autre chose qui n'est pas présente directement, dans l'expérience sensible, mais est pourtant présente autrement. La naissance d'un petit homme n'est pas un processus physique (même si c'est aussi un ensemble extraordinairement complexe de processus physiques), c'est la production d'une signification, de ce qui essentiellement fait la condition humaine. Sa réduction à une chaîne programmée de processus techniques signifierait la réduction de l'humanité à un objet manipulable et instrumentalisable.

Si un tel projet prenait définitivement corps, alors le projet hitlérien d'amélioration de l'espèce humaine, de production d'humains normalisés et d'extermination ou de réduction à l'état d'esclave des « sous-hommes », apparaîtrait alors comme une version fruste, coûteuse, inutilement sanguinaire, du projet de la technoscience moderne : les moyens n'étaient pas bons, mais les fins peut-être pas si mauvaises que ça ! Nous sommes dans le moment où une certaine conception de la science et de la technique fonctionne comme instance normative suprême, instance d'autant plus dangereuse qu'elle se dénie elle-même comme instance en prétendant ne parler que le langage des faits et de la neutralité technique. Les totalitarismes du siècle passé se sont légitimés du projet d'une nouvelle race humaine ou de la production d'un homme nouveau. La technoscience biologique pourrait bien vouloir accomplir ce projet, avec ses propres moyens.

---

148. BOCH (A.-L.), *Médecine technique, médecine tragique*, éditions Seli Arslan, 2009, p. 75.

La fabrication technique des humains signifierait la destruction de l'idée même de liberté.

Vers la disparition de la subjectivité ?

Faisons un pas de plus. On oppose la liberté à la contrainte. Comment s'exprime la contrainte ? Par la souffrance, le sentiment intérieur d'oppression, la résistance sourde à cette puissance extérieure qui s'exerce sur le sujet. Si l'on peut supprimer chimiquement cette résistance sourde, si l'on peut faire en sorte que l'esclave prenne plaisir à travailler, en quoi pourra-t-on dire que cet esclave est encore un esclave ? L'usage des drogues comme moyen d'obtenir le consentement des dominés est une vieille affaire. Pendant la première guerre mondiale, la gnôle a souvent servi de carburant pour envoyer les soldats au front. Au lendemain de la seconde guerre mondiale, quand il fallait « retrousser ses manches, produire d'abord et revendiquer ensuite », selon le mot d'ordre de Maurice Thorez, certaines catégories de travailleurs (par exemple les « ambulants » de La Poste) recevaient une ration de vin et de cigarettes pour tenir le coup. Que l'on puisse modifier temporairement les sentiments des hommes par toutes sortes de *pharmaka*, c'est une donnée fondamentale de tout art médical depuis la plus haute antiquité. Être *pharmakao*, c'est tout simplement avoir l'esprit embrouillé par un breuvage. Bien que, selon lui, l'âme et le corps soient séparés radicalement sur le plan ontologique, Descartes constate que l'âme est étroitement unie au corps et ce constat le conduit, comme nous l'avons rappelé plus haut, à considérer qu'une des applications les plus importantes de la médecine serait de rendre les hommes « plus sages ».

Cette idée ouvre la voie à une nouvelle conception de l'esprit humain, conforme à la logique des sciences positives qui conduit à son démontage. L'esprit est considéré comme une chose (le cerveau, le système neuronal) ou une manière de parler de l'activité de cette chose. Et cette chose est matérielle ce qui fait de la pensée une façon de parler des mouvements qui agitent cette chose matérielle. Dès le XVIIIe siècle, un La Mettrie affirme qu'il faut aller jusqu'au bout de la pensée de

Descartes. Celui-ci avait fait des corps vivants des machines, mais par crainte d'affronter les autorités religieuses avait préservé l'idée d'une âme séparée du corps. Il faut avoir l'audace de dire que c'est l'homme tout entier qui constitue un « homme machine [149] ». Cette idée n'est cependant pas propre à un personnage finalement assez secondaire dans la pensée des Lumières. Le matérialisme en théorie de l'esprit est déjà exposé sans trop de détours par Hobbes dans le *Léviathan*, Hobbes pour qui penser c'est calculer. L'idée que la pensée rationnelle se réduit au calcul est défendue par Leibniz, qui n'est pourtant pas matérialiste, mais qui met au point une ingénieuse machine à calculer – bien plus perfectionnée que la « pascaline » de Pascal – et imagine l'usage que l'on pourrait faire de la numération binaire ou d'une « langue de caractères » (la « caractéristique universelle ») préfigurant les langages logiques formels si importants dans le développement de l'informatique. Incontestablement, Leibniz est non seulement un des précurseurs de l'informatique et de l'intelligence artificielle. Il pourrait être aussi le précurseur de la Théorie computationnelle de l'esprit (TCE) qui a dominé la philosophie de l'esprit même si son étoile a bien pâli ces dernières années [150].

Contre le « matérialisme fort » de la plupart de ces théories, la TCE ou l'homme-neuronal de Jean-Pierre Changeux, nous avons esquissé ailleurs la défense d'un « matérialisme faible [151] » : si l'esprit appartient bien à la nature et doit donc être pensé comme quelque chose de naturel, pour autant la saisie objectiviste des sciences de la nature est incapable de rendre compte réellement de l'esprit parce que la subjectivité, par définition, ne peut pas être l'objet des sciences de la nature. Reste à comprendre pourquoi les neurosciences et les recherches en vue d'élaborer une conception scientifique de l'esprit humain sont menées avec autant de vigueur.

---

149. Voir OFFRAY DE LA METTRIE (Julien), *L'Homme-Machine*, Gallimard, « Folio Essais », 1999.

150. L'un des fondateurs de la TCE, Jerry Fodor, lui a asséné quelques coups rudes dans *L'esprit, ça marche pas comme ça*, éditions Odile Jacob, 2003.

151. Voir COLLIN (D.), *La Matière et l'Esprit*, Armand Colin, 2004.

Le progrès des neurosciences est sans doute une bonne chose : on connaît mieux le cerveau, on connaît mieux son fonctionnement et, par conséquent, on en peut mieux soigner les troubles et les lésions. On peut même commencer à envisager des prothèses en cas de troubles fonctionnels graves. On travaille beaucoup sur des dispositifs qui permettraient de décoder les pensées (à partir d'une électro-encéphalographie) pour les transmettre à un ordinateur. Un sujet privé de toute possibilité motrice pourrait ainsi, seulement par la pensée, commander un robot. Voilà de bonnes nouvelles. Mais, comme toujours, les moins bonnes suivent. On travaille sur des expériences de « transmission de pensée » par ordinateur – des expériences récentes dans ce domaine semblent indiquer le chemin à suivre. Les progrès de l'informatique pourraient aussi prendre le relais du bon vieux détecteur de mensonges. Bref, nous serions sur la piste du « cérébroscope », la machine à lire dans les pensées. Si l'on peut associer rigoureusement (*token-token identity*) une certaine configuration active de neurones et un contenu de pensée, on pourra avoir une sémantique complète du cerveau et dès lors, se débarrasser définitivement de la notion d'esprit – ainsi que le demandait Jean-Pierre Changeux [152].

Toutes ces recherches conduisent à la construction d'interfaces cerveau humain/ordinateurs, à la multiplication des prothèses électro-mécaniques, en un mot à la constitution d'un continuum homme-machine qui débouche sur « l'homme bionique ». La limite entre la science-fiction et la technoscience serait ainsi en train de s'effacer. Bienvenue au *cyborg*, successeur de l'homme !

Mais là encore, la présentation d'une continuité de la maîtrise scientifique de l'homme est trompeuse. Des prothèses des bras et jambes aux piles cardiaques, pourquoi ne passerait-on pas à une phase ultérieure, une plus grande intégration de l'individu et des prolongements artificiels qui peuvent lui être utiles ? La psychologie

---

152. Voir CHANGEUX (J.-P.), *L'Homme neuronal*, Hachette Littérature, coll. « Pluriel », 1998.

scientifique n'a eu de cesse de mettre à plat le fonctionnement de l'esprit humain et la pharmacopée des pilules destinées à réguler le fonctionnement du système nerveux n'a cessé de s'étendre : calmants, somnifères, antidépresseurs, régulateurs de l'humeur et autres anxiolytiques encombrent les armoires à pharmacie de presque tous les foyers. Cependant, ce qui est en cause, c'est autre chose : il n'y pas une grosse différence entre l'absinthe des poètes maudits, l'alcool de *L'Assommoir* de Zola et le Prozac. On est dans le domaine des drogues qui influent sur le fonctionnement du cerveau, perturbent la pensée et les sensations, détraquent éventuellement l'imagination, comme les crises de delirium dont est victime le personnage joué par Montand dans *Le Cercle rouge*. Mais l'alcoolique ravagé par l'alcool reste un sujet – tout comme les insensés de Descartes continuent d'exprimer extérieurement qu'ils ont une âme, à la différence des automates et des perroquets. Le projet technoscientifique qui se dessine aujourd'hui a précisément comme visée de supprimer cette subjectivité. L'alcoolique parle peut-être plus qu'il ne le voudrait à jeun, mais dans sa parole reste maintenue la distinction entre ce qui est dit et ce qu'il pense intérieurement. Dès lors qu'on dispose d'une « machine à lire les pensées », alors cette distinction n'existe plus, elle est radicalement abolie, et si l'esprit de l'individu, son intériorité, est exposé aux yeux et à la compréhension, alors cette intériorité n'existe plus et nous n'avons plus affaire à un homme, mais à un androïde, analogue à ceux de Philip K. Dick dans *Les androïdes rêvent-ils de moutons électriques ?*, le roman d'où est tiré le film culte de Ridley Scott, *Blade Runner*.

On pourra objecter ceci : soit ce projet de démontage de l'esprit selon les principes de la nature est une pure chimère et alors nous n'avons pas à nous en effrayer plus que de l'histoire de Mary Shelley ; soit ce n'est pas de la science-fiction, mais de la science tout court et alors il est stupide de refuser cette vérité scientifique très désagréable pour les humanistes attardés que nous sommes.

On peut écarter la première partie de cette objection. La science-fiction est… de la fiction. Nous avons affaire à un projet sérieux, sur lequel travaillent de nombreux laboratoires, qui mobilisent des chercheurs de nombreuses disciplines – de l'informatique à la philosophie en passant par la neurobiologie et la psychologie. Nous ne sommes pas dans une libre création intellectuelle comme le sont les romans de Dick, Huxley ou Orwell. Même si le programme technoscientifique concernant l'esprit échoue dans sa tentative de réduire la subjectivité – et fondamentalement, il ne peut qu'échouer – il produit des effets, légitime des pratiques et induit de nouveaux rapports entre les individus.

La deuxième partie de l'objection n'est pas plus convaincante. Comment le programme technoscientifique concernant l'esprit pourrait-il être vrai ? Cela supposerait que soit écartée la vie elle-même. Je peux toujours prendre du Prozac pour combattre ma dépression, je n'éprouverai jamais la dépression comme un simple problème de recapture de la sérotonine ! Je peux connaître les mécanismes de la douleur, cela ne m'empêche pas d'avoir mal et l'« avoir mal » est non objectivable. Il est, simplement, la vie s'appréhendant elle-même. Ce n'est pas du tout par hasard que les grands « triomphes » de la technoscience de l'esprit se sont produits dans les techniques de simulation de la pensée réduite à la pensée calculatrice. Au fond, quand on fait exécuter 2 + 2 à une machine à calculer, on peut sans danger se passer de l'interrogation sur l'effet que ça fait à un sujet humain de penser 2 + 2 ! Hobbes n'a raison (« penser, c'est calculer ») que tant qu'on supprime des opérations de pensée la pensée elle-même, c'est-à-dire la pensée qui s'appréhende elle-même. En simulant les procédures calculatoires de la pensée humaine, on ne construit pas des « machines à penser », mais plutôt des « machines à ne pas penser ». Ces réfutations philosophiques, cela va de soi, ne pourront jamais convaincre un partisan du programme de la technoscience de l'esprit, puisque précisément la pensée philosophique est mise hors jeu dès le début.

C'est qu'en réalité la TCE, les sciences cognitives et tout ce qui tourne autour du programme de la technoscience de l'esprit n'ont pas comme objet de connaître l'âme humaine, à la manière de Socrate ou Descartes. Une telle connaissance est considérée comme une entreprise dénuée de sens. Il s'agit au contraire de mettre au point des techniques qui permettent d'agir avec des résultats prévisibles sur les autres esprits. Ni la vérité ni le soin ne sont les objectifs de cette entreprise, mais bien plutôt la poursuite de cette « colonisation des esprits » dont parle Remo Bodei. En s'appuyant sur l'étude d'auteurs caractéristiques de l'esprit du XXe siècle et des tournants profonds qui le marquent, Bodei montre comment, l'idée d'âme ayant perdu progressivement de sa force, a commencé la construction consciente de l'individualité au moyen des instruments artificiels de la politique et des savoirs scientifiques. Par des techniques d'ingénierie humaine, le pouvoir, en s'intériorisant, rend l'individu plus malléable, plus souple à gouverner ; il envahit sa conscience. La caractéristique propre des totalitarismes, c'est qu'ils ont réussi à « conquérir et à profaner la citadelle intérieure de la conscience [153] ». Défendant, à la manière d'Adorno, le sujet individuel, le « je », comme seul centre de résistance potentielle et de jugement critique, Bodei montre par quels moyens, même dans les sociétés plus ou moins « démocratiques », se développe cette « colonisation des consciences ».

> « Aux classiques moyens répressifs s'ajoutent au contraire ou se substituent les moyens de la séduction, à la peur de la mort comme menace permanente du pouvoir se joint ainsi l'intérêt de la politique pour la vie, la santé et le bien-être des citoyens, tout autant que la mise à disponibilité de pascaliens *divertissements* de masse [154]... »

Comprendre la transformation de la situation métaphysique de l'homme induite par les biotechnologies appliquées à la naissance ou au contrôle du psychisme n'est donc possible que si on les resitue dans le mouvement d'ensemble de la modernité, ou plutôt dans cette involution de la modernité, née sous le signe de la libération de

---

153. BODEI (R.), *Destini personali, L'età della colonizzazione delle coscienze*, Giangiacomo Fletrinelli éditore, 2002, p. 250.
154. BODEI (R.), *op. cit.*, p. 267.

l'homme et de la promotion de l'individu, et qui se transforme en contrôle généralisé et conformisme de masse, même quand il s'agit d'un narcissisme de masse[155].

Le processus de liquidation de la subjectivité comme ce à quoi s'articule toute possibilité de parler de la liberté n'est pas encore allé à son terme et sans doute même ne pourra-t-il jamais y aller. Mais la signification de la technoscience de l'esprit est sans ambiguïté. C'est pour cette raison que la question de la philosophie, c'est-à-dire de la défense de ce qui depuis au moins Platon se présente sous ce nom, est une tâche intellectuelle absolument prioritaire, car la philosophie – même la philosophie matérialiste – est dans son existence même une objection irréductible à la tentative de rendre l'homme prévisible et calculable.

Anders et la « honte prométhéenne »

Dans son livre, *Obsolescence de l'homme*, Günther Anders consacre le premier essai à la « honte prométhéenne ». Voici comment il présente sa première rencontre avec cette « honte » :

> « J'ai visité avec T. une exposition technique que l'on venait d'inaugurer dans le coin. T. s'est comporté d'une façon des plus étranges, si étrange que j'ai fini par l'observer, lui plutôt que les machines exposées. Dès que l'une des machines les plus complexes de l'exposition a commencé à fonctionner, il a baissé les yeux et s'est tu. J'ai été encore plus frappé quand il a caché ses mains derrière son dos, comme s'il avait honte d'avoir introduit ses propres instruments grossiers, balourds et obsolètes dans une haute société composée d'appareils fonctionnant avec une telle précision et un tel *raffinement*[156]. »

---

155. Cf. LASCH (Christopher), *La Culture du narcissisme*, Climats, 2000, traduit de l'américain par Michel L. Landa.
156. ANDERS (G.), *Obsolescence de l'homme*, p. 38.

Cette honte est celle du manant introduit pas hasard dans la société des grands, à cette différence que la société des grands était faite d'humains et que les grands devant lesquels T. a honte sont les machines, des choses produites par les humains. Anders poursuit :

> « Si j'essaie d'approfondir cette « honte prométhéenne », il me semble que son objet fondamental, « l'opprobre fondamental » qui donne à l'homme honte de lui-même, c'est son *origine*. T. a honte d'être *devenu* plutôt que d'avoir été *fabriqué*. Il a honte de devoir son existence – à la différence des produits qui, eux, sont irréprochables parce qu'ils ont été calculés dans les moindres détails – au processus aveugle, non calculé et ancestral de la procréation et de la naissance [157]. »

On ne saurait mieux décrire ce qui pousse au désir insensé de fabriquer des humains ou au désir tout aussi insensé de ramener son esprit à une simple mécanique au fonctionnement prévisible. Augustin voit dans l'inversion du créateur et de la créature la manifestation même de l'hérésie. Anders note que c'est un processus semblable qui caractérise l'homme saisi par la « honte prométhéenne » : la créature (la machine) devient l'objet d'admiration, elle prend un caractère sacré, et l'homme (qui est pourtant le créateur de la machine) devient objet de mépris. Que cela ait à voir avec le « fétichisme de la marchandise » dont nous avons parlé plus haut, c'est absolument certain. Les manifestations du culte des choses sont suffisamment nombreuses et suffisamment étudiées par les sociologues pour qu'il ne soit pas utile d'y revenir. Le plus intéressant, c'est cette aspiration au devenir-machine de l'homme, c'est-à-dire une aspiration à se débarrasser simultanément du « je » et de la liberté qui lui est inextricablement liée. Anders résume la situation d'une formule :

> « Le sujet de la liberté et celui de la soumission sont intervertis : les choses sont libres, c'est l'homme qui ne l'est pas [158]. »

---

157. *Ibid.*
158. ANDERS (G.), *op. cit.*, p. 50.

C'est pourquoi, comme le note encore Anders, l'homme doit se consacrer au *human engineering*, c'est-à-dire à la tentative de faire de son corps l'équivalent d'une machine, quelque chose d'aussi parfait qu'une machine. Dans l'attention que les individus portent à leur corps, on voit trop souvent une simple manifestation de narcissisme. Si c'était le cas, ce ne serait pas trop grave. Mais la vérité est bien pire : ce n'est plus la beauté des dieux de la statuaire grecque qui fixe les normes, car en elle, on peut toujours se reconnaître, mais la perfection fonctionnelle des machines. Il y a quelques années, une publicité de Citroën pour son modèle baptisé Picasso montrait les robots dédiés à la peinture sur la chaîne de montage. Le robot se mettait à peindre le véhicule en suivant un graphisme inspiré d'une toile de Picasso. Mais la précision et la rapidité d'exécution ne laissaient aucun doute quant à la conclusion à tirer : la machine est bien supérieure à l'homme et le génie de Picasso doit s'effacer devant la perfection machinique de la Picasso. Se retournant dans sa tombe, le peintre a dû être saisi, lui aussi, comme le T. de Günther Anders par cette honte prométhéenne.

Chapitre VI
De la libération

Arrive le moment de dégager quelques perspectives. L'exercice est obligatoire : au contempteur de la modernité, on demande ses propositions, faute de quoi le voilà disqualifié. On pourrait se contenter de répondre par des propositions toutes négatives, consistant à dire « non » à l'esprit du temps. Il est aujourd'hui un refus du progrès qui pourrait bien être le seul mouvement vraiment progressiste. Même s'il paraît désespéré et désespérant. On ne saurait se contenter de réponses purement morales : quand les théoriciens de la décroissance comme Paul Ariès prônent la frugalité volontaire, ils ont peut-être raison, mais cette proposition ne s'adresse qu'à l'individu dans sa recherche de la vie bonne et l'on voit bien ce que la frugalité volontaire transformée en programme politique pourrait avoir de sinistre. *A fortiori*, quand il s'agit de la question de la liberté, nous sommes confrontés à des questions politiques brûlantes et qui ont été souvent débattues au cours des derniers siècles.

La question est de savoir si nous voulons simplement allonger la longueur de nos chaînes ou s'il est possible de les rompre et, comme messire Loup, de courir où bon nous semble. Cette question nous confronte immédiatement à une autre difficulté : comme l'homme est un « animal politique », la liberté ne peut se cantonner à la liberté individuelle puisque l'individu, trop faible, n'aurait qu'une liberté bien limitée. Spinoza part de là : chacun a naturellement le droit d'agir comme bon lui semble et rien ne peut venir le limiter... sauf précisément ses trop faibles forces qui le maintiennent dans une position telle que ce « droit de nature » de chacun à disposer de lui-même et des choses comme il l'entend est en réalité un droit nul. Il ne commence à exister un véritable droit naturel de l'homme que là où existent des hommes unis par des droits communs. Mais l'expérience nous enseigne que ces droits communs ne sont pas simplement des moyens pour augmenter la puissance individuelle, mais peuvent être, et très souvent sont, des chaînes nouvelles qui s'imposent à l'individu. Quand le « nous » prend le pas sur le « je », c'est alors que les individus sont soumis à la menace de la tyrannie et même de la plus puissante des tyrannies. Est-il possible de trouver un point d'équilibre entre le « je » et le « nous » tel que la liberté soit autre chose qu'une liberté surveillée ? L'émancipation des individus, qui fut au centre de la pensée des Lumières, peut-elle prendre une autre forme que le conformisme de masse et la soumission des hommes à la toute-puissance de leurs propres créations ?

Du bon usage du libéralisme

Si, comme nous l'avons vu au premier chapitre, il existe bien un libéralisme qui se conçoit comme la liberté absolue des puissants payée de la soumission de l'immense cohorte des pauvres, un libéralisme à la Calliclès[159], il existe cependant un bon usage du libéralisme, un libéralisme dont les linéaments se trouvent chez Spinoza, Rousseau ou Hegel, par exemple. Pourquoi défendre le libéralisme, ou du moins un certain libéralisme, au risque d'être classé dans la catégorie des « sociaux libéraux », catégorie honnie dans les milieux radicaux ? Derrière cette question, il y a plusieurs oppositions qu'il convient d'éclairer. La première, la plus fondamentale, consiste à savoir ce que peut signifier l'émancipation de l'humanité. La pensée de Marx est

---

159. Personnage du *Gorgias* de Platon, Calliclès soutient que la justice, c'est que les forts dominent et usent de leur force pour satisfaire leurs désirs comme bon leur semble. Aux prescriptions morales de Socrate, il reproche de vouloir rogner les griffes des lionceaux.

placée sous ce signe : les prolétaires sont les plus aptes à mener le combat contre le capital, car ils n'ont à perdre que leurs chaînes. C'est donc que ce combat contre le capital est un combat qui se donne la liberté comme objectif premier. Or le socialisme traditionnel, y compris et surtout le socialisme marxisme ou le communisme du XXe siècle (dans sa variante stalinienne comme dans presque toutes les autres), a changé cet objectif. Il ne s'agit plus de la liberté, mais de l'égalité. Le capitalisme est mauvais en raison des inégalités qu'il produit et c'est à cet égalitarisme que doivent être subordonnées les autres valeurs politiques. Le communisme *grobianisch* (grossier), qui se fixe comme objectif la réglementation de l'épaisseur du portefeuille, ou le socialisme du ressentiment conduisent au socialisme de caserne, celui qui était le modèle des utopies collectivistes de la fin du XIXe et du début du XXe, utopies très répandues dans les partis sociaux-démocrates et dont le régime stalinien a donné une assez bonne illustration. Or, du point de vue de Marx, l'égalité économique n'est rien d'autre que « le droit bourgeois ». La question de l'égalité, c'est d'abord l'égalité des échanges, valeur contre valeur. Les hommes ne se pensent sous cette catégorie de l'égalité que tant que leurs rapports apparaissent travestis sous les rapports entre les choses. Que les partis socialistes s'en soient tenus à ces revendications égalitaires, c'est tout simplement la preuve que l'horizon de ces partis a toujours été étroitement borné par le capitalisme[160] et que jamais on n'envisageait que les hommes ne soient plus soumis à la puissance aveugle de leurs échanges.

Est-ce à dire qu'il faut renoncer à l'égalité ? Tout dépend de ce que l'on entend par là. Par exemple, quand la droite et la gauche communient dans le culte de « l'égalité des chances » que l'école est censée fournir à tous les enfants, on est en plein dans l'idéologie. On prétend qu'avec quelques efforts politiques, on permettrait à tous les

---

160. Quand le PS français, lors de son congrès de La Défense en 1991, admet officiellement que « le capitalisme borne notre horizon », il reconnaît simplement ce qui est vrai pratiquement depuis les origines du socialisme à la fin du XIXe siècle.

enfants d'avoir les mêmes chances de devenir polytechniciens, énarques, avocats d'affaires réputés ou grands patrons dans un hôpital. Comme il est impossible que tous réalisent leurs ambitions, qu'on ne transformera pas les 600 000 ou 700 000 bacheliers chaque année en polytechniciens ou en avocats, « l'égalité des chances » n'est qu'une mystification qui fait passer la technologie d'organisation de la hiérarchie sociale comme une compétition honnête dans laquelle chacun a ses chances et sera récompensé selon son talent et son mérite. Par la même occasion est reconduite la vision purement « libérale », au sens du néolibéralisme économique, qui présente la société comme le champ clos des rivalités entre individus. Et nous avons là une forme d'égalité qui légitime la perpétuation de la domination. La question est donc de savoir quelle égalité doit être défendue.

La lecture de Hegel peut donner quelques indications. Dans un paragraphe très éclairant de l'*Encyclopédie des sciences philosophiques*, il écrit :

> « *Liberté* et *égalité* sont les simples catégories auxquelles on a fréquemment réduit ce qui devrait être la détermination fondamentale ainsi que la fin ultime et le résultat de la Constitution. Tout vrai que cela est, ces déterminations n'ont pas moins d'entrée de jeu le défaut d'être entièrement abstraites ; tenues fermement sous cette forme d'abstraction, c'est elles qui empêchent de se réaliser, ou qui détruisent ce qui est concret, c'est-à-dire une articulation effectuée de l'État, c'est-à-dire une Constitution et un gouvernement [161]. »

Effectivement, la liberté et l'égalité telles qu'elles sont présentées dans les déclarations des droits, du XVIIIe siècle aussi bien que dans la déclaration de l'ONU, sont de pures abstractions. La liberté en tant que principe politique et juridique n'a d'existence que dans un État et une Constitution. La liberté, sur ce plan, consiste en droits (autorisations),

---

161. Hegel (GWF), *Encyclopédie des sciences philosophiques en abrégé*, § 539, p. 455.

en protections et possibilités concrètes d'action. Hegel anticipe une critique, parfois discutable, mais souvent utile, du caractère formel des Droits de l'homme. Le riche et le pauvre sont égaux en ce sens qu'ils ont tous les deux le droit de coucher sous les ponts... L'égalité est tout aussi abstraite et, pour tout dire, elle ne trouve sa pleine extension que dans le domaine de l'abstraction par extension qu'est l'échange marchand. Cependant, ce concept abstrait de l'égalité a une importance réelle :

> « Mais le *concept* de liberté, à la manière dont il existe dès l'abord comme tel, sans autre détermination ni développement, est la subjectivité abstraite comme *personne* capable de propriété ; cette unique détermination abstraite de la personnalité constitue l'égalité effective entre les hommes [162]. »

Le premier moment du concept de liberté est donc la liberté abstraite, celle par laquelle le sujet est reconnu comme personne, c'està-dire comme porteur du droit de propriété, et la première égalité est l'égalité des personnes. C'est même la seule égalité effective. Autrement dit, l'égalité, telle que la pense Hegel, est définie de manière restrictive comme égalité des droits relativement à la propriété et d'abord à la propriété de soi-même – personne ne peut être la propriété d'un autre et le respect de la propriété se confond ainsi avec le respect de la personne. Il n'est pas question de l'égalité des droits en tant que citoyen ou dans toutes les autres manifestations de la vie publique. Il y a donc ici quelque chose qui tend à absolutiser le droit de propriété quelle que soit la nature de la propriété en question – sachant que, chez Hegel, le droit de propriété recouvre des choses très différentes et qu'il est impossible d'en faire un absolu, comme le font les théoriciens libéraux. Notons cependant que, pour Hegel, ce droit de propriété est tout sauf un droit naturel :

---

162. *Op. cit.*, p. 456.

« Mais que cette égalité se trouve présente, que ce qui est reconnu comme personne et ait validité légale soit l'*homme*, et non comme en Grèce, à Rome, etc., *quelques* hommes seulement, c'est si peu là un fait de *nature* que c'est bien plutôt un produit et un résultat de la conscience du principe le plus profond de l'esprit et l'universalité et de la formation de cette conscience [163]. »

Penser l'égalité n'est donc possible qu'à partir d'un certain stade du développement de la civilisation humaine. L'égalité est un résultat historique et non un fait naturel. Naturellement, les hommes ne sont pas égaux, ils sont bien plutôt inégaux sous toutes sortes de rapports. L'égalité pour Hegel est simplement l'égalité de liberté, c'est-à-dire la reconnaissance de la personne humaine en chaque individu. Hegel poursuit en montrant que l'existence même de la vie sociale entraîne nécessairement toutes sortes d'inégalités. Les enfants n'ont pas les mêmes droits que les adultes, les gouvernants ont des droits dont ne disposent pas les citoyens ordinaires, et même sur le terrain de football, les joueurs ne sont pas les égaux de l'arbitre. On voit que ce ne sont pas des inégalités naturelles, mais bien des inégalités construites socialement ; une pensée du droit et de la liberté ne peut qu'essayer de déterminer quelles sont les inégalités nécessaires et justes, et dans quel domaine s'impose le principe d'égalité – c'est proprement l'objet des recherches et discussions menées à l'enseigne de la « théorie de la justice ».

Mais cette conception en apparence restreinte de l'égalité peut conduire à la formation d'un concept de la liberté puissant et dont la portée critique ne saurait être sous-estimée. Si les hommes sont égaux en tant que personnes libres, et que l'égalité n'est que cela, il faut en déduire que le premier principe politique et juridique qui s'impose est le principe d'égale liberté pour tous, c'est-à-dire le principe du libéralisme politique tel que le définit John Rawls. Soyons un peu plus précis : cette égalité liberté pour tous inclut le refus de toute

---

163. *Op. cit.*, p. 455.

domination. Il rejoint donc le principe républicaniste de la liberté comme non-domination. Ce concept de la liberté est exigeant : il suppose que l'organisation politique soit conçue de telle sorte qu'elle protège les citoyens contre toutes les formes de domination – et pas seulement la domination qui pourrait être directement exercée par les autorités politiques, comme dans le libéralisme classique. Tel qu'il a été reformulé par Philip Pettit, le républicanisme est tout à la fois un idéal communautaire et une revendication radicale de protection des libertés individuelles. Il pousse au radicalisme social : la domination incluse dans le contrat de soumission qu'est le contrat de travail (la relation sociale caractéristique de la domination du capital) n'est pas plus acceptable que les autres formes de domination. Cicéron, un auteur que revendiquent souvent les républicains classiques ou contemporains, le disait déjà : la liberté ne consiste pas à avoir un bon maître, mais à ne pas avoir de maître du tout. Si, selon la formule de Rousseau, la liberté est l'obéissance à la loi qu'on s'est soi-même prescrite, ceci ne peut pas valoir seulement pour certains aspects de vie – la vie dans l'espace politique –, mais doit nécessairement être étendu à l'ensemble des sphères de la vie humaine. N'en déplaise ici à notre bon Jean-Jacques qui avait conçu l'éducation de Sophie pour en faire une mère soumise à son mari et entièrement vouée aux tâches domestiques.

L'égalité, dans ce contexte, n'est pas la fin, mais le moyen de garantir la non-domination. Que personne ne soit assez riche pour acheter un autre homme et que personne ne soit assez pauvre pour être dans la contrainte de se vendre (pour reprendre encore Rousseau), cela ne fait pas une société égalitaire, mais une société dans laquelle les inégalités de fortune ne peuvent devenir des moyens de domination des plus riches sur les plus pauvres. Cela suppose la répartition la plus large de la propriété – l'accès de chacun à la propriété individuelle des moyens de production – en même temps que la disparition (peut-être très progressive) de la propriété proprement capitaliste. Nous avons eu l'occasion de développer ailleurs[164] quelques pistes qui permettraient

---

164. Voir *Revive la République !* et *Le Cauchemar de Marx*.

d'envisager la réalisation effective d'une société fondée sur ces principes. On pourrait baptiser cette orientation « communisme républicain ».

S'agit-il d'une position « antilibérale » ? Si l'on entend par libéralisme « l'individualisme possessif », sans aucun doute. Mais le libéralisme ne peut être réduit à la revendication des propriétaires de ne subir aucune contrainte de la part du pouvoir politique. Le libéralisme se présente comme une doctrine contradictoire. Jusqu'à des temps récents, le libéralisme était d'ailleurs plutôt classé « à gauche » et s'opposait aux « conservateurs ». Ceux qu'on appelle libéraux aux États-Unis constituent souvent l'aile gauche du parti démocrate. Les libéraux défendent plus volontiers les libertés individuelles que les conservateurs qui sont libéraux sur le plan économique, mais plutôt hostiles aux libertés politiques et à la libéralisation des mœurs.

Le libéralisme politique classique, celui de Locke et de Montesquieu, s'est d'abord signalé par la doctrine de la séparation des pouvoirs qui est un des principes politiques majeurs revendiqués par les républicanistes. C'est encore chez Locke que l'on trouve la théorisation du droit à l'insurrection contre un pouvoir tyrannique, une position qui ne figure pas vraiment dans l'arsenal de la droite conservatrice. Bien qu'ils ne s'accordent pas sur la définition de la liberté (liberté comme non-domination contre liberté comme non-ingérence), républicanistes et libéraux politiques classiques peuvent néanmoins se trouver d'accord sur des questions concrètes assez nombreuses et partagent des vues souvent proches dans les questions constitutionnelles. Ce qui montre encore le débat théorique : le républicanisme de Philip Pettit se veut une alternative à la théorie de la justice de Rawls (le libéralisme politique) mais en même temps, il s'efforce de répondre à un « cahier des charges » qui n'en est pas très différent.

Le « socialisme libéral » de Carlo Rosselli est une première tentative, malheureusement trop peu poursuivie, de dépasser le marxisme stérilisant qui régnait dans les partis sociaux-démocrates et communistes et combiner le « néomarxisme révisionniste » et la praxis ouvrière.

> « Néomarxisme révisionniste et praxis ouvrière sont la face théorique et la face pratique d'une nouvelle conception socialiste libérale dans laquelle les problèmes de la justice sociale et la vie en société peuvent et doivent se poser sur le même plan que ceux de la liberté et de la vie individuelle [165]. »

Il s'agit, pour Rosselli, d'un libéralisme renouvelé, qui a dépassé l'opposition entre les lumières bourgeoises et le socialisme prolétarien. Rosselli reconnaît que l'expression « socialisme libéral » peut sembler étrange, puisque le mot *libéralisme* a servi à faire la contrebande de marchandises très diverses ! Mais Rosselli, comme d'autres auteurs avant lui, sépare nettement le libérisme (le « libéralisme économique », c'est-à-dire l'affirmation du rôle central de l'économie de marché) et le libéralisme (politique). Il donne ainsi cette définition du libéralisme :

> « Dans sa plus simple expression, le libéralisme peut se définir comme cette théorie politique qui, partant de la présupposition de la liberté de l'esprit humain, déclare la liberté fin suprême, suprême moyen, suprême règle de la vive sociale humaine. Fin, en tant qu'elle se propose d'atteindre un régime de vie sociale qui assure à tous les hommes la possibilité d'un plein développement de leur personnalité. Moyen en tant que l'on considère que cette liberté ne peut être octroyée ou imposée, mais doit se conquérir par un dur travail personnel dans le flux perpétuel des générations. Celui-ci conçoit la liberté non comme un donné de nature mais comme devenir, développement. On ne naît pas mais on devient libre. Et on ne peut se conserver libre qu'en maintenant active et vigilante la conscience propre de son autonomie et en exerçant ses libertés propres.
>
> « La foi dans la liberté est en même temps une déclaration de foi dans l'homme, dans son infinie perfectibilité, dans sa capacité d'autodétermination, dans son sens inné de la justice [166]. »

---

165. ROSSELLI (C.), *Socialismo liberale*, p. 88.
166. ROSSELLI (C.), *op. cit.*, p. 89-90.

Il ne reste plus à Rosselli qu'à définir le socialisme comme l'accomplissement des idéaux libéraux. La transformation des rapports de propriété et d'échange permet de rendre effective et pour tous les libertés qui ne sont réservées qu'à quelques-uns dans les sociétés dominées par le mode de production capitaliste.

> « Le mouvement socialiste est donc l'héritier concret du libéralisme, le porteur de cette idée dynamique de liberté qui s'actualise dans le mouvement dramatique de l'histoire. Libéralisme et socialisme, bien loin de s'opposer selon ce que voudrait une polémique rebattue, sont liés par un rapport intime de connexion. Le libéralisme est la force idéale inspiratrice, le socialisme est la force pratique réalisatrice [167]. »

Entre le « communisme républicain » que nous évoquions plus haut et ce socialisme libéral, la distance n'est pas bien grande ; il s'agit dans les deux cas de prendre pour principe que le mouvement social ne peut se développer qu'en tant qu'il pose la question de l'émancipation de toute domination, la question de la liberté comme question centrale. C'est pour cette raison que l'antilibéralisme n'est vraiment pas le programme politique dont aurait besoin le mouvement social. Comme si nos sociétés étaient menacées par un excès de liberté alors que, ainsi que nous avons amplement eu l'occasion de le souligner dans cet ouvrage, l'évolution automatique du capitalisme, et du même coup l'évolution des gouvernements, conduit à la réduction drastique de la liberté dans tous ses sens ! Nous souffrons sans doute de l'affaiblissement des structures collectives de protection des individus, mais nous ne souffrons pas d'un manque d'État, qui est, au contraire, plus insistant, plus insinuant, plus surveillant, plus répressif que jamais il ne l'a été.

---

167. ROSSELLI (C.), *op. cit.*, p. 91-92.

Liberté individuelle, commune et communauté

Dans les rangs des républicains à la façon française, le communautarisme a mauvaise presse. Depuis 1793, on y tient que « la république est une et indivisible » et que les communautés particulières sont autant d'ennemis potentiels de la république. C'est un des aspects rousseauistes du républicanisme français : on ne reconnaît que les individus et toutes formes de « brigues » ou de coalitions partielles pervertissent l'expression de la volonté générale.

> « Si, quand le peuple suffisamment informé délibère, les citoyens n'avaient aucune communication entre eux, du grand nombre de petites différences résulterait toujours la volonté générale, et la délibération serait toujours bonne. Mais quand il se fait des brigues, des associations partielles aux dépens de la grande, la volonté de chacune de ces associations devient générale par rapport à ses membres, et particulière par rapport à l'État ; on peut dire alors qu'il n'y a plus autant de votants que d'hommes, mais seulement autant que d'associations. Les différences deviennent moins nombreuses et donnent un résultat moins général. Enfin quand une de ces associations est si grande qu'elle l'emporte sur toutes les autres, vous n'avez plus pour résultat une somme de petites différences, mais une différence unique ; alors il n'y a plus de volonté générale, et l'avis qui l'emporte n'est qu'un avis particulier [168]. »

La condamnation des « associations partielles » est liée chez Rousseau à son refus de la séparation des pouvoirs et à la défense de la démocratie directe (la volonté générale ne saurait être représentée). Appliquée à un régime politique de démocratie représentative fondé sur la séparation des pouvoirs et admettant la représentation des corps de la « société civile bourgeoise » (comme les syndicats), ce vestige du rousseauisme paraît bien déplacé. De même, la tentative désespérée de faire revivre le jacobinisme n'a pas de quoi enthousiasmer.

---

168. ROUSSEAU (J.-J.), *Le Contrat social*, livre II, chap. III, « Si la volonté générale peut errer ».

Le jacobinisme révolutionnaire s'était donné pour mission d'unifier la nation et finalement de parachever l'œuvre de centralisation administrative qu'avait largement entamée la monarchie absolue. Mais le jacobinisme a fini par accoucher de la centralisation napoléonienne qui a imposé un carcan rigide à la nation française. Alors que la révolution concevait la centralisation essentiellement comme l'unité des lois, reposant sur l'autogouvernement local, la centralisation napoléonienne va soumettre tous les pouvoirs locaux à la surveillance du pouvoir central. Le corps préfectoral, institution typiquement bonapartiste, est une verrue greffée sur le corps de la république. Et il y en a beaucoup d'autres du même genre. Le premier Clemenceau, le Clemenceau radical des années 1880, s'était jeté dans la bataille politique avec un programme politique démocratique radical, qui incluait la suppression des préfets, l'autonomie de gouvernement des communes et une réduction du pouvoir des administrations centrales. Il proposait en somme de faire un pas vers ce « gouvernement à bon marché », du type de la Commune de Paris, qui fut la première république sociale.

Autrement dit, l'idéal républicain n'est pas lié inévitablement à une conception « IIIe République » de l'indivisibilité de la nation, ni au culte de l'État, ni au « centralisme jacobin ». La IIIe République a eu ses mérites et parfois on se prend à rêver de politiciens qui auraient le courage réformateur des vieux rad-socs aujourd'hui disparus. Mais la IIIe République fut aussi un « empire sans empereur », selon la formule d'Engels : « l'empire français » colorait de rose les mappemondes des écoles primaires. Si les théoriciens républicains méritent de sortir de l'oubli [169], les mânes de Jaurès et Briand ne peuvent plus guère inspirer les jeunes générations. La république ne reconnaît que les individus, dit-on : effectivement, l'individualisme le plus radical inspirait les révolutionnaires de 1789 qui, par la loi Le Chapelier organisèrent la dissolution des corporations, mais interdirent du même coup les syndicats et même les sociétés de secours mutuel qui naquirent le plus

---

169. Voir SPITZ J.-F., *Le Moment républicain en France*, NrF, Galiimard, 2005.

souvent dans la clandestinité. Mais cette forme particulière de la république et de la liberté politique ne doit pas en être prise pour l'essence. Le jacobinisme est aussi une expression politique de la nouvelle classe dominante, la bourgeoisie et la petite-bourgeoisie intellectuelle, pour qui l'individualisme est une seconde nature. L'individu d'ailleurs n'y a de place que s'il est propriétaire – les limitations apportées au droit de vote par la Constitution démocratique de l'an II le montrent sans la moindre ambiguïté.

La vision du corps politique idéal, Rousseau le confesse, convient peut-être à des dieux, mais pas aux hommes. Aristote, à qui il est toujours bon de faire retour, définit la cité, c'est-à-dire l'unité politique proprement dite (la *polis*), comme une unité de communautés : les hommes forment avec les femmes des communautés naturelles qui deviennent naturellement des maisonnées, lesquelles se regroupent en villages et les villages finalement en une cité, qui est le terme achevé des communautés humaines. Retenons que la communauté politique, la république, est une communauté de communautés. Dès lors, on doit admettre que chaque communauté, dans son propre périmètre, dispose d'une large autonomie, exercée dans le cadre des lois générales de la république qui protègent les libertés individuelles.

Les anarchistes – du moins les anarchistes proudhoniens – considéraient que l'État pouvait avantageusement être remplacé par une fédération de communes libres, toutes les autres formes d'organisation sociale cédant la place au mutualisme et aux coopératives. Si l'on voulait appliquer dogmatiquement un tel plan, on n'y parviendrait certainement pas sans précipiter le pays dans le chaos – ne parlons pas de son extension à l'échelle internationale. Mais les utopies ont souvent du bon à condition d'être rendues raisonnables en les intégrant dans une perspective plus réaliste. L'idée de Proudhon, loin d'être comme il le croyait la théorie de l'abolition de l'État, peut parfaitement s'intégrer dans une conception politique (un mot qui eût fait horreur à un proudhonien) républicaniste au sens que nous donnons ici à ce terme. La liberté des communes, c'est-à-dire l'autonomie communale, est un puissant facteur de développement de l'esprit civique et du sens de la liberté.

L'inconvénient de l'autonomie locale est double. En premier lieu, les communes les mieux loties par la nature ou par l'histoire auront tendance à profiter de leurs avantages alors que les autres cumuleront les difficultés, créant ainsi des inégalités injustes. On remarquera cependant que les inégalités de ce genre se sont beaucoup développées dans la France jacobine : la tutelle de l'État central n'est donc pas une garantie égalitaire, mais il peut jouer son rôle dans la péréquation des ressources et la mutualisation des risques. En second lieu, on peut penser que les communautés politiques restreintes exercent une plus forte pression sur les individus et poussent au conformisme et à la restriction spontanée des libertés individuelles. L'exemple des États-Unis vient conforter ces craintes. Nous y voyons une démocratie locale beaucoup plus large qu'en France, mais aussi un poids de la communauté sur les individus beaucoup plus fort. Le conformisme et la « tyrannie douce de la majorité » dont parlait Tocqueville pourraient alors apparaître comme les conséquences désagréables d'une plus grande liberté politique au niveau local. La lecture de Rousseau nous éclaire :

> « Si j'avais eu à choisir le lieu de ma naissance, j'aurais choisi une société d'une grandeur bornée par l'étendue des facultés humaines, c'est-à-dire par la possibilité d'être bien gouvernée, et où chacun suffisant à son emploi, nul n'eût été contraint de commettre à d'autres les fonctions dont il était chargé : un État où tous les particuliers se connaissant entre eux, les manœuvres *obscures* du vice ni la modestie de la vertu n'eussent pu se dérober aux regards et au jugement du public, et où cette douce habitude de se voir et de se connaître, fit de l'amour de la patrie l'amour des citoyens plutôt que celui de la terre [170]. »

---

170. ROUSSEAU (J.-J.), *Discours sur l'origine et les fondements de l'inégalité parmi les hommes*, Dédicace.

La république rousseauiste est une petite république – il faut que tous les citoyens puissent se connaître ! – qui permet à chacun de participer aux fonctions politiques sans qu'on soit obligé de les déléguer à d'autres. On a donc un appareil bureaucratique réduit au strict minimum. Mais c'est aussi un corps politique où les citoyens se surveillent les uns les autres et où la vertu est donc assurée par la force de l'opinion commune. La liberté est la liberté d'être vertueux et donc cette capacité de la communauté à déjouer les « manœuvres obscures du vice » n'est pas perçue par notre citoyen genevois comme une entrave à la liberté, puisque :

> « Afin donc que le pacte social ne soit pas un vain formulaire, il renferme tacitement cet engagement qui seul peut donner de la force aux autres, que quiconque refusera d'obéir à la volonté générale y sera contraint par tout le corps : ce qui ne signifie autre chose sinon qu'on le forcera d'être libre [171] [...]. »

Proposition où l'on a souvent lu l'expression de ce « despotisme de la liberté » dont parle Hegel à propos de la Terreur révolutionnaire en France. Pourrait-on avoir les avantages de la démocratie locale et de cet autogouvernement des petites communautés sans en avoir les inconvénients ?

On en revient à la vieille question de la protection de l'individu contre la tyrannie de la majorité. Philip Pettit soutient avec raison que la liberté dans une nation doit pouvoir être défendue par le recours à une institution supranationale. On peut de la même manière considérer que les individus peuvent être protégés des effets du conformisme des petites communautés dès lors que leurs droits et libertés individuelles sont protégés par une justice indépendante de la communauté en question.

Les communautés politiques restreintes ont certainement une tendance presque naturelle à rechercher le consensus, les dissidents

---

171. ROUSSEAU (J.-J.), *Contrat social*, livre I, chap. VII, « Du souverain ».

étaient surtout tenus pour des « mauvais coucheurs ». Or, en suivant encore Philip Pettit, il est plus judicieux de concevoir la démocratie comme un système fonctionnant à la contestation plutôt qu'au consensus. Le modèle d'une république par en bas, fonctionnant à partir des communautés locales qui ne délèguent au niveau supérieur que ce qui est nécessaire pour la prospérité de tous et pour la protection des droits et libertés, est précisément un modèle qui laisse la place à la contestation parce que chaque communauté est limitée dans l'exercice de sa souveraineté et se trouve en rapport avec ses voisins, dont les orientations peuvent être contradictoires avec les siennes propres.

Au total donc, une république démocratique, c'est-à-dire une république fondée sur le principe de la liberté comme non-domination et non sur le principe de la souveraineté absolue de la majorité, serait une république très décentralisée, offrant à tous les possibilités de participer largement aux affaires publiques et de développer le sens de l'initiative et de la prise de responsabilité, alors que les États centralisés sont plus favorables aux « grosses machines », qui font remplir tous les offices publics par des professionnels de la politique et poussent au développement chez les citoyens d'une mentalité d'assistés, laquelle est devenue un frein puissant à tout mouvement sérieux de contestation de l'ordre établi.

Nous n'avons traité ici que des communautés institutionnelles fondées sur des divisions territoriales. Mais il faut aussi traiter le cas des autres communautés, celles qui reposent sur des liens affectifs ou électifs, ou celles qui reposent sur les origines nationales ou ethniques. En France au moins, ce genre de communautés est l'objet de polémiques souvent peu raisonnables où se réinvestissent des conflits sans rapport avec l'objet précis. Les mêmes hommes politiques qui ne manqueraient pour rien au monde le déjeuner annuel du CRIF dénoncent ensuite le communautarisme musulman… Au lieu d'une condamnation expéditive du « communautarisme », il faut plutôt se demander si le retour en force des petites communautés, religieuses, régionalistes ou autres, ne traduit pas d'abord le refus d'une société d'individus séparés les uns des autres. Devant la décomposition de la « grande communauté » qu'est la nation absorbée dans le grand marché mondial, devant la destruction progressive des communautés de travail (les syndicats) ou des partis politiques de masse, le retour à des communautés plus archaïques comme la communauté religieuse ou la communauté ethnique n'est « réactionnaire » qu'au sens premier terme, réactionnel plutôt : il exprime une réaction face à un avenir perçu comme insupportable.

Sans doute faut-il exclure *a priori* les « arrangements raisonnables » à la mode canadienne qui allaient jusqu'à admettre les juridictions islamiques dans certaines affaires de droit civil (notamment les divorces). La raison en est simple : personne ne doit être soumis au pouvoir de sa communauté, il doit pouvoir quitter librement sans être ostracisé et encore moins menacé comme apostat. La liberté comme non-domination inclut la protection contre la domination dans le cadre familial autant que dans le cadre des différentes communautés d'appartenance et, pour cette raison, la loi doit rester égale pour tous. De même, doivent être combattues toutes les politiques qui conduisent, d'une manière ou d'une autre, au développement séparé, qu'en d'autres lieux on appelait *apartheid*. Et c'est dans les lieux publics, les équipements collectifs, la santé ou l'école que doivent être fermement maintenus les principes d'égalité et le refus des discriminations, non seulement ethniques ou raciales, mais aussi sexuelles. Les propositions (parfois mises en application) d'ouverture des piscines à des horaires réservés aux femmes s'inscrivent dans une démarche de ségrégation à l'encontre des femmes qui reproduit les traits les plus arriérés peut-être pas tant de l'islam que des sociétés de Bédouins du VIe siècle où il est né. Si les cantines scolaires doivent proposer des plats acceptables pour les diverses convictions religieuses, elles ne peuvent s'interdire de proposer en même temps du porc ou de la viande le vendredi : personne ne peut imposer aux autres ses propres lubies. Après tout, un musulman pourrait très bien avoir le désir de manger du cochon, considérant qu'en vérité Dieu a autre chose à faire que de s'occuper des régimes alimentaires. L'État républicain, s'il accorde aux parents une autorité « naturelle » sur les enfants, doit en même temps protéger les enfants contre la domination :

> « Les parents et les enseignants sont soumis à de telles contraintes et exposés à de telles sanctions possibles que cela doit pouvoir idéalement garantir deux choses : d'une part, ils chercheront à servir les intérêts pertinents des enfants ; d'autre part, ils s'attacheront à le faire de manière non idiosyncrasique. Ils pourront, autrement dit, exercer un pouvoir considérable d'interférence dans la vie des enfants, mais ce pouvoir d'interférence prendra en compte les intérêts des enfants tels qu'on se les représente de manière habituelle, et ne constituera pas une forme de domination [172]. »

Cela étant posé, les revendications d'autonomie culturelle sont parfaitement légitimes, comme sont légitimes les revendications concernant la liberté religieuse, laquelle est d'ailleurs très bien garantie par la loi de séparation de 1905 qui institue des associations cultuelles. La volonté des pouvoirs politiques de s'immiscer dans les affaires des croyants – notamment les interventions des pouvoirs publics français dans l'organisation de l'islam en France – doit être fermement rejetée. Les croyants s'organisent comme bon leur semble et s'imposent les disciplines qu'ils jugent bonnes pourvu qu'elles respectent les lois républicaines et les libertés individuelles. En tout cas, le multiculturalisme (c'est-à-dire la défense des droits des minorités) devrait être intégré à l'idéal républicain, ainsi que le soutient Philip Pettit. Il pourrait même aller jusqu'à accorder à une culture minoritaire une certaine autonomie politique sur son territoire, dès lors que le problème se poserait concrètement – Pettit cite le cas des amish aux États-Unis.

Si l'on doit renoncer à l'idée anarchiste de la suppression de l'État aussi bien qu'à la théorie marxiste de l'État dépérissant, il reste que la dispersion de l'autorité dans les « associations partielles », pourvu

---

172. PETTIT (P.), *op. cit.*, p. 159.

qu'elle soit judicieusement organisée, est favorable à la liberté individuelle et peut largement contribuer au développement de l'autonomie des personnes et à leur épanouissement.

Le commun et l'individu : la question de la morale (ou de l'éthique)

L'articulation fondamentale de la philosophie politique moderne fut celle de la société civile et de l'État. Le libéralisme avait tenté d'instaurer une séparation aussi complète que possible entre la sphère étatique, publique, politique au sens restreint du terme, et la sphère où les intérêts privés des individus pouvaient jouer. Cette séparation justifiait d'ailleurs que le contrat social n'ait de valeur que pour la vie publique, la société civile demeurant le lieu de l'économie, c'est-à-dire de la gestion des affaires privées. Cette distinction était à l'évidence intenable et, de fait, n'a jamais eu de réalité effective. La « politique économique » dit cette impossible séparation. Dans la société capitaliste, l'État a pour fonction d'organiser la vie économique – laquelle, curieusement et paradoxalement pour les dogmes dominants aujourd'hui, ne parvient pas à s'organiser elle-même de son propre mouvement spontané, « naturel ». Dans le même moment, on sait que la force d'un État réside d'abord dans sa puissance économique. La politique économique est si envahissante qu'elle a dévoré la plus belle part de la politique tout court.

La séparation entre société civile et État qui recoupe la séparation entre public et privé n'est ni la plus nécessaire ni la plus durable. Il suffit de dire que la famille appartient à la sphère privée, mais que l'éducation des enfants est, en dernier recours, sous la responsabilité des pouvoirs publics qui doivent s'assurer que les parents donnent une éducation convenable à leurs enfants. Autrement importante est la dichotomie entre l'intime, l'individu dans ce qui lui est le plus propre, dans sa sphère immédiate d'existence et le commun. Le commun désigne tout simplement nos relations sociales, l'ensemble des séries par lesquelles nous sommes attachés aux autres, séries courtes, celles de la famille, séries plus longues, celles du travail, des études, de la vie publique. Dans sa VIᵉ thèse sur Feuerbach, Marx écrit que « l'essence de l'homme n'est pas une abstraction inhérente à l'individu isolé. Dans sa réalité, elle est l'ensemble des rapports sociaux. » Une fois de plus, nous remarquons que ces brèves et énigmatiques notes sur Feuerbach ouvrent des abîmes de pensée. L'essence de l'homme comme « être générique » n'est pas une abstraction, quelque chose dont on pourrait avoir épuisé le sens en disant que « l'homme est un animal social ». L'effectivité de cette essence existe dans les rapports sociaux, concrets, spécifiques, que noue chaque individu. L'universalité du genre n'a pas d'autre réalité que cette ramification infinie des liens que tissent les individus et qui font que son être est toujours en même temps quelque chose de commun avec d'autres. Mais s'en tenir là serait unilatéral. Le développement des relations sociales, des liens de communauté, produit aussi le développement de la spécificité individuelle, d'une zone de la vie qui n'est qu'à lui. L'existence d'une vie intime semble ne prendre de l'importance que par le développement des liens de communauté.

La liberté trouve sa place dans cette tension. D'un côté les liens communautaires (au sens large) sont tout à la fois des contraintes et des possibilités ouvertes. L'union fait la force ! et donc la sociabilité permet le développement de la puissance d'agir effective. Mais d'un autre côté, cette puissance d'agir augmentée donne plus d'existence à ce moi qui ne s'oriente que selon son « propre naturel ». Mais cette tension qui peut fonctionner comme un renforcement réciproque positif peut se transformer en son contraire. On se méfie des empiétements de la communauté sur la vie individuelle, encore très prégnants dans les sociétés traditionnelles ou dans certains groupes d'origine immigrée. On pourrait penser que les difficultés de l'intégration expliquent le repli sur les traditions communautaires, mais c'est souvent parce que l'intégration est en train de se faire que le traditionalisme fait retour. Si importants que soient ces problèmes, ils pourraient apparaître comme résiduels, destinés à se dissoudre dans la « modernité ». En réalité, c'est non pas dans le poids excessif de la communauté, mais dans son affaiblissement que se trouvent maintenant les plus graves menaces pour l'individu. Même les manifestations de communautarisme réactionnel s'expliquent largement par l'affaissement de la communauté nationale d'accueil.

Dans le capitalisme débarrassé des formes traditionnelles, en effet, il ne reste plus que l'individu nu, mis en concurrence avec les autres individus. Les liens communautaires se disloquent : la satisfaction de ses désirs érigée en impératif catégorique, l'impératif de mobilité (le « bougisme »), la concurrence (« libre et non faussée ») transformée en règle de vie sont rigoureusement contradictoires avec l'existence de liens communautaires stables. Mais cette désagrégation de la communauté ne correspond pas à une promotion de l'individu, mais au contraire à sa fragilisation. L'exposition de soi réclamée à cor et à cri – de la téléréalité aux données personnelles sur Internet – par le système médiatique vient simplement compléter la mise en fiche, l'espionnage et la violation de plus en plus systématique de tout ce qu'il a de plus personnel.

La défense de l'intimité suppose des protections légales – et d'abord la destruction pure et simple de tout ce qui a été monté depuis des décennies en matière de fichage et d'espionnage des particuliers. Mais elle suppose aussi la reconstruction d'un *ethos* communautaire fondé sur la recherche d'une vie décente, ce qui, à son tour, exige l'engagement individuel. Et ici nous retombons, fatalement, sur les questions de morale, parce que nous retombons sur les dispositions acquises par les individus et leurs orientations dans les rapports avec les autres. Si la liberté ne peut résider dans l'atmosphère raréfiée d'une société d'individus menant des existences séparées – selon l'excellente formule de Robert Nozick –, elle ne peut exister dans les rapports de l'individu avec les autres individus, rapports sociaux et interindividuels. C'est-à-dire qu'il faut une morale partagée, une morale publique qui garantisse que chacun peut bénéficier du respect et de la sollicitude des autres et qu'il manifeste le même respect et la même sollicitude à l'égard de tout autre. Parlant des conditions de la révolution sociale, Gramsci n'hésitait pas à évoquer la nécessité d'une « réforme morale », expression proprement inaudible aujourd'hui.

C'est pourtant ce qui est en cause si l'on veut parler sérieusement et non se contenter de tirer des plans sur la comète.

Il pourrait sembler que la morale, qu'une morale publique qui plus est, s'oppose à la liberté. C'est pourquoi certains penseurs « libéraux » estiment que la morale doit être minimale ; elle ne doit s'imposer que pour contraindre l'individu à rester dans les limites déjà définies par la Déclaration de 1789 : la liberté consiste à pouvoir faire tout ce qui ne nuit pas à autrui. « L'éthique minimale » proposée par Ruwen Ogien s'en tient à trois principes qui découlent selon leur auteur de l'acceptation des principes du libéralisme politique : principe de neutralité à l'égard des conceptions substantielles du bien (c'est un principe que soutient Rawls, mais dans un autre contexte) ; principe de non-nuisance ; principe d'égalité consistant à accorder la même valeur aux voix ou aux intérêts de chacun. Ogien applique d'abord ces principes aux questions épineuses comme la pornographie, les mères porteuses ou les pratiques sadomasochistes. Mais le test d'une théorie morale sur ces cas très particuliers – qui devraient plutôt faire l'objet d'une casuistique – ne permet absolument pas de réfléchir de manière suffisamment exhaustive.

En ce qui concerne l'idée que l'on pourrait construire une éthique neutre quant aux conceptions substantielles du bien, elle est hautement problématique. Nous avons eu l'occasion de montrer[173] les contradictions des prétentions à la neutralité de la théorie de la justice de Rawls, qui se présente comme une théorie politique et non morale. *A fortiori*, on voit mal comment une théorie éthique pourrait être neutre quant aux conceptions substantielles du bien. La seule possibilité (elle-même douteuse) est de ramener la morale aux conditions de la contractualité – comme dans la « morale par agrément » défendue par David Gauthier. Nous serions ainsi reconduits à l'une de ces tentatives menées depuis Mandeville et Adam Smith en vue de remplacer la morale par le calcul de la maximisation de l'utilité, selon les principes de l'économie politique bourgeoise.

---

[173]. Voir COLLIN (D.), *Morale et justice sociale*.

En vérité, nous gardons au fond de nous l'idée qu'il existe un interdit, que tout ne se négocie pas, que tout n'obéit pas aux modes déductifs de la rationalité instrumentale. La question que nous percevons intuitivement est celle de la limite, question dont on ne peut s'affranchir et qui fait des retours brusques et ravageurs régulièrement dans la chronique des faits divers ou dans la chronique judiciaire. Dans un monde soumis à l'empire du désir (et à la tyrannie du plaisir, pour reprendre une formule chère à Platon et dont il faudrait expliciter tous les tenants et les aboutissants), tout devient possible. Le désir du sujet désirant est, par définition, illimité (un désir limité n'est qu'un besoin facile à satisfaire, comme le besoin de boire un grand verre d'eau fraîche quand on a soif). La manie de l'éthique (3 000 professionnels en éthique des affaires recensés aux États-Unis) vient peut-être de là, du sourd besoin de trouver quelque part cette limite, faute de laquelle nous risquons purement et simplement la folie. Ce qui explique les embardées de plus en plus difficiles à maîtriser dans le domaine des mœurs où se multiplient les injonctions contradictoires.

Si la liberté n'est pas un capital à faire fructifier en bon capitaliste avisé, mais fondamentalement une dynamique de vie, un effort pour se libérer des aliénations multiples dans lesquelles l'individu se perd continuellement lui-même, il s'agit alors de construire une éthique partageable par le plus grand nombre. Les linéaments d'une telle éthique se trouvent exposés avec la plus grande clarté dans l'œuvre de Spinoza. Nous n'en donnons ici que quelques aperçus.

Dans les propositions 29 à 38 de la quatrième partie de l'*Éthique*, Spinoza développe les principes rationnels sur lesquels est fondée la politique : il s'agit de montrer que « l'utile propre », c'est-à-dire la vie bonne pour l'individu, conduit en suivant la raison à l'utile commun et, par conséquent, il ne peut y avoir aucun antagonisme entre la liberté de l'individu qui conduit sa vie comme il l'entend et l'appartenance communautaire. Spinoza énonce d'abord sous une forme abstraite le principe de sociabilité. Résumons le raisonnement :

1. ne peut être bon ou mauvais que ce qui a un certain rapport avec nous, ce qui a quelque chose de commun avec notre propre nature ;
2. dans la mesure où une chose a quelque chose de commun avec nous, elle ne peut pas être mauvaise ;
3. donc une chose nous est bonne dans la mesure où elle s'accorde avec notre nature.

Le point central de cette démonstration est l'idée **d'accord en nature**. Les hommes s'accordent en nature. Cependant, la proposition 32 dit :

> « Dans la mesure où les hommes sont soumis aux passions, on ne peut dire qu'ils s'accordent par nature [174]. »

Spinoza justifie cette affirmation par un argument qui concentre bien toute sa philosophie : la nature d'une chose est sa puissance, or les passions sont l'impuissance de l'homme, donc s'accorder en impuissance, ce ne peut pas être s'accorder en nature. Un accord ne peut être fait sur des critères purement négatifs : on ne peut dire que le noir et le blanc s'accordent au motif qu'ils ne sont pas rouges. D'où cette conclusion :

> « les choses qui s'accordent dans la seule négation, c'est-à-dire dans ce qu'elles n'ont pas, ne s'accordent en réalité en rien. » (Scolie de la proposition 32.)

Outre la valeur logique de cette proposition, il faut immédiatement saisir ce que cela signifie concrètement : les passions sont non pas source d'union, mais source de division entre les hommes. C'est évident pour les passions qui conduisent à une possession exclusive, l'amour sexuel, la richesse ou le pouvoir sont à l'origine des conflits incessants. Or non seulement les hommes diffèrent entre eux par les passions, mais ils sont divisés en eux-mêmes par leur propre

---

174. Nous citons l'*Éthique* dans l'édition de la Pléiade, traduction Roland Caillois.

inconstance. C'est pourquoi les rassemblements « anti-quelque chose » ne conduisent à rien et d'ailleurs finissent très vite par se désagréger. Les communautés fondées sur le ressentiment ou la haine de l'autre sont nécessairement ennemies de la liberté de leurs membres. On en a de nombreux exemples. Et c'est même le principal obstacle au développement d'un mouvement social puissant et durable aujourd'hui. Tous les mouvements sociaux revendicatifs sont des mouvements défensifs, des mouvements contre telle ou telle loi, tel ou tel gouvernement, telle ou telle régression. Il n'est pas question d'en contester la légitimité : quand on vous fait la guerre, il faut bien se défendre. Mais ce qui caractérise l'impuissance de notre époque, c'est la quasi-impossibilité de transformer la réaction en action, d'ouvrir une voie nouvelle, bref, pour le redire ici, de faire autre chose que disputer la longueur de la chaîne.

Il faut préciser le processus de cette division que Spinoza analyse avec subtilité. Ainsi l'amour que deux hommes portent pour la même femme ne peut en lui-même être source de haine. Il s'agit même, selon Spinoza d'un accord en nature et « ces deux hommes ne sont pas importuns l'un pour l'autre en tant qu'ils s'accordent par nature, c'est-à-dire en tant qu'ils aiment l'un et l'autre la même chose. » Si la haine intervient entre un, c'est parce que la possession par l'un de l'objet aimé est la perte de ce même objet pour l'autre et donc c'est bien en cela qu'ils diffèrent. Cette situation vient de ce que l'objet de l'amour est un objet fini. On voit encore comment pour Spinoza l'amour et la possession non seulement ne vont pas de pair, mais même se contredisent dans leurs effets. Là aussi, on en peut tirer des conséquences. S'efforcer d'orienter les désirs vers des biens partageables, c'est augmenter la sociabilité, alors que la canalisation du désir vers des biens qui sont la propriété exclusive d'un seul – tous les biens de consommation – c'est exciter les rivalités qui rendent les individus vindicatifs, haineux et finalement divisent la communauté en autant d'ennemis.

La proposition 35 semble donner une solution :

> « Dans la seule mesure où les hommes vivent sous la conduite de la Raison, ils s'accordent toujours nécessairement par nature. »

En agissant selon la Raison, les hommes font ce qui est bon pour la nature humaine et par suite « pour tout homme. » C'est qu'en effet agir selon la raison, c'est agir selon la nature propre de l'homme alors que pâtir, c'est n'être pas la cause adéquate de ses propres actes, c'est subir l'action des forces extérieures à soi-même. Mais le scolie de cette même proposition précise ce qu'il faut entendre par là. Si les hommes répètent que « l'homme est un dieu pour l'homme », l'expérience pratique montre que ce ne sont là que des paroles. Car :

> « Pourtant il est rare que les hommes vivent sous la conduite de la raison ; mais c'est ainsi : la plupart se jalousent et sont insupportables les uns aux autres. »

Ce qui seul limite les déchaînements, c'est non pas que l'homme vit sous la conduite de la raison – au fond aucun homme ne vit toujours sous la conduite de la raison –, mais qu'il est un « animal social. » Même si les passions mauvaises divisent les hommes, les tendances sociales sont spontanées. Spinoza prend le contre-pied de la thèse de Hobbes qui fait de l'homme un loup pour l'homme. D'où la reprise de la polémique, récurrente chez Spinoza, contre les Théologiens et les Mélancoliques qui déprécient l'homme et louent les bêtes. Ces deux propositions, et surtout les scolies qui suivent la dernière, posent à nouveau que suivre la vertu, c'est agir dans le bien de tous les hommes. On ne peut pas désirer le bien pour soi-même seul si l'on vit sous la conduite de la raison.

> « Le souverain bien de ceux qui pratiquent la vertu est commun à tous et tous peuvent également y trouver leur joie. » (Proposition 36.)

Le bien d'un sage ne fait de tort à personne ! C'est pourquoi il est parfaitement possible de vivre libre au milieu des hommes, en tout cas bien plus libre que l'ermite ou le misanthrope qui fuit la compagnie. Et donc :

> « Le bien que quiconque pratique la vertu désire pour lui-même, il le désirera aussi pour les autres hommes, et d'autant plus qu'il a une plus grande connaissance de Dieu. » (Proposition 37.)

Dans le scolie I de la proposition 37, Spinoza définit trois termes sur lesquels nous revenons un peu plus loin :

- la **Religion** : tous les désirs et toutes les actions dont nous sommes causes en tant que nous avons l'idée de Dieu ;
- la **Moralité** : le Désir de faire du bien qui tire son origine de ce que nous vivons sous la conduite de la raison ;
- et l'**Honnêteté** : s'attacher les autres par les liens de l'amitié.

Cette définition de la vertu et de l'agir sous la conduite de la Raison permet à Spinoza de régler un certain nombre de problèmes pratiques (par exemple, les rapports entre l'homme et les animaux). Le scolie II expose les bases de la morale, du droit et de la politique (qu'on retrouve dans le *Traité politique*). Il définit les règles des jugements de valeur (louange et blâme, mérite et faute, juste et injuste). Mais ces règles ne peuvent être abstraites. Elles n'ont de sens que si l'on considère l'homme dans l'état où il vit en société. L'homme est un « animal social », mais on doit le considérer sous un double rapport : en tant qu'être naturel, c'est-à-dire en tant qu'individu ; en tant qu'il est lié par des liens sociaux avec les autres hommes. Pour Spinoza, la dimension individuelle est tout aussi essentielle que la dimension sociale. Il définit ainsi le **Droit de Nature** comme droit suprême, exprimé dans des termes presque identiques à ceux de Hobbes.

> « Chacun existe par le droit souverain de la nature, et par conséquent chacun par le droit souverain de la Nature fait ce qui suit de la nécessité de sa nature ; ainsi par le droit souverain de la nature,

> chacun juge de ce qui est bon, de ce qui est mauvais, et songe à son utilité selon son propre naturel. » (Proposition 37 scolie II.)

Mais comme les hommes ne peuvent tous vivre sous la conduite de la raison, ils doivent, pour vivre ensemble, renoncer à ce droit naturel (en partie) et s'unir les uns aux autres afin d'augmenter leur puissance. C'est précisément le sens de la constitution de la cité et du pouvoir politique. Chacun soumet alors son naturel propre aux exigences de ce corps politique (formé des corps individuels des sujets), mais ce n'est pas une opération « contre nature » (d'ailleurs la raison ne commande rien qui soit contre nature), mais le prolongement logique des exigences de la préservation de la nature propre de chaque individu. Si l'opération par laquelle se constitue le corps politique supprimait la liberté naturelle de l'individu, elle supprimerait du même coup toute sa puissance propre, ce qui ne se peut et conduirait l'individu à l'anéantissement ou à la révolte. Une société formée d'individus anéantis, de corps formatés répétant tous mécaniquement les mêmes gestes et les mêmes paroles, une société complètement soumise à la logique capitaliste, pour dire les choses dans des termes que Spinoza ne pouvait pas employer, serait une société morte ou prête à s'écrouler au moindre choc.

Dès lors on va pouvoir parler de faute et de mérite, c'est-à-dire retrouver les règles de base de toute morale. Spinoza fait découler la faute, non de l'état naturel de l'homme (dans l'état de nature, elle ne peut se concevoir), mais de son état civil.

> « Aussi la faute n'est-elle rien d'autre que la désobéissance qui, pour cette raison est punie en vertu du seul droit de l'État. »

Par conséquent :

> « Il est clair que le juste et l'injuste, la faute et le mérite sont des notions extrinsèques, non des attributs qui expliquent la nature de l'Esprit. »

Le rôle de **l'institution** dans la vie pratique des hommes est ainsi décisif. L'institution politique apparaît en effet comme le moyen terme qui permet de faire coexister les exigences de la Raison et la faiblesse des hommes soumis aux passions.

Résumons donc. Si nous voulons définir ce qui tout à la fois garantit la liberté individuelle et la concorde sociale, ce sont des préceptes moraux (ou éthique, si l'on veut). Le précepte religieux doit être compris ici au sens de Spinoza : « tous les désirs et toutes les actions dont nous sommes causes en tant que nous avons l'idée de Dieu » sont ceux et celles qui découlent de nos idées adéquates. Par exemple, le désir de la connaissance, mais aussi tous les préceptes exposés par Spinoza au début de la cinquième partie de l'*Éthique*, procèdent de « l'idée de Dieu ». Laissons de côté cet aspect très spécifique à la pensée de Spinoza et peut-être moins facile à partager que les autres.

En revanche, concernant la Morale, il n'y a aucune difficulté : « le Désir de faire du bien qui tire son origine de ce que nous vivons sous la conduite de la raison » est facile à partager. Comme plus personne ne défend sérieusement les absurdes slogans post-soixante-huitards du type « jouir sans entrave » ou « tout, tout de suite », tout le monde s'accordera pour considérer que la vie libre ne peut pas être une vie soumise aux passions destructrices et que, par conséquent, la vie sociale minimale suppose qu'on vive selon la raison[175]. Mais la moralité pour Spinoza ne consiste pas seulement à vouloir vivre selon la raison, mais à faire le bien. On peut prendre « faire le bien » dans son sens le plus immédiat. Faire le bien, c'est être charitable, c'est-à-dire aimer son prochain, lui venir en secours quand il est dans la misère, respecter son intégrité physique et morale. Bref, toutes les prescriptions de base d'une vie décente et que connaît le simple bon sens. Mais un simple bon sens qui nous mène loin de « l'éthique

---

175. Rawls, pour prendre un auteur d'une tradition assez différente de celle de Spinoza, définit le raisonnable comme « la capacité des personnes à avoir un sens de la justice » (in *Justice et Démocratie*, p. 172).

minimale » et nous approche d'une éthique que ne renierait nullement un croyant.

Enfin, l'honnêteté qui consiste à « s'attacher les autres par les liens de l'amitié » fait de celle-ci une vertu, selon une tradition qui remonte à Aristote et Cicéron, deux penseurs du panthéon du républicanisme. Pour sa part, Rawls, penseur du libéralisme politique, dégage la signification du principe de différence [176] comme principe de la fraternité ou de l'amitié civique.

Si nous suivons la voie indiquée par Spinoza, nous avons donc une éthique forte qui est néanmoins compatible avec une bonne partie des réquisits de la pensée libérale classique (liberté de conscience, liberté de gouverner sa vie, ses choix professionnels ou sexuels comme on l'entend, libertés politiques), mais une éthique, à la différence du libéralisme classique articule positivement le lien entre individu et communauté.

La possibilité de l'émancipation

La bonne constitution politique, la moralité et l'honnêteté telles que Spinoza les définit sont des conditions de la sauvegarde de la liberté. Ces conditions ne sont pas très difficiles à atteindre, si on les énonce simplement, quoique, en y réfléchissant, elles nécessitent une remise en cause radicale des tendances fondamentales de l'ère du capitalisme sans limites dans laquelle nous sommes entrés. La question se pose donc inévitablement : ces formulations (le républicanisme, une morale de la liberté et de la communauté) ne sont-elles pas des abstractions moralisatrices sans rapport avec la réalité effective, condamnées à rester des vœux pieux qui peuvent consoler les belles âmes, mais n'ont aucun effet réel ?

---

176. La théorie de la justice de Rawls repose sur deux principes : le premier est le principe d'égale liberté pour tous et le second le principe de différence qui stipule que « la structure de base de la société est organisée de telle sorte qu'elle maximise les biens premiers disponibles pour les moins avantagés, afin qu'ils utilisent les libertés de base à la disposition de tous » (in *Justice et Démocratie*, p. 184).

Pour répondre à cette question, on pourrait scruter les moindres frémissements de la société pour y repérer le fourmillement de mouvements qui expriment l'excès de la vie sur les représentations scientifiques et technocratiques, le débordement régulier des frontières tracées par les bureaucrates et les gestionnaires de l'État et de l'économie. Le mot « alternatif » est devenu, jusqu'à en être galvaudé, un mot « magique ». Gagner les esprits, cela exige d'être dans une alternative à l'ordre existant. Même si le marchand d'alternative n'est qu'un charlatan, l'usage de ce mot comme moyen de capter les désirs est révélateur d'une certaine réalité. La publicité est l'idéologie de notre époque, ainsi que le disait Henri Lefebvre. Mais l'idéologie, ce monde à l'envers, sous certains aspects exprime aussi le réel. Et de ce point de vue, il n'y a pas que la récupération, pour les tourner en dérision, des vieux slogans révolutionnaires. Pour diriger le désir du client-consommateur vers les marchandises à vendre, encore faut-il que l'image de la marchandise vienne faire association avec d'autres choses qui n'ont rien à voir avec le monde de la marchandise.

Cet argument « négatif » pourrait être complété par un argument positif qui exposerait les tentatives multiples, parfois bien maladroites, qui naissent d'en bas et visent à tenter d'échapper à la machinerie du capitalisme. Mais l'essentiel est ailleurs. Comme Marx l'a soutenu avec des arguments dont la validité n'est finalement complètement assurée qu'à notre époque, le développement même de la production contient en lui-même non pas la nécessité, mais au moins la possibilité d'une bifurcation historique où pourrait se jouer le destin même de l'humanité – « socialisme ou barbarie », disait Rosa Luxemburg. Autrement dit, le capitalisme ne peut se survivre qu'en détruisant la civilisation dont il est issu. Il a créé les possibilités de son propre renversement : le développement du machinisme, de la science et de la technique, de la productivité du travail par la coopération élargie à l'échelle nationale puis à l'échelle mondiale, a rendu possible une vie confortable sur la base d'une diminution radicale du temps de travail nécessaire – c'est-à-dire du temps de travail imposé à n'importe quelle société pour assurer la reproduction de l'humanité. Mais dans le même temps, ces immenses progrès techniques sont des menaces pour le profit capitaliste. Le capital mort (la richesse accumulée sous forme de moyen de travail) étouffe le capital vivant, c'est-à-dire la partie du capital qui reproduit le capital sur une échelle élargie, autrement dit le capital qui est échangé contre de la force de travail.

La poursuite de l'accumulation du capital n'est possible que par la destruction massive des richesses existantes et l'appauvrissement des classes laborieuses. En règle générale, la théorie de la paupérisation absolue prêtée à tort à Marx est fausse. Mais les circonstances sont en train de l'avérer dans quelques-uns des vieux pays capitalistes avancés. Il paraît difficile de comprendre qu'un pays comme la France, dont la richesse double à peu près tous les trente ans, ne peut plus se payer un système de protection sociale et de retraites qu'elle avait inventé alors qu'elle était exsangue et que ses habitants mangeaient avec des tickets de rationnement. On a du mal à comprendre quelle logique est à l'œuvre quand d'un côté la productivité augmente de 2 à 3 % chaque année (au minimum) et que de l'autre côté les chefs politiques et leurs maîtres répètent qu'il faut « travailler plus ». La nécessité de lois répressives (type HADOPI) est un autre exemple : potentiellement, la loi de la valeur est agonisante dans toute une série de secteurs où les moyens techniques font tomber la valeur des marchandises pratiquement à zéro, mais si les marchandises tombent à zéro, le profit capitaliste s'annihile également, et la loi de la valeur, loi prétendument naturelle, ne se survit que sous surveillance policière et judiciaire.

Les marxistes orthodoxes croyaient – et il s'agissait bien d'une croyance de type religieux – que le capitalisme engendrait nécessairement sa propre disparition et, du reste, leur conception bornée de ce qu'ils avaient voulu comprendre de Marx les conduisaient à voir le dépassement du capitalisme dans la généralisation du salariat (baptisée souvent « collectivisme »). Mais cette croyance erronée n'invalide pas l'analyse qui montre les possibilités dont le capitalisme est gros, possibilités qui ne peuvent se réaliser que si apparaissent des individus suffisamment forts et suffisamment nombreux pour mettre en œuvre ces potentialités.

Moishe Postone, au terme d'une rigoureuse reconstruction/ réinterprétation de la pensée de Marx, arrive à cette conclusion :

> « Le concept marxien de contradiction fondamentale du capitalisme est finalement celui d'une contradiction entre le *potentiel* des capacités générales de l'espèce qui se sont accumulées et leur *forme aliénée existante* en tant que constituée par la dialectique des deux dimensions du travail et du temps. La relation entre l'existant et son potentiel déterminé se trouve au cœur de la conception marxienne du possible dépassement du capitalisme [177]. »

Il peut se faire qu'aucune force sociale active ne parvienne à réaliser ces possibilités, car celles-ci ne dépendent pas d'une dynamique « objective » mais exigent l'action, c'est-à-dire des individus agissant en vue de buts qu'ils ont décidé de se fixer. L'expérience a montré en un siècle et demi que la seule réaction des ouvriers à la dégradation de leurs conditions de travail amène au mieux à « humaniser » le capitalisme (ce qui n'est ni négligeable ni méprisable) et non au renversement du système de domination qu'est le salariat.

Tout cela demanderait des développements : séparer la société de sa forme capitaliste, c'est exactement ce que Marx nommait communisme. Marx refusait de faire de la cuisine dans les marmites de l'avenir, mais tracer les lignes directrices d'un communisme non utopique et les moyens d'y parvenir, voilà des tâches qui s'imposent dès lors qu'on maintient la perspective d'une libération humaine comme perspective politique [178].

La vie des hommes libres

Retraçons le chemin parcouru. La liberté, maître mot de la modernité, est menacée sur le plan politique, sur le plan des droits individuels, sur le plan même de la définition métaphysique de

---

177. POSTONE (M.), *Temps, travail et domination sociale*, Mille et une nuits, 2009, p. 527.
178. Nous avons donné quelques jalons sur cette voie aussi bien dans *Le Cauchemar de Marx* que dans *Revive la République !*

l'homme. Néanmoins, le mode de production capitaliste contient en lui-même la possibilité de son dépassement et l'on en pourrait trouver des témoignages dans l'analyse des mouvements sociaux. Mais reste à déterminer ce que nous pourrions attendre de cette émancipation sociale qui serait aussi une libération des individus. Nous avons suffisamment parlé du régime politique qui serait le plus favorable à la liberté. Mais la liberté ne se limite pas à la politique. C'est peut-être même une des grandes illusions du marxisme révolutionnaire antistalinien : avoir cru que « les masses » pouvaient en permanence être mobilisées pour assurer la direction de la société à travers les conseils ouvriers ou les « soviets ». Alors que l'humanisme civique classique voyait dans la vie publique la réalisation de l'homme et en même temps un devoir pour chaque citoyen, le républicanisme est conçu en admettant que les citoyens puissent ne s'intéresser que de très loin aux affaires publiques.

En commençant par le plus simple, si l'on admet la définition de la liberté comme non-domination, la liberté commence par la fin du salariat. Non pas la fin du travail en général, une perspective tout à la fois utopique et certainement catastrophique, mais bien la fin du travail salarié, c'est-à-dire du travail sous sa forme capitaliste qui n'est pas le travail en général auquel on aurait malencontreusement ajouté le salariat, mais bien un système de domination des individus. Marx donne une description de ce qu'est une organisation sociale libérée du salariat. Ainsi :

> « Représentons-nous enfin, pour changer, une association d'hommes libres travaillant avec des moyens de production collectifs et dépensant consciemment leurs nombreuses forces de travail individuelles comme une seule force de travail social[179]. »

Cette association d'hommes libres, ces producteurs associés qui coopèrent volontairement et consciemment, ce pourrait être une

---

179. MARX (K.), livre I, chap. I, 4.

coopérative ouvrière… mais à condition que la coopération s'étende à la majeure partie du système de production. Car des coopératives concurrentes vendant leurs produits sur un marché reconduiraient une forme déguisée de salariat, les coopératives les plus performantes exploitant, sans l'avoir cherché, les coopérateurs des moins performantes. L'idéal résiderait donc dans une union des coopératives planifiant la production. En admettant une solution sans doute très utopique où le monde entier deviendrait communiste, on aurait un réseau mondial de coopératives planifiant la production à l'échelle mondiale. En réalité la planification centrale générerait automatiquement une gigantesque bureaucratie qui exproprierait tout simplement les producteurs et les retransformerait en salariés de fait. La planification était l'assise sociale de la caste bureaucratique en URSS ; l'oublient ceux qui sacrifient, même négativement, au culte de la personnalité et renvoient toutes les responsabilités sur le large dos de Koba le Terrible[180]. Dans l'organisation de la production de la vie matérielle, on doit tout autant que dans la théorie politique se méfier du constructivisme.

Ajoutons que le dogme de la planification centrale néglige tout simplement le fait qu'il ne s'agit pas seulement de planifier la production, mais aussi de produire pour satisfaire des besoins et donc de planifier la production en relation avec la consommation. Or la validation sociale d'un produit destiné à satisfaire un besoin intervient toujours *ex post*, comme disent les économistes. Et les producteurs eux-mêmes n'ont pas forcément les mêmes intérêts ni la même vision des choses quand ils se considèrent en tant que producteurs et quand ils se considèrent en tant que consommateurs.

Tout ceci conduit à penser nécessaire le maintien du marché, d'un marché qui ne serait plus capitaliste et dont l'étendue pourrait être nettement plus restreinte qu'aujourd'hui. Nous ne développons pas plus cette question : nous avons développé ailleurs quelques pistes en

---

180. Koba était l'autre pseudonyme de Staline pendant l'époque de la clandestinité du parti de Lénine.

ce domaine et surtout nous renvoyons aux travaux de Tony Andréani sur les modèles de socialisme, travaux importants, mais trop peu connus et trop peu discutés[181]. Au demeurant, la formule générale de Marx, celle des producteurs associés, ne peut trouver vie que par l'expérience que les hommes en feront – même si nous avons déjà des expériences partielles, au sein même de la société capitaliste, qui indiquent aussi bien les difficultés que les possibilités ouvertes.

Mais au fond, la liberté dont nous venons de parler n'est qu'une liberté encadrée par la nécessité de reproduire les conditions de la vie matérielle. Elle reste dans le cadre d'un travail qui n'est absolument pas facultatif. C'est d'ailleurs pourquoi Marx ajoute que cette nouvelle organisation de la production va avec une diminution radicale de la journée de travail. Cette diminution est tout à fait envisageable à la fois par les progrès techniques qui permettent l'augmentation de la productivité du travail, la diminution de la production liée à la durabilité des produits dont le capital aujourd'hui programme l'obsolescence accélérée, par la suppression des gaspillages et des frais colossaux de la communication, de la publicité et de tout ce qui est nécessaire pour assurer la domination du capital sur le travail. On n'a aucune raison d'ailleurs de penser que les besoins matériels s'accroîtront indéfiniment : si les hommes trouvent dans la vie sociale et intellectuelle des satisfactions plus hautes que celles de la consommation, ils n'éprouveront plus le besoin de se procurer le dernier gadget inutile. Mais alors que les théoriciens de la « décroissance » prônent la « frugalité volontaire » et font la morale aux individus qui s'achètent des écrans plats (sic), nous considérons au contraire, comme Spinoza, que la limitation des désirs fixés sur les choses viendra de la libération humaine. La proposition 42 de la cinquième partie de l'*Éthique* énonce cet excellent principe :

> « La béatitude n'est pas la récompense de la vertu mais la vertu elle-même ; et nous n'éprouvons pas de la joie parce que nous

---

181. Voir bibliographie.

réprimons nos penchants ; au contraire, c'est parce que nous en éprouvons de la joie que nous pouvons réprimer nos penchants. »

On le voit, la frugalité spinoziste n'a aucun rapport avec les vœux de pauvreté des ordres mendiants – d'autant que Spinoza considère par ailleurs qu'une vie confortable, permettant de jouir raisonnablement des plaisirs du corps, est une des préconditions de la vertu.

Reste à examiner justement l'essentiel. Au-delà des contraintes éternelles liées à la nécessité de reproduire les conditions matérielles de la vie humaine, s'ouvre le champ d'une véritable liberté, celle dans laquelle l'homme est à lui-même sa propre fin [182]. Le jeune Marx, en même temps qu'il énonce « *l'impératif catégorique* de renverser toutes les conditions sociales où l'homme est un être abaissé, asservi, abandonné, méprisable », définit le but de la critique :

> « La critique de la religion désillusionne l'homme, pour qu'il pense, agisse, forme sa réalité comme un homme désillusionné, devenu raisonnable, pour qu'il se meuve autour de lui et par suite autour de son véritable soleil. La religion n'est que le soleil illusoire qui se meut autour de l'homme, tant qu'il ne se meut pas autour de lui-même [183]. »

Quand l'homme n'est pas soumis à quelque chose d'extérieur, mais quand il manifeste dans son activité sa propre essence humaine, c'est précisément ce qu'on appelle praxis. Les activités de fabrication (*poîêsis*) s'éteignent dans l'œuvre (l'œuvre est plus importante que la mise en œuvre). Au contraire, dans ce qui relève de la praxis, c'est l'activité elle-même qui est importante. Dans la praxis, l'homme ne tend qu'au perfectionnement de ses capacités d'agir, à son propre perfectionnement. Concept central chez le Marx des *Thèses sur Feuerbach* – qui renvoient dos-à-dos matérialisme et idéalisme –, la

---

182. Cf. *supra*.
183. MARX (K.), *Pour une critique de la philosophie du droit de Hegel*, in *Œuvres III*, p. 383.

praxis se retrouve chez les philosophes et penseurs italiens comme Labriola, Gentile ou Gramsci qui définissent la philosophie de Marx comme « philosophie de la praxis ». On peut aussi s'en tenir à la définition aristotélicienne qui fait de la praxis l'action guidée par un choix réfléchi, c'est-à-dire par la prudence (*phronêsis*). Mais cette caractérisation est aussi celle du bonheur dans l'*Éthique à Nicomaque*. Autrement dit, l'homme ne trouve sa véritable réalisation, il n'est vraiment lui-même, c'est-à-dire vraiment libre, que dans l'action guidée par un choix réfléchi. S'opposent donc l'action libre et l'activité soumise à la nécessité ou à la domination d'une autre personne. L'action libre typique est l'activité politique, c'est-à-dire l'activité par laquelle chacun participe à la délibération collective en vue du bien commun.

Si on se contente de définir par praxis toutes les activités dans lesquelles l'activité est aussi importante, voire plus importante, que le résultat, dans une vie où l'homme dispose d'un large temps à lui (le loisir au sens des Anciens, *skholê* chez les Grecs ou *otium* chez les Latins), beaucoup d'activités qui seraient ordinairement du travail ou de la fabrication deviennent en quelque sorte praxiques. Le jardinier amateur ou le bricoleur du dimanche ne sont généralement pas tant intéressés par le résultat que par une activité dans laquelle ils peuvent se retrouver, se reconnaître. Hegel analyse ainsi les processus de la conscience de soi dans l'activité artistique : l'homme, en imposant sa marque dans la nature extérieure, lui ôte son caractère « farouchement étranger » et se reconnaît lui-même comme esprit libre. Lorsque Marx voit la véritable liberté dans la possibilité ouverte pour chacun de devenir un créateur, il ne veut sans doute pas limiter cette création aux beaux-arts !

Ainsi, progressivement, la frontière entre travail et loisir devint plus perméable. Entre le travail imposé par la nécessité – mais sur lequel on peut acquérir une large maîtrise – et le plaisir, il y a toute une partie de la vie qui peut être celle d'un « travail libre », expression qui pourrait sembler un oxymore tant que domine le capital. Cependant, l'idée que les hommes puissent travailler et se rendre utiles aux autres librement, par choix, comme manifestation de leur essence humaine, est si peu utopique que même dans les sociétés où domine le capital, où tout s'achète et tout se vend, nombreux sont ceux qui travaillent bénévolement et y trouvent une digne manifestation de leur humanité. On pourrait parler du bénévolat qui fait vivre toutes sortes d'associations sportives, culturelles, humanitaires, etc. ou de ces informaticiens qui ont rêvé de la gratuité sur Internet et mettent leurs logiciels à disposition de tous [184], ou de tous ces militants de la culture qui œuvrent pour qu'elle soit accessible à tous. Là encore, on peut mesurer le fossé entre les possibles et la réalité misérable qu'impose le monde de la marchandise.

En voilà assez pour savoir ce que pourrait vouloir dire une vie libre dans une république libre. Ce qui reste renvoie plus directement au rapport de l'homme avec lui-même, à ce qui se pose au-delà de « la vie présente », comme dit Spinoza dans la cinquième partie de l'*Éthique*, là où la libération humaine s'identifie à « l'amour intellectuel de Dieu ». Notre propos n'était pas d'entraîner le lecteur dans ce chemin très escarpé. Tenons-nous au programme que nous nous étions fixé : faire une sorte d'état des lieux de la situation de la liberté, sous ses différentes figures, à l'heure où un prétendu libéralisme semble avoir partout triomphé. Penser cette question lucidement exige toutefois que l'on écarte deux travers symétriques. Le premier, bien connu, consiste à mettre des fleurs sur les chaînes, à peindre la vie en rose et à faire l'éloge de la servitude confortable et doucereuse jusqu'à l'écœurement dans laquelle une partie des classes moyennes privilégiées se sont vautrées paresseusement. Les sophistes et rhéteurs employés à cette tâche sont finalement faciles à démasquer. L'autre travers consiste à peindre la vie en noir sur noir. Littérairement, ce peut être réussi : les pessimistes sont souvent plus intéressants que les optimistes. Mais il y a toute une littérature anticapitaliste, anti-impérialiste, antilibérale, volontiers prête à voir partout les mains comploteuses de dominants diaboliques plutôt qu'à comprendre les processus objectifs, et cette littérature qui nous

---

184. Même si le logiciel libre est finalement récupéré par la machinerie capitaliste.

apprend que nous nous battons le dos au mur, que demain sera encore pire qu'hier, cultive un désespoir aussi vain que les espoirs des benêts qui croient encore au progrès voulu par la providence divine. La critique ne vaut que si elle ouvre une voie nouvelle. Laissons encore une fois, et pour terminer, la parole à Marx :

> « La critique a effeuillé les fleurs imaginaires qui couvraient la chaîne, non pas pour que l'homme porte la chaîne prosaïque et désolante, mais pour qu'il secoue la chaîne et cueille la fleur vivante [185]. »

---

185. MARX (K.), *ibid.*

RÉFÉRENCES BIBLIOGRAPHIQUES

ANDERS (Günther), *L'Obsolescence de l'homme*, Éditions de l'Encyclopédie des Nuisances-Ivrea, 2005, traduit de l'allemand par Christophe David.

ANDRÉANI (Tony), *Le socialisme est (à) venir. 1. L'inventaire*, Syllepse, 2001, collection « Utopie Critique ».

ANDRÉANI (Tony), *Le socialisme est (à) venir. 2. Les possibles*, Syllepse, 2004, collection « Utopie Critique ».

ANDRÉANI (Tony) (dir.), *Le Socialisme de marché à la croisée des chemins*, éditions Le Temps des Cerises, 2003.

ANDRÉANI (Tony), *Un être de raison. Critique de l'homo œconomicus*, Syllepse, 2000.

ANGENOT (Marc), *L'Utopie collectiviste. Le grand récit socialiste sous la deuxième internationale*, PUF, 1993.

ARENDT (Hannah), *La Crise de la culture*, Gallimard, Folio, 1972, trad. Patrick Lévy.

ARENDT (Hannah), *Condition de l'homme moderne*, Calmann-Lévy, 1961, 1983, réédition « Pocket », traduit par Georges Fradier.

ATLAN (Henri), *L'Utérus artificiel*, Seuil, 2005.

BERLIN (Isaiah), *Éloge de la liberté*, Calmann-Levy, 1988.

BOCH (Anne-Laure), *Médecine technique, médecine tragique*, éditions Seli Arslan, 2009, avec une préface de Pierre Magnard.

BODEI (Remo), *Destini personali. L'età della colonisazione delle coscienze*, Giangiacomo Fletrinelli éditore, 2002.

CHESNEAUX (Jean), *De la modernité*, La Découverte-Maspero, 1983.

COLLIN (Denis), *Le Cauchemar de Marx*, Max Milo, 2009.

COLLIN (Denis), *Comprendre Marx*, Armand Colin, 2006-2009.

COLLIN (Denis), *Lire et comprendre Machiavel*, Armand Colin, 2008.

COLLIN (Denis), *Revive la République*, Armand Colin, 2005.

COLLIN (Denis), *Morale et Justice sociale*, Seuil, 2001, collection « La couleur des idées ».

COLLIN (Denis), *La Fin du travail et la Mondialisation, Idéologie et réalité sociale*, l'Harmattan, 1997, collection « L'ouverture philosophique ».

COLLIN (Denis), *La Théorie de la connaissance chez Marx*, L'Harmattan, 1996.

FRASER (Nancy), *Qu'est-ce que la justice sociale ? Reconnaissance et redistribution*, traduit de l'anglais par Estelle Ferrarese, éditions La Découverte, 2005.

GRAMSCI (Antonio), *Quaderni del carcere*, Einaudi, édition en quatre volumes.

HABERMAS (Jürgen), *L'Avenir de la nature humaine. Vers un eugénisme libéral ?*, Gallimard, collection « Nrf Essais », 2002, traduit de l'allemand par Christian Bouchindhomme.

HARRINGTON (James), *Oceana*, précédé de *L'Œuvre politique d'Harrington* par POCOCK (JGA), traduit de l'anglais par Claude Lefort et Didier Chauvaux, Belin, 1995.

HEGEL (GWF), *Principes de la philosophie du droit*, traduction de Jean Kervadec, PUF, collection « Quadrige ».

HEGEL (GWF), *Encyclopédie des sciences philosophiques en abrégé*, traduction de Maurice de Gandillac, Gallimard, Nrf, 1970.

HEGEL (GWF), *Phénoménologie de l'esprit*, Aubier, 1991, traduit de l'allemand par J.-P. Lefebvre.

HELLER (Agnes), *La Théorie des besoins chez Marx*, UGE, 1978, traduit de l'allemand par Martine Morales, préface de Jean-Michel Palmier.

HELLER (Agnes) & FEHER (Ferenc), *Marxisme et démocratie. Au-delà du socialisme réel*, Maspero, 1981, traduit de l'anglais par Anna Libera, introduction de Michael Löwy.

HOBBES (Th.), *Léviathan*, édition Sirey, 1971, trad. F. Tricaud.

HUSSERL (Edmund), *La Crise des sciences européennes et la Phénoménologie transcendantale*, Gallimard, réédition collection « Tel », 1976, trad. Gérard Granel.

LASCH (Christopher), *La Culture du narcissisme*, Climats, 2000, traduit de l'américain par Michel L. Landa, précédé de *Pour en finir avec le XXIe siècle* par Jean-Claude Michéa.

LASCH (Christopher), *La Révolte des élites et la trahison de la démocratie*, préface de Jean-Claude Michéa, traduction de Christian Fournier, éditions Climats, 2003.

LEFEBVRE (Henri), *La Vie quotidienne dans le monde moderne*, Gallimard, Nrf « Idées », 1968.

MACHIAVEL (N.), *Œuvres complètes*, Robert Laffont, collection « Bouquins », 1996, traduit de l'italien par Christian Bec.

MARCUSE (Herbert), *L'Homme unidimensionnel*, Le Seuil, 1970, traduit de l'anglais par Monique Wittig (première édition française : 1968, éditions de Minuit).

MARX (Karl), *Œuvres*, éditées par Maximilien Rubel, « La Pléiade », Gallimard, 4 volumes.

MARX (Karl), *Manuscrits de 1844*, traduction et notes de Goujon, GF-Flammarion.

NOZICK (R.), *Anarchie, État, Utopie*, PUF, 1988, collection « Libre échange », trad. Évelyne d'Auzac de Lamartine.

PETTIT (Philip), *Républicanisme, une théorie de la liberté et du gouvernement*, traduit de l'anglais par J.-F. Spitz et P. Savidan, Gallimard, 2004.

POSTONE (Moshe), *Temps, travail et domination sociale*, Mille et une nuits, 2009, traduit de l'anglais par Olivier Galtier et Luc Mercier.

RAWLS (John), *Théorie de la justice*, éditions du Seuil, 1987, traduit de l'anglais par Catherine Audard.

RAWLS (John), *Justice et démocratie*, éditions du Seuil, 1993, réédition collection « Points », 2000. Introduction, présentation et glossaire par Catherine Audard, traduit de l'anglais par C. Audard, P. de Lara, F. Piron et A. Tchoudnowsky.

ROSSELLI (Carlo), *Socialismo liberale*, Introduzione e saggi critici di Norberto Bobbio, a cura di John Rosselli, Einaudi, Piccola biblioteca, 1973-2009.

ROUSSEAU (Jean-Jacques), *Le Contrat social*.

SIMMEL (Georg), *Philosophie de l'argent*, PUF, 1987, collection « Quadrige », 1999, traduit de l'allemand par S. Cornille et P. Ivernel.

SKLAIR (Leslie), *The transnational capitalist class*, Blackwell Publishing Ltd, 2001.

SPINOZA, *Œuvres*, édition de la Pléiade, Gallimard.

SPITZ (Jean-Fabien), *Le Moment républicain en France*, Nrf, Gallimard, 2005.

STIRNER (Max), *L'Unique et sa propriété*, éditions SLIM, 1948.

VICO (G.), *La Science nouvelle*, Fayard, 2001, traduit par Alain Pons.

WEBER (Max), *L'Éthique protestante et l'esprit du capitalisme*, Gallimard, collection « Tel », 2003, trad. Jean-Pierre Grossein.

Table des matières

INTRODUCTION 9

CHAPITRE I : DÉMOCRATIE, OLIGARCHIE, ÉLITES ET CONTRÔLE DES MASSES 17
Les trois sens de la démocratie 18
Voir le processus dialectiquement 23
L'individu libéral contre la république 24
La démocratie réellement existante est une oligarchie 51
Les nouvelles élites 59
« Néolibéralisme » et oligarchie financière 67

CHAPITRE II : LA FIN DE LA LIBERTÉ NÉGATIVE ET LA SOCIÉTÉ DE SURVEILLANCE 75
Police de la pensée et police de la parole 77
L'obsession sécuritaire 93
Contrôle des corps : la biométrie 104
Extension indéfinie du domaine de la loi et régression de la civilité 107
Crise et effondrement de la pensée libérale contemporaine 118

CHAPITRE III : DIALECTIQUE DU TRAVAIL ALIÉNÉ 125
Travail et production 126
La cage d'acier 135
Le salariat 144
La critique du travail 162

Chapitre IV : Aliénation et société de consommation — 171
L'homme riche en besoins est l'homme civilisé — 172
Vrais besoins, faux besoins ? — 179
Le « temps libre » ou l'aliénation suprême — 191
La désublimation répressive — 200

Chapitre V : La fabrique du post-humain ou la fin d'une encombrante liberté — 209
Position de la question — 209
Menaces réelles ou terreurs irrationnelles — 211
L'homme se produit-il lui-même ? — 219
Vers la disparition de la subjectivité ? — 229
Anders et la « honte prométhéenne » — 235

Chapitre VI : De la libération — 239
Du bon usage du libéralisme — 240
Liberté individuelle, commune et communauté — 249
Le commun et l'individu : la question de la morale (ou de l'éthique) — 257
La possibilité de l'émancipation — 268
La vie des hommes libres — 271

Références bibliographiques — 279

Composition et mise en pages : FACOMPO, LISIEUX

Cet ouvrage a été achevé d'imprimer en mars 2011
dans les ateliers de Normandie Roto Impression s.a.s.
61250 Lonrai
N° d'impression : 111107
Dépôt légal : mars 2011

Imprimé en France